姜长英纪念文集

JIANG CHANGYING JINIAN WENJI

姜保年 郑泽尧 主编

西北工业大学出版社
西安

图书在版编目（CIP）数据

姜长英纪念文集 / 姜保年，郑泽尧主编 . — 西安：西北工业大学出版社，2021.11
ISBN 978-7-5612-8051-5

Ⅰ．①姜⋯　Ⅱ．①姜⋯②郑⋯　Ⅲ．①姜长英-纪念文集　Ⅳ．①K826.16-53

中国版本图书馆CIP数据核字（2021）第249272号

JIANG　CHANGYING　JINIAN　WENJI
姜 长 英 纪 念 文 集

| 责任编辑：隋秀娟 | 策划编辑：张　晖 |
| 策划校对：万灵芝 | 装帧设计：徐媛媛 |

出版发行：西北工业大学出版社
通信地址：西安市友谊西路127号　　　邮编：710072
电　　话：（029）88491757，88493844
网　　址：www.nwpup.com
印 刷 者：陕西龙山海天艺术印务有限公司
开　　本：787 mm×1 092 mm　　　1/16
印　　张：18.25　　插页40
字　　数：308千字
版　　次：2021年11月第1版　　2021年11月第1次印刷
定　　价：188.00元

如有印装问题请与出版社联系调换

1980年76岁的姜长英

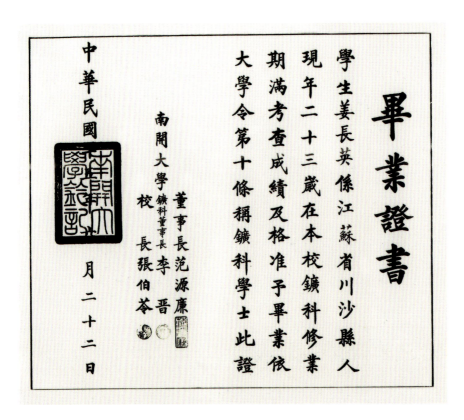

1926年姜长英毕业于南开大学获矿科学士学位

1929年姜长英毕业于美国底特律大学获航空工程学士学位

1926年南开大学校长张伯苓推荐9名学生至美国福特汽车公司半工半读（后排右一为姜长英）

1926年官费、自费留学生乘坐"麦金利总统号"赴美留学

1929年姜长英在海斯飞机公司从事飞机设计制造工作,这是与公司技术人员的合影(左一为姜长英)

1929年在福特汽车厂劳动的姜长英

图为交通大学机械系航空门副教授马翼周,1936年2月马翼周介绍姜长英进入交通大学航空门任副教授,两人挑起了航空门全部课程

1942年姜长英在新四军抗日根据地江淮大学任教授,这是学生返校在原校址合影留念

1948年交通大学毕业生与老师合影(前排老师左起:万绍祖、许玉赞、杨彭基、王之卓、曹鹤荪、季文美、姜长英、王宏基)

姜长英收集航空史资料所记笔记

姜长英收集航空史资料剪贴的报纸

图为钱学森。从 1982 年起至 1994 年姜长英与钱学森通信共有 11 封之多,他们探讨如何修史,钱学森帮助姜长英收集史料和向国防科工委送材料、期刊、书籍等

1985年西北工业大学出版社成立,并于1987年正式出版了由国防部长张爱萍题写书名、姜长英编著的《中国航空史》

冯如

王助

近代航空史上著名人物冯如、王助,这是姜长英收集的两人的照片

姜长英的学生赠送给他三张南京抗日航空烈士墓的照片,后请人去原址翻拍。这是孙中山题写的"航空救国"碑文

这是"航空烈士公墓"牌坊

这是"抗日航空烈士纪念碑"

1982年西北工业大学出版了姜长英著《中国航空史》之《中国古代航空史话》《中国航空史料》《中国近代航空史稿》三本教材

1996年航空工业出版社出版了姜长英编著的《中国古代航空史话》单行本

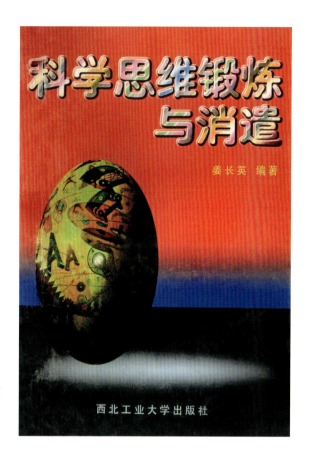

1997年西北工业大学出版社出版了姜长英编著的《科学思维锻炼与消遣》

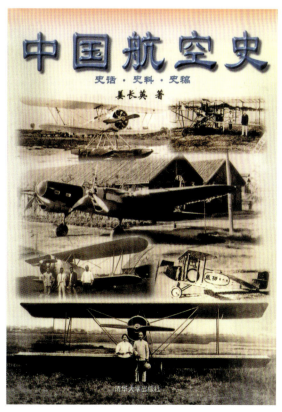

2000年清华大学出版社出版了姜长英著新版《中国航空史》

2000年10月新版《中国航空史》出版,96岁的姜长英看后十分满意

2001年11月姜长英为赠书签名

图为郑泽尧同志，他先后担任《航空史研究》编委、副主编、主编，中国航空史研究会常务理事、副秘书长、秘书长等职

2002年出版的《中国科学技术专家传略·工程技术编·航空卷2》中有郑泽尧写的《姜长英传略》

1988年成立并由姜长英任主任的西北工业大学航空史研究室专兼职研究人员合影（后排左起：张永安、黄尧民、鲁克成、刘保卫；前排左起：傅正阳、姜长英、徐澄、郑泽尧；缺席：梁三星、刘斌）

西北工业大学航空史研究室核心人物是姜长英（中）、黄尧民（左）、鲁克成（右）

姜长英在航空史研究室讨论会上发言

1989年西北工业大学《航空史研究》编辑部和中国航空史研究会挂牌

1989年12月11日中国航空史研究会成立大会暨第一届学术交流会在西北工业大学举行,姜长英被选为理事长

1989年12月中国航空史研究会第一次代表大会全体成员合影

1992年8月中国航空史研究会第二次代表大会暨冯如学术研讨会在广东恩平举行，全体成员合影

1993年10月中国航空史研究会第三次代表大会暨庆祝姜长英教授从教从研六十年和九十大寿大会在西北工业大学举行

《航空史研究》季刊于1983年创办,姜长英任主编十年

姜长英在1993年中国航空史研究会第三次代表大会期间

1993年姜长英与航空史研究骨干江东合影

1995年中国航空史研究会第四次代表大会期间,姜长英和副会长关中人合影

1995年10月中国航空史研究会第四次代表大会在中国航空博物馆举行。91岁高龄的姜长英教授出席会议（前排右起第十人），其外孙张迅陪同（最后一排右起第九人）

1995年中国航空史研究会第四次代表大会期间,姜长英和中国航空博物馆政委焦丞学(左一)、南航戚成海(右一)合影

中国航空博物馆成立的航空史研究室以姜长英名字命名

1989年姜长英在西北工业大学接待从海外归来的九十高龄的航空女杰张瑞芬一行。张瑞芳是20世纪30年代最有成就的中国女飞行家,抗日战争时向华人华侨宣传抗日,救国募捐。照片中其手执的"中华之光"锦旗及右边一女同志手执的"华夏之光"锦旗,题字均为西北工业大学校长季文美手书

1991年西北工业大学航空史研究室黄尧民、姜长英、鲁克成接待《空军报》记者白凤昆

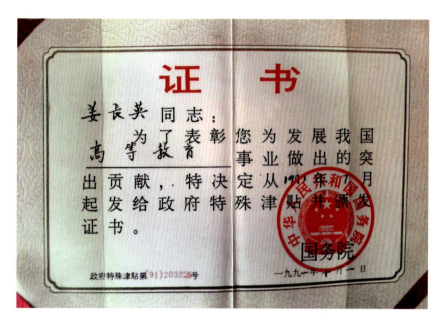

1991年10月姜长英获得国务院颁发的第一批政府特殊津贴

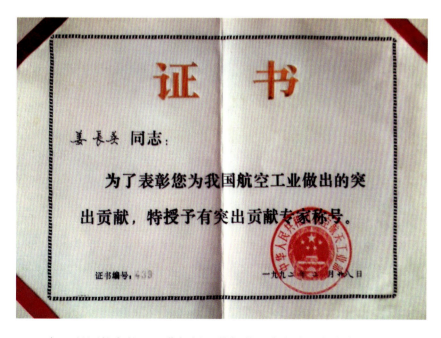

1992年2月原航空航天工业部授予姜长英"有突出贡献专家"称号

姜文熙,姜长英父亲,北京协和医学院教授,退休后回家乡任上海文史馆馆员、川沙县政协委员,他借钱支持姜长英去美国福特汽车公司半工半读

川沙姜家弄老屋前合影（后排右一是姜长英四弟姜长荃，右二、右三是姜长英夫妇，右四是大女儿姜保年；前排坐者是姜文熙，旁边站者是姜保年女儿顾庆成）

1961年姜文熙夫妇和姜长英夫妇及五个子女合影（前排从右至左：姜长英、姜文熙、姜顾氏、龚德培；后排从右至左：姜保年、姜锦年、姜椿年、姜道年、姜胜年）

1980年姜长英夫人龚德培68岁时留影

1980年姜长英、龚德培夫妇游长城合影

1980年姜长英、龚德培夫妇在北京天安门前合影

姜长英、龚德培夫妇在西北工业大学校园内合影

1993年姜长英、龚德培及五个子女在家中合影

1993年小女儿姜胜年陪同姜长英出席中国航空史研究会第三次代表大会

2016年姜保年向西北工业大学赠送的姜长英《中国航空史》手稿等

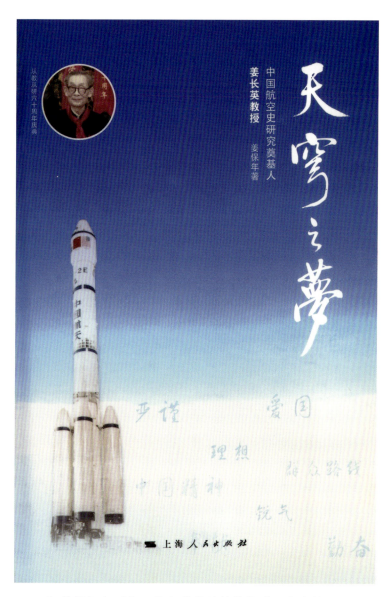

2016年姜保年向西北工业大学赠送其著作《天穹之梦——中国航空史研究奠基人姜长英教授》

2016年10月14日,西北工业大学姜长英航空史料馆开馆,姜保年代表家属发言

序 言

习近平在庆祝中国共产党成立100周年大会上的讲话中强调："以史为鉴，可以知兴替。我们要用历史映照现实、远观未来。"在西北工业大学有一位老先生，正是以这样的理想和责任，坚守初心使命，为中国航空史研究贡献了毕生心血。他，就是中国航空史专家姜长英。

姜长英在他的《中国近代航空史稿》前言中说："多年以来，中国航空史的编写工作，一直没有人做，学航空的没有做，学历史的没有做，因而这是第一次尝试。"为了将中国航空的发展历程记录于史册，为后人发展航空提供借鉴，姜长英砥砺奋斗60年，终于在他83岁耄耋之年完成了《中国航空史》的编写和出版工作。《中国航空史》一经出版，航空史学界纷纷给予其高度评价，不仅认为它是经典的航空史著作，而且公认姜长英是中国航空史研究的奠基人。该书的影响不仅超出了航空界，甚至还超出了中国。这样一部科学著作，姜长英之所以能坚持编写60年之久，受尽艰难挫折而不休，是因为他有着坚强的信念和执着的精神。我是他的学生，也是他的同事和助手，是他把我引入航空史研究领域，并给予我帮助和教导。今天从这本《姜长英纪念文集》里，我们可以详细了解到他创作的艰辛历程和超人的精神品质，这些都是值得我们学习的。

一、热爱祖国，信念坚定

我们从本书的简介篇中可以看到：姜长英在美国参与设计制造飞机成功，其中一架还载入《简氏世界航空器年鉴》，完全可以留在美国发展，但是他却毅然回国，想发展祖国的航空事业。回到北平家中后，父亲已经给他找好了汽车专业的工作，但他不愿意干，一心想为中国航空事业作贡献，先后南下、北上，直到找到航空工作为止。在抗日战争的炮火中，他辗转多家航空单位，最后去上海受聘于交通大学航空门任副教授。1941年日军进入上海租界，他冒险去新四军根据地的江淮大学教书。后来由于战事频繁，学校停办，他又返回上海，在中学任教。因为领工资要向日本人鞠躬，他又愤然离去。抗日战争胜利后，国民党发动内战，国内通货膨胀，民不聊生。最后国民党溃逃台湾，亲友鼓动姜长英一家去台湾，他不为所动，喜迎解放，并送女儿去党中央举办的中央团校学习。解放战争时期，家中经济十分困难，儿子又得了肺病，姜长英夫妇变卖了金银首饰为其治病，只保留了一对结婚戒指。在抗美援朝时，他们却将这对珍贵的戒指慷慨捐献给国家。他为振兴我国航空事业而主动编写中国航空史，别人不写的他来写，也绝不让外国人先写。他要用中国古代航空上的创造，来证明中国人的聪明才智。他在《中国古代航空史话》"自序"中写道："要使大家都知道我们中华民族对于航空科技是大有贡献的，使每个中华民族子孙都引以为荣，并感到自豪。为了振兴中华，建设四个现代化的新中国，全国人民的自尊心和自信心是非常必要的。"这就是他坚持60年写中国航空史的目的和信念。他还把他自费购买的3 000多册航空书籍全部捐献给西北工业大学图书馆，这都是他的爱国情怀。他的爱国精神和行动都是值得我们学习的。

二、坚守初心，矢志不渝

我们从本书通信篇里的书信来往中可以看到，为了搜集航空史料，姜长英自费向全国图书馆、报社、政府、人大、政协、科学院、文史研究所、展览馆、公司、工厂、学校等单位以及有关领导（国家副主席宋庆龄、航空工业部副部长何文治等）、名人（十九路军军长蔡廷锴）、科学家（火箭专家钱学森等）、演员（越剧艺术家范瑞娟）、同事、朋友和他的学生写信咨询，自费复印资料。为了查证一个史实，往往多次写信求证，而不是轻信报纸上的一条信息，因此姜长英撰写的《中国航空史》被航空史学界公认为"最为全面、最为系统、最为完整、最为翔实的中国航空史料","不仅史料翔实,考证周到,而且还有科学分析和精辟论断"。例如,他为了撰写"气球"一节,就引用参考资料21种,但仍不能确定华蘅芳是否制造过氢气球,因为虽然天津有资料报道华蘅芳制造了氢气球,但是当地的外国报纸《时报》报道此事时却没有提到华蘅芳的名字,还要求得旁证。直到1997年《航空史研究》(58期)许康的《华蘅芳造氢气球辨》一文刊出后,才正式确定华蘅芳是我国制造氢气球的第一人。由此可见其考证之认真,这是史学家最宝贵的品质。

姜长英编写中国近代航空史必然要写到国民政府时期的航空工业,那时所制造的飞机共有数百架之多,但是大部分是仿制,而且零部件、材料都是买外国的。国民政府崇洋媚外,热心外购,对国内工厂生产飞机不热心扶持,对自行设计飞机更不真心支持。姜长英在书中写道:"反动统治阶级依赖帝国主义,崇拜洋人,迷信洋货,但是洋货果真有那么可靠吗?"他明明在批判国民政府,但是后来却受到批判,说他"为国民党树碑立传"。但是那时晚上姜长英拖着疲惫的身体回到家中后,仍伏案写史,继续研究。没有这种执着精神,《中国航空史》能够在他有生之年完成吗?何况60多岁的人一般早已退休回家,放弃事业追求了,但是姜长英不放弃,他的理想没有实现,他的事业没有完成,如果他放弃,中国航空史可能就没有人写了,《中国航空史》著作也就成了泡影!正是姜长英的坚强信念和顽强的执着精神,才使这部著作得以问世。

1976年,姜长英已经72岁了,"人生七十古来稀",这位古稀老人,还要在中国航空史的研究道路上继续顽强地走下去。他在78岁高龄时,终于完成了《中国航空史》的编写,并且由西北工业大学(简称"西工大")铅印成《中国航空史》教材一套三册,即《中国古代航空史话》《中国航空史料》和《中国近代航空史稿》。到此,他的任务完成了,本可以就此作罢,但是他没有止步,中国航空史的研究事业还没有完成,要让更多的人参与研究，就要培养更多的研究人才。西工大在全国高校第一个开设"航空史"选修课，他亲自上台讲授，还招收了我国第一批航空史研究生。他79岁时又创办了《航空史研究》季刊，这是全国第一种有关航空史研究的刊物，通过交流航空史资料和开展航空史研究，不仅挖掘了大量航空史料，还团结和培养了众多的航空史研究人才。姜长英依然没有止步，他重新整理旧稿，补充新的资料和研究心得，阔步迈入耄耋之年。1987年，在他83岁时，西北工业大学出版社正式出版了他付出六十年心血的《中国航空史》，国防部长张爱萍题写了书名。耄耋老人终于了却心愿，但是他还是没有止步。84岁时，创建了"航空史研究室"，扩充了《航空史研究》季刊的编辑人员和力量。85岁时，他又创建了中国第一个航空史研究会，并在各地召开过四次全国会员研讨会。91岁高龄的姜长英，在家人陪护下，还去北京参加航空史研究会第四次代表大会，真是"老骥伏枥，壮心不已"。他这样为理想而奋斗终生的精神和意志值得我们永远学习。

三、严谨求实，一丝不苟

科学研究务求严谨，科学的事例必须有科学的依据，不能肆意幻想，科学的名词也不能随意使用。姜长英在研究航空器分类时，发现国内书籍报刊上总是把本来不是飞机的"直升机"都称为"直升飞机"，这是错误的，会模糊人们的航空基本概念，会妨碍公众接受正确的航空知识。已经进入耄耋之年的姜长英，又开始为纠正错误名词"直升飞机"而不懈努力。

1982年5月，他在《航空知识》上发表了《直升机和"直升飞机"》一文，首次指出直升机不是"直升飞机"，但是当时大部分的字典、词典都使用"直升飞机"这个错误名词。工具书是指导人们学习的重要工具，编者应该重视这个问题。姜长英为了查证这一错误，调查了60多种各类字典、辞典、词汇书，包括英、日、德、法和俄文的，从二十世纪一二十年代一直查到七八十年代，并详细统计出有关直升机的各种词语比例，证明有三分之二都使用了错误名词。姜长英指出，学术问题不讲究"少数服从多数"，把直升机称为"直升飞机",终究是错误的。文章登出后,引来了不少反对的声音,什么"完全没有必要争论""名称的约定俗成"等等,可见要纠正这一错误名词是何等地难呀!执着的姜长英继续奋斗。

在1983年《江苏航空》第3期上,姜长英发表了《飞机和"直升飞机"》一文,指出:错误的"直升飞机"一词已经"统治"了全国。姜长英又写了一篇《直升机和"直升飞机"的问题》发表在《航空史研究》(第6期)上,想从飞行器的分类上把问题说得更全面些。1984年,姜长英突发奇想,要在报纸上发表一个学术广告,想让全社会的人都来认识和纠正这一错误名词。《"直升飞机"这个词儿对吗?》的广告确实是学术性的,可惜没有一家报纸肯刊登这个不推销产品又不赚钱的广告,直到1989年《老人天地》杂志上才刊登了《为直升机正名》的广告。1984年6月29日《光明日报》的《科学与技术》栏目上刊登了姜长英专文《为直升机正名》,后该文又稍经压缩被转载到1984年8月的《新华文摘》上。

1985年,姜长英写信给胡耀邦同志,和国家新闻出版相关领导部门沟通要求干预和纠正"直升飞机"名词的错误,使正在编撰的《中国大百科全书·航空 航天》的编者们使用了正确的词语。1985年11月1日,姜长英写了《纠正错误名词是个长期任务》一文,文中列举了社会各行各业使用错误名词现状,已成陋习,纠正是一个长期任务,指出首先要从航空界做起,然后在工具书上纠正。1986年《辞书研究》第1期刊登了姜长英的《直升机辩》。总之,从20世纪80年代起,姜长英为纠正错误名词奋斗了十年,终于取得了初步成绩,使专家权威认为不可能的事变成了可能。

1991年11月17日,姜长英在《为直升机正名的初步胜利》中提到,这几年来新出的字典、词典中,出现的这个错误名词已经减少,航空专业字典、期刊、《中国大百科全书》都已经纠正,就连民营有关公司也纷纷改名换姓,例如深圳一家"中国海洋直升飞机专业公司"在1991年2月给各股东的报告上,要求把直升飞机的"飞"字去掉,1991年8月8日上海

《文汇报》登出了一篇《中国海洋直升飞机专业公司上海公司更名启事》，也要去掉"飞"字，这说明"直升机"这一正确名词已经得到社会的公认。但是姜长英的心愿还没有完成，他说这只是初步胜利。要纠正全国的字典、词典、电影、电视、新闻、广播等的这一错误，还要付出巨大的努力。姜长英当时已经为直升机正名了，他又提出了为"直升飞机"正名，从本书中，我们又可以看到为"直升飞机"正名的文章。现在又过了数十年，我们可喜地看到，电视新闻中已经普遍使用"直升机"这个正确名称了。从这件事中，我们可以学习到他的严谨作风和执着意志，更要学习他老有所为、奋斗不止的宝贵精神。

四、探求奥秘，热心科普

一般的科普作家都是把已知的科学知识用图文并茂的手法写成短文普及大众，而姜长英却对未知的自然现象进行科学探讨，研究其来源和发展，启发大众去探求奥秘、追求真理。例如，早年他在《科学世界》的"科学问答"中提出了很多科学问题，其一：人类学者或医学者常谓某人之脑重若干，量法如何？人之天赋与脑之大小有何关系？其二：牵牛花等缠绕植物，常有左旋或右旋之性，何也？其三：孑孓为蚊之幼虫，有杆形及蝌蚪形者，其成虫何别？其四：夏雨后小沟中常见之小鱼俗名"大眼贼"，其学名及性质如何？……即使他引用别人的文章，也是把人引入未知世界。例如，早在20世纪20年代，他在《东方杂志》上发表了《水星的研究》译文，把自己翻译法国人的一篇有关水星的文章介绍给国人，引导人们去研究未知的水星。文中说："研究火星真像火一般的狂热，而对于距太阳最近的水星却像水一样冰冷，所以水星的内容，世人知道的还很少，故翻译……以介绍于国人。"姜长英从20世纪20年代直到90年代一直都在科普工作中辛勤耕耘，而且涉及面很广，上自天文地理，下至花鸟虫鱼、古今历史、人物春秋、数学论证、益智游戏，无所不包，无所不知，特别是数学游戏，如三数游戏、九数游戏、一分为三连乘得积问题、等和连积、等和异积、最大乘积、最短距离、移棋相间、移棋换位、纸能包多大的体积、方箱容球、魔方……看似游戏，其实都是数学问题，更有数论问题，当年著名数学家陈景润研究的哥德巴赫猜想就是数论中的经典命题，姜长英在1930年就给自己提出来一个数学猜想问题，50年后才有了一些结论。1979年他在西工大《科技资料》上发表了长达16页的论文《一分为三连乘得积问题》，这是他"猜想"的研究成果："几十年前，作者所猜想的四个相等、五个相等，都已经得到证实。六个相等或更多的相等，一定也都是可能的。"他为此还写了一首小诗来鼓励自己："自出难题，探求奥秘，先有猜想，再找实例。求之未得，更增勇气。"都快90岁的老人了，研究已不易，还要"更增勇气"，可见其"探求奥秘"精神之伟大。姜长英的科普作品正是以探求奥秘的这种精神来启发青少年"从中得到锻炼，以期有利于建设四个现代化这个社会主义的伟大目标"。

郑泽尧

2018年7月23日

郑泽尧，江苏泰州人，1934年1月生。1957年毕业于西工大飞机制造专业，先后在哈尔滨飞机公司、西安飞机公司设计所从事飞机设计工作，参加过轰-5、轰-6、运-7、运-8等飞机的研制、改型和新机设计。1979年至西安航专航空概论教研室任教，1981年任教研室主任。1983年受姜长英教授邀请任《航空史研究》期刊编委、副主编，1992年任主编。曾发表过航空史研究论文数十篇。1988年任西工大航空史研究室专职研究员。1989年任中国航空史研究会常务理事、副秘书长、秘书长。1993年因在航空工业教学和航空史研究方面作出的贡献而获得国务院政府特殊津贴。1994年退休。

目 录

简 介 篇

姜长英简介/姜保年/ 3

姜长英主要著作/姜保年/ 5

姜长英小传/郑泽尧/ 6

天穹之梦——中国航空史研究奠基人姜长英教授/姜保年/ 12

姜长英和他的《中国航空史》/姜椿年/ 22

风雨同舟六十载——姜长英和龚德培的故事/姜保年等/ 29

通 信 篇

周瘦鹃为姜长英学生王启德写的到《申报》查找资料的介绍信/ 46

高士其给姜长英的复信/ 47

苏联专家米朗诺夫给姜长英的来信和姜长英的复信/ 48

王锦光给姜长英的书信/ 49

上海图书馆关于提供谢缵泰资料的复信/ 50

中国科学院历史研究所第三所关于提供谢缵泰资料的复信/ 51

广州博物馆给姜长英的复信/ 52

李万华提供的冯如材料和给姜长英的复信/ 53

广州市文史研究馆给姜长英的复信/ 54

福建省文史研究馆向姜长英提供的马尾飞潜学校等材料/ 55

厦门市图书馆提供的国民政府海军航空处有关材料/ 56

重庆文史研究馆提供的航运情况材料/ 57

许玉赞给姜长英提供的笕桥飞机厂资料/ 58

马翼周给姜长英提供的大定航空发动机制造厂资料/ 59

王荣给姜长英的复信/ 60

北京图书馆给姜长英的复信/ 61

蔡廷锴给姜长英的复信/ 62

上海天厨味精厂给姜长英的复信/ 63

宋庆龄副主席办函复姜长英来信/ 64

北京图书馆对姜长英捐赠《太湖观操记》的致谢信/ 65

北京图书馆对姜长英捐赠《太湖观操记》的致谢函/ 66

缪钺《寄怀长英学长兄》诗一首/ 67

刘仙洲和中国科学院自然科学史研究室邀请姜长英撰写
　　《中国航空史》来信四封/ 68

嵇果煌给姜长英的来信/ 69

关敦给姜长英的来信/ 70

第三机械工业部技术档案馆给姜长英的来信/ 71

张孚生给姜长英的来信/ 72

钱学森给姜长英的十一封书信/ 73

曹鹤荪给姜长英的来信/ 81

王宏基给姜长英的来信/ 82

何文治给姜长英的来信/ 83

张镒给姜长英的来信/ 84

范瑞娟给姜长英的来信/ 85

牧野给姜长英的来信/ 86

张瑞芬给姜长英的来信/ 87

江东给姜长英的来信/ 88

关中人给姜长英的来信/ 89

短杂文篇

☆ 航空史类

学矿的改行学航空/ 95

谈谈我一生中的三岔路口/ 105

一份五十多年前的航空合同草稿/ 108

1915年南苑航校制造两架飞机/ 111

钱昌祚和《浮生百记》/ 113

钱昌祚和航空名词/ 115

五十四年前的一张照片/ 116

回忆上海交大航空门和毕业生名单/ 117

中国风筝简史/ 122

清末天津的氢气球/ 124

竹蜻蜓/ 126

纸鸢、木鸢和扑翼机/ 128

火箭和炮弹/ 131

赵匡胤和孔明灯/ 133

汉朝的能工巧匠——丁缓/ 135

《中国古代航空史话》自序/ 137

自评《史话》/ 139

一本小书的故事/ 141

中国的历史应由中国人先写／144

崇洋迷外的根源／146

在帝国主义侵略、压迫和控制下的中国航空工业／147

重庆大轰炸／153

飞机设计方法的进步／154

第一次世界大战中的中国飞行员——朱斌侯／155

江超西／156

我写江超西／159

"驱逐之王"高又新／161

《中国航空史料》的两篇自序／163

《航空史研究》季刊的发展／165

航空史研究会的成立／167

中国航空史研究的春天／169

《冯如研究》序／172

冯如研讨会暨全国航空史研究会第二次学术年会开幕词／173

《中国妇女航空钩沉》序／175

刘仙洲收集资料／176

成绩空前　奖励有功／178

航空书刊的贬值／180

买书、藏书、丢书、赠书／181

☆ 为直升机正名

直升机和"直升飞机"／189

飞机和"直升飞机"／192

为直升机正名／195

飞机·直升机·直升飞机／197

"直升飞机"和直升飞机／201

给新闻出版署负责同志的两封信／204

中国航空工业总公司关于同意出版"直升机和'直升飞机'的问题"增刊的批复／207

为直升机正名的初步胜利／208

纠正错误名词是个长期任务／210

☆ 科学知识类

水星的研究／215

飞机／218

《科学思维锻炼与消遣》／221

评价篇

姜长英教授和《中国航空史》／方先茂／229

坚持对学生进行爱国主义教育／梁三星／232

我看《中国航空史》／孙华荃／236

中国航空史的"百科全书"
　　——姜长英《中国航空史》读后感／陆永正／239

我国第一部航空史著作——《中国航空史》／鲁克成／244

中国之翼出版的《中国航空史》序／文良彦／246

很珍贵的一本中国古代航空专著
　　——评姜长英《中国古代航空史话》／陆永正／247

论姜长英学术思想
　　——兼论航空史的核心价值／鲁克成／249

多谢！爱管闲事的教授／叶永烈／259

姜长英：非凡的事业非凡的人/白凤昆　谭大跃/261

我的恩师姜长英/白凤昆/263

庆名著新版，为尊师祝寿
　　——在庆祝姜长英教授九十七大寿会上的发言/傅正阳/265

志存高远　惠及后人/徐　澄/267

关于姜长英传记和他的学术思想/郑泽尧/273

后记/276

简介篇

【编者按】

本部分内容包含姜长英简介、姜长英著作目录、2篇传记、姜长英和他的专著《中国航空史》、姜长英和他夫人龚德培的故事等6篇文章，是他的子女、学生所撰写的，以便让读者对他的一生有个全面而概括的了解。

关于简介，过去也有过一些版本，但是感到有不够全面、准确之处。对姜长英的著作，过去从来没有整理过。姜长英的传记，郑泽尧、姜保年各写过一篇，姜保年写的《天穹之梦——中国航空史研究奠基人姜长英教授》由上海人民出版社出版，文章较长，这里仅选用"开场白""结束语"两段。姜椿年写的《姜长英和他的〈中国航空史〉》、姜保年等写的《风雨同舟六十载——姜长英和龚德培的故事》，是应龚氏家族编写家族史的要求写的，对外还没有公开发表过。

在写姜长英和龚德培的故事时，我们深感姜长英一生事业上能有此成就离不开龚德培的鼎力相助。龚德培，姜长英夫人、同事，西工大飞机系教务员。姜长英和龚德培经历的坎坷，个人和家庭遇到的矛盾、碰到的风浪，可说是无数，如没有两人的"风雨同舟"，怎能安然渡过？最难能可贵的是，他们俩在一系列重大历史关键时刻、问题面前，始终是观点一致、行动一致、互相扶持。更可告慰的是，龚德培最后在病中、他俩金婚纪念日时，见到了姜长英事业的成功。回顾一生，如果没有夫人龚德培六十年的鼎力相助，也就没有姜长英事业的成功！

姜长英已过世十多年，查阅历史资料，回忆他老人家生前作为，我们对他的认识更加全面和深刻。他作为老一辈知识分子，受到过良好的教育，有着中华民族的优良传统，一生为祖国的航空事业、航空教育、航空史研究作贡献，他的优秀品质和事业成就值得我们后辈努力学习、继承，并永远发扬光大！

姜长英简介

姜保年

姜长英，1904年生，上海市川沙县人，2006年去世，享年102岁。中国航空工程教育家，中国航空史学家，中国航空史研究的奠基人。

他1926年毕业于天津南开大学，同年赴美留学。1929年，在美国底特律大学获航空工程学士学位，后在海斯飞机公司任飞机设计研制工程师。1929年底回国。1930年任东北航空司令部飞机修理厂少校技师。1933年转任南京政府航空署署员及筧桥航校教官。1936年起，在上海任交通大学副教授，在新设立的航空工程专业执教。1942年，赴新四军抗日根据地任江淮大学教授。1945年再次执教交通大学，出任航空工程系教授。中华人民共和国成立后，院系调整，历任华东航空学院、西安航空学院、西北工业大学教授。他是我国早期从事航空工程教育的教育家，60年辛勤耕耘，桃李满天下，为中国航空事业培育了大批骨干人才。

他是中国第一个航空学术团体——中国航空工程学会，1934年创建时的50名成员之一，是中国最早系统地研究中国古代航空史和近代航空史的少数学者之一。早在20世纪30年代，他便开始了中国航空史料的搜集和研究工作，数十年乐此不疲，所积史料之多，内容之丰富，为全国之最，书籍计3 000余册，20世纪70年代末，已全部捐献给西北工业大学图书馆，图书馆专辟姜长英书库，陈列航空史书籍。

他撰写了我国第一部《中国航空史》著作。他的研究成果和学术地位赢得了国内外航空史学界的认可。20世纪80年代初，他被聘为《中国大百科全书·航空 航天》编委，以第一作者身份，编写了2万余字的《中国近代航空史》条目，并参与了全书框架和有关条目的审定。这本国家级、权威性词典书，于1985年12月正式出版后选送联合国陈列。

他在1983年创办了《航空史研究》期刊，并任主编10年，后任编辑顾问。通过刊物，他凝聚团结了全国一大批航空史研究专家、积极分子、爱好者，挖掘了一大批航空史料，并汇集了大批高水平的论著。

他创立航空史学科，创建西北工业大学航空史研究室，担任主任。他是在中国航空院校首先开设中国航空史课程的教授，为中国航空院校学生系统了解中国航空史、接受爱国主义教育作出了重要贡献。研究室培养了大批研究生。

1989年他倡议、组建、成立了第一个中国航空史研究会，作为该会的创始人，他被选为理事长，后为名誉理事长。由他主持、参加在西安、广东、北京召开的代表大会和学术思想交流会共有四次。每次会议全国有20余个省市和台湾、香港、澳门地区的代表，以及在美国、日本的海外同胞等百余人参会，盛况空前。

他因学术造诣深，作为创立航空史学科和航空史研究领域的权威和奠基人，对该学科的建设、人才培养、事业发展作出重大贡献，于1991年被批准为我国第一批享受国务院政府特殊津贴的专家。1992年，他被原航空航天工业部授予"有突出贡献专家"称号。他的事迹还被编入2002年出版的《中国科学技术专家传略》。

姜长英主要著作

姜保年

已出版的主要著作：
《飞机原理》1948 年 8 月大东书局出版
《简易空气动力学》1948 年 10 月世界书局出版
《飞机概论》1951 年 4 月龙门联合书局出版
《科学消遣》1951 年 11 月中国科学仪器公司出版
《飞机制造工厂设计》1964 年 7 月西北工业大学出版
《中国古代航空史话》1982 年 9 月西北工业大学出版
《中国航空史料》1982 年 9 月西北工业大学出版
《中国近代航空史稿》1982 年 9 月西北工业大学出版
《中国航空史》1987 年 6 月西北工业大学出版社出版
《中国航空史》1993 年 11 月台湾中国之翼出版社出版
《中国大百科全书·航空 航天》1985 年出版
《中国古代航空史话》1996 年 4 月航空工业出版社出版
《科学思维锻炼与消遣》1997 年 7 月西北工业大学出版社出版
《中国航空史》（新版）2000 年 10 月清华大学出版社出版

未出版的著作手稿：
《飞机学》1931 年著
《航站工程》1950 年 9 月著

在刊物上公开发表的论文、杂文、讲话二三百篇
主编《航空史研究》40 期及若干特刊　1983—1992 年

姜长英小传

郑泽尧

姜长英，航空工程教育家，中国航空史专家，中国航空史学科的创立者和航空史研究的奠基人。自20世纪30年代起从事航空教育和航空史研究70载，为中国航空事业培育了大批骨干人才，编著成中国第一部《中国航空史》专著，创立了中国航空史学科。姜长英对中国古代航空技术也有深刻的独创性的研究。

1904年11月11日，姜长英生于上海市川沙县。父亲是北洋政府军医，母亲是勤劳朴实的农村妇女。姜长英先后在天津、保定两地上小学，1918年考入天津南开中学。1919年，在校友周恩来的影响下，姜长英参加了五四运动，在他少年成长时期，深深埋下了爱国的种子。1922年中学毕业，姜长英以优异成绩直接升入南开大学矿科。1926年大学毕业时，正逢美国福特汽车公司在华招工，姜长英被录取，同年8月自费赴美留学。姜长英到达美国地踹（即底特律）市后，首先在租房上受到种族歧视，其次留学不成被迫当劳工，劳动强度大，工作环境差，疲困万分。

1927年5月，美国飞行员林白首次成功飞越大西洋，震动全美。姜长英也大受影响，从此他一心想学航空。正好地踹大学有个航空工程系，而且可以半工半读，姜长英一面做工，一面上学，辛劳倍增，但他立志航空，勤奋好学，仅用两年时间就完成了五年学业，1929年获得美国航空工程学士学位。由于经费困难，姜长英无法继续深造，于是在毕业前后，先后参与三家美国公司的飞机设计研制工作。他所参与设计的三种飞机均试飞成功，其中一架还载入1930年英国出版的《简氏世界航空器年鉴》。据此，姜长英如果在美继续发展完全可以成为世界一流的飞机设计专家，但他一心向往祖国，关心国内局势。他得知北洋政府已被推翻，听说国旗也换了，

"祖国可能有了新气象，自己在国外学到的一些知识，回去可能还有点用"，于是和许多爱国学子决定回国。

1929年底，姜长英终于回到祖国，回到北平家中。父亲已经给他找好了有关汽车专业的工作，但他不愿干，一心要为中国航空事业作贡献。1930年3月，姜长英南下，先后找了南京国民政府航空署和上海虹桥机场修理厂，都被拒绝。一位留学归国的航空工程学士、飞机工程师，在航空部门竟无用武之地，这令姜长英十分失望。不得已，他又再次北上，到了沈阳，在失业数月后，幸遇张学良识才，被安排到东北航空司令部修理厂。1930年8月，姜长英任修理厂少校技师，并开始为学员上课，这是他最早的航空教育活动，但一年后就因"九一八"事变而中断了。姜长英随难民车逃亡关内，被分配到南苑航校任教。1933年夏，姜长英又南下杭州，找到航空署领导钱昌祚，被分配到器材科任署员。他用国产材料仿制美国降落伞，一举成功，且其性能优于美国伞，造价低2/3。1934年4月1日，姜长英参加了中国航空工程学会成立大会，与会的还有航空界著名人物钱昌祚、朱家仁、王助、刘敬宜等，这是我国最早的航空学术团体。1934年夏，姜长英转入杭州的笕桥航校任学科教官。1936年2月，姜长英应邀到上海的交通大学（简称"交大"）航空门任副教授，从此脱离军界进入教育界，并以教师为终身职业。

1937年"八一三"事变，日本侵略军侵犯上海，姜长英随交大避入法租界。1941年底，日本侵略军进入租界，有人想投靠汪伪，姜长英毅然脱离交大。1942年10月，姜长英突破日军封锁，潜入苏皖边区，在抗日民主根据地江淮大学任教，并多次参加反扫荡游击行动。由于战事频繁，学校被迫停办，姜长英又返回上海，任教于一所中学。因领工资要向日本人鞠躬，姜长英不从而愤然离去。后来他在上海中国纺织研究所任研究员，并在中国纺织工学院授课。1945年抗战胜利，姜长英才重返交大，并晋升为教授。

1949年上海解放，姜长英满怀喜悦地留在上海，留在交大。1952年院系调整，姜长英随交大航空系迁入在南京新建的华东航空学院。1956年，为支援西部建设，年过半百的姜长英毅然随校西迁，学校改名为西安航空学院，次年西安航空学院与西北工学院合并成立西北工业大学。姜长英不顾西北生活的艰苦，全力投入教学和研究工作，百折不挠，奋斗不息。1982年，姜长英率先开出"中国航空史"课程，这在全国属首创。1987年，83岁高龄的姜长英还招收了研究生。他博学多才，涉猎学科广泛，先后授课20余门，门门精通。他为航空教育耕耘一生，鞠躬尽瘁，为中国航空事业培养了大批骨干人才。

七十年铸成巨著　奠基航空史研究

1930年姜长英在沈阳东北航空军司令部工作时，即开始收集航空史料，拍摄他所见到的飞机照片，记录飞机修理厂的组织机构和人员名单。1933年，航空署要出一本航空年鉴，其中包括中国航空史。"可是，多年以来，中国航空史的编写工作，一直没有人做，学航空的没有做，学历史的没有做。"姜长英说："我曾自不量力，想写一本中国航空史。"为此他节衣缩食，收集和购买航空书刊，置局势动荡与工作变迁于不顾，坚持收集不懈，并于1949年暑假末写出了《中国航空史料》（简称《史料》），1959年写出《中国古代航空史话》（简称《史话》）一稿，1965年写成《中国近代航空史稿》（简称《史稿》）。这三本史料内容，横跨上下五千年，一直写到中华人民共和国成立之前。这一漫长的历史时期，丰富翔实的史料，科学系统的分析，由姜长英一人独自完成，实属不易。《史料》在1950年准备出版时，因遭"二六"轰炸而停。《史话》则五改其稿，三易出版社，有的出版社接稿不印，四地出版社均拒绝接稿。《史稿》在后来更受到史无前例的批判。但姜长英编史决心矢志不移，他坚信"鉴古可以知今，了解过去可以指导将来"。他的著作"可以使读者了解我们祖先的巨大贡献，增强民族的自豪感，相信自己的聪明才智，能克服崇洋媚外的自卑心理，因而有助于我国的"四个现代化"建设。正是在这种崇高的爱国爱民之心的支撑下，他顶住了各方面的压力，坚持写作和研究，不断修改旧稿，增补新资料，撰写新稿。《史话》《史料》和《史稿》终于在1982年由西工大分别铅印成讲义，作为航空史教材内部使用。但这本印刷质量不佳的内部讲义，却立即引起全国史学界的轰动，其史料之丰富，内容之翔实，已成为航空史研究者珍藏之宝，内容也被许多专家学者所引用。1982年11月，著名科学家钱学森专门写信给姜长英："您多年来研究我国航空航天历史，很有成绩，发表论文多篇，今又把积稿印成专著三册一套，实可敬佩！现在您又将主持西北工大中国航空史一课的讲授，我希望您能将讲义整理成《中国航空航天史》，出版流传，以教育后代。"于是姜长英再易其稿，增添照片，一部积60年心血又屡遭挫折的著作《中国航空史》，1987年6月终于由西北工业大学出版社正式出版了。时任国防部长的张爱萍将军为该书题写了书名。这是一部由中国人自己写的中国航空史，也是当时唯一的一部最为全面、最为系统、最为完整和最为翔实的中国航空史料，它的出版立即受到航空史学界的高度评价："《中国航空史》以大量丰富翔实、准确的史料，说明了中国人民的创造才能与智慧及对世界文明在航空方面所作出的伟大贡献。"它不仅仅是史料，它"史论结合，观点明确，爱憎分明，对读者来说能得到比史实本身更多的东西"。"不仅史料翔实，考证周到，而且还有科学分析和精辟论断……早已超出了史料的范畴。因此，不论从哪个角度看，《中国航空史》都是一本经典性的航空史著作"。该书也奠定了姜长英在中国航空史研究领域里最高的学术地位。著名航空史评论家陆永正指出："该书专业性强、资料性强，资料又丰富，注释又精细，还顾及技术史的发展脉络，为人们对航空史的深入研究提供了四通八达的线索，必将极其有效于促进深入研究的进程。……总起来说，该书能给人指南、给人钥匙、给人研究的资料库，确实具有'百科全书'的特色。因此，该书作者姜长英确实不愧为中国航空史的奠基人。""其影响不仅超出了航空界，甚至超出了中国。……美籍学者朱永德先生已将这部著作介绍到国外。"中国台湾的出版社慕名而来，为它出版了国际中文版。2000年10月，包括姜长英全部史稿的《中国航空史》（新版）由清华大学出版社正式出版，终于在20世纪末了却了这位世纪老人的一生夙愿。

　　姜长英收集来的书刊资料堆满了他的书房，后来赠送给西北工业大学图书馆 3000 多册。西北工业大学图书馆还专门为他建立了"航空史资料查询室",不少专家学者都曾来此查阅考证相关资料。他手头还有剪报 14 大本、手抄笔记本 26 本以及大量载有航空史料的书刊,可见他收集资料之艰辛,研究考证之功底。丰富的资料是研究之本,来之不易,考证更难。姜长英常常为查证一条资料,不顾年迈体衰,多次奔波于校内外图书馆,或发信去征询,或托人去查找。例如:1932 年日本侵略军进攻上海,十九路军奋起抵抗,菲律宾华侨捐机 30 架。为查证此事,姜长英特地给十九路军军长蔡廷锴写信询问,并得到蔡军长的亲笔回信。为查询 1923 年广东制造的一架飞机——被孙中山命名的"乐士文 1 号",姜长英特地给宋庆龄写信询问其意,也得到了"宋办"回信。至于给书馆、报社、个人发信查询的更不知其数,往往得不到回音,姜长英为此感叹"航空史研究是不容易的",但他仍乐此不疲,严谨考证。姜长英认为:"航空史料的收集和研究,一定要依靠群众的力量",要开辟资料的汇集和研究的园地。为此,姜长英于 1983 年他 79 岁时创办了《航空史研究》学术刊物,供航空史研究者交流研究成果和经验,并积累航空史料。果然,刊物一出,各个历史时期的航空史料,特别是红军时期和中国共产党早期珍贵的航空史料都有人纷纷寄来,同时也聚集了一大批航空史研究者和爱好者。

姜长英深知培养航空史研究人才的重要性,于是,1982 年给学生上"中国航空史"课,1987 年招收航空史研究生,1988 年组建航空史研究室。1989 年,85 岁的姜长英创建了中国航空史研究会,并多次举行学术交流会,曾有海内外会员 350 多人,吸收了不少中国近代史的见证人,抢救了一批珍贵史料,也吸引了一大批中青年航空史研究者,一个庞大的航空史研究队伍已经崛起,一批有水平的航空史著作不断问世。姜长英的心愿实现了,这是他为中国航空史研究,为中国航空事业发展作出的又一突出贡献。姜长英也因此获得国家级"有突出贡献专家"称号,并成为第一批享受国务院政府特殊津贴的专家。姜长英除任中国航空史研究会理事长、名誉理事长,《航空史研究》主编、顾问外,还兼任《航空知识》编委和《中国大百科全书·航空 航天》编委。

姜长英年表

1904 年 11 月 11 日 出生于上海市川沙县。

1911—1918 年 在天津、保定两地小学学习。

1918—1922 年 在天津南开中学学习。

1922—1926 年 在南开大学学习，获学士学位。

1926—1929 年 在美国福特汽车工厂学习。

1927—1929 年 在美国底特律大学航空工程系学习，获航空工程学士学位。

1929 年 先后在美国伊斯特曼飞机公司、欧弗开西尔飞行学校、海斯飞机公司任技术员。

1930—1931 年 任沈阳东北航空司令部修理厂少校技师。

1931—1933 年 任北平南苑航校教师。

1933—1934 年 在南京国民政府航空署器材科任三级署员。

1934—1936 年 任杭州笕桥航校学科教官。

1936—1942 年 在交通大学任副教授。

1942—1943 年 在抗日民主根据地江淮大学任教。

1943—1945 年 在上海纺织研究所任研究员，后转入纺织专科学校任教。

1945—1952 年 在交通大学任教授。

1952—1956 年 在华东航空学院任教授。

1956—1957 年 在西安航空学院任教授。

1957—1986 年 在西北工业大学任教授。

1986 年退休。

（此文刊于西北工业大学《航空史研究》，原载于 2002 年出版的《中国科学技术专家传略·工程技术编·航空卷2》。）

天穹之梦
——中国航空史研究奠基人姜长英教授[①]

姜保年

开 场 白

2014年的大暑天,我坐在窗前,打开我妹妹最近从西安寄给我的大纸箱,取出我父亲的一件件遗物,它们是父亲的教材、文章、手稿,朋友、学生、同事的信件、文章,他的笔记本、剪报……

我不禁思绪万千。如果我爸活着,今年应该是110岁了。当年他102岁,也就是在2006年的6月28日离我们而去。我一直想要看看他的东西,可忙来忙去,直到现在才坐下来看。

我想起小时候,也是大热天,放暑假,我们都在家里,爸爸穿着奶奶缝制的薄布马甲、布短裤,坐在13平方米小客厅过道里,靠着一张八角形的木制饭桌看书。过道是家里最凉快的地方,我和弟妹们就在过道里穿过来、跑过去。从前弄堂穿过铁门,经过小天井到小客厅,再穿过后间、楼梯口到厨房间,出后门到后弄堂,那里有邻居小朋友在等着玩呢!

"保年,把后门给关上!"爸爸肯定嫌烦了。"噢",我一边答应着,一边顺手把后门"嘭"的一声重重地关上,然后上楼去。"保年,回来!"我说:"干吗?""你下来把门打开,再关一遍,要轻一点,门都被你撞坏了。"我只好从楼梯上下来,把门打开,再轻轻关一遍,心里是老大的不高兴。爸爸是严厉的,我们都怕他,不敢不听他的话。因为他生气了会给你吃

[①] 《天穹之梦——中国航空史研究奠基人姜长英教授》一书由上海人民出版社出版,本文节选自开场白和结束语。

"毛栗子",就是将食指勾起来,在你额角头上敲一记,那也是有点痛的。

后来,记得上海租界沦陷后,他去了新四军抗日根据地,由于日本鬼子不停地扫荡,他去任教的江淮大学办不下去,又潜回上海,失业在家。那段时间他有闲工夫和我们小孩说话了。当时我8岁,虚龄有10岁。由于我是长女,他和我说了一些新四军根据地的事,还教我唱歌,猜谜语,画画。后来,抗战胜利,他回到交大,工作很忙,好像和他也就没什么多的接触了。再后来上海解放了,一解放,党组织决定派我到天津良乡中央团校学习,我就此离开了家。

我对爸爸有多少了解呢?除了听妈妈零零碎碎说的一些情况外,知道的就不多了。

中华人民共和国成立后,由于高校院系调整,我爸爸带着妈妈、四个弟妹,全家从上海迁到南京,再迁至西安。我因参加了工作,一个人留在了上海。

改革开放后,听说爸爸的航空史研究受到了肯定。那时他已经70多岁了。他继续研究工作,出版刊物、开讲座、上选修课、带研究生,成立全国研究学会,到90岁才退休。他96岁时,由我弟弟帮他校对,自费出版了高质量的新版专著《中国航空史》。当把书送到他手中时,他已卧床不起,但是非常高兴,因为这是他一生的夙愿。

我爸爸晚年还是幸福的,我妈妈走后,由小妹妹和妹夫精心照顾着。世纪老人到102岁走完了他的一生。百岁寿辰时,学校、省侨联、他的学生、各有关方面都来向他祝贺,对他予以充分肯定。他被誉为我国最早期的中国航空工程教育家,桃李满天下,中国航空史学科的创立者和中国航空史研究的奠基人。

翻开爸爸的遗物,首先映入眼帘的是一本《祖国在我身边》的书。此书由中国人民政治协商会西安市委员会文史资料委员会编。其中有一篇《六十年前在美国》,是爸爸写的文章,详细讲述了他在南开大学毕业后,由校长张伯苓介绍,自费去美国底特律市福特汽车公司半工半读的情况。去美国后,福特公司的安排是"只工不读",他与一起去的九位同学和普通工人一样干活,学工、赚工资,养活自己。直到两年后知道底特律大学有个航空工程系,可以利用业余时间学习时,才自己去报读了三年级插班生。记得我妈说过:"你爸在南开大学是学矿科的,他是哪门学科先进就改学哪门,到美国先想学汽车,后来学了飞机,最后拿到了航空工程学士学位。"按照世俗的观点,到外国留洋应该"镀金"才对,在国内已有一个矿科学士学位,再拿一个还是学士学位。别人劝他到其他城市去读硕士、博士,他没有听,而是在三个公司参加了三架飞机的设计和制造工作后,选择了回国,以报效祖国。我爸在人生道路的选择上往往不按常理出牌。

接着,我看到江淮大学同学为了编《新四军江淮大学纪念文集》给我爸发来征求意见的书稿(此书于2011年正式出版)。我小时候就知道日本人占领了交通大学后,交大向汪伪政府登记。我爸宁可失业也不受聘去任教,表现出了民族骨气。但是看了书稿后我马上联想的是,他怎么会应聘去江淮大学任教呢?那里是中国共产党的抗日根据地,老师和学生去江淮大学都是单线联系、个别动员。到根据地去要冒着生命危险,通过地下党交通员护送,一路穿过敌人封锁线,并由秘密交通站接应,才能安全抵达根据地。我爸是交大教授,年龄已40岁左右,戴着一副深度的近视眼镜,不比十七八岁的学生去参加新四军、地下党,再说,家里还有妻子和四个孩子。他能有这样的勇气和决心到根据地去,真让人敬佩。

我认真地阅读了爸爸的专著《中国航空史》,看到大量史料和论述。我发现,关于我爸爸到底从什么时候开始从事航空史研究的,材料里说法不一。但我最后找到他自己的说法,应该是回国在东北沈阳工作时,那时他就开始收集航空史料了,从20世纪30年代初直到上海解放整整20年,解放之后才动手撰写书稿。同时,他还在继续收集、调查、核实材料。最后留下的由他自己动手抄写资料的笔记有23本,剪报6大本。他节衣缩食,自己掏钱,四处搜集购买的有关图书资料共3 000余册(后来全部赠送给西北工业大学图书馆,并建立了一个姜长英书库)。这些,以及无数与人交流探讨问题的信件是他修史的依据。这么浩瀚的工作,数十年就由他一个人默默地做着。他本身有着繁重的教学任务,要给学生讲许多课,要编写教材。航空史研究并不是学校、领导布置的工作，必须在业余时间做。起初也没有人给过他一分钱的资助。我自问：一个人，七十年如一日地为修航空史而奋战、备受煎熬，换了我能做到吗？

到了晚年，中国航空史不再被否定，但开始也没有被重视和充分肯定。他一个七八十岁的高龄老人，继续一个人战斗。我从材料中看到，他悟出了要"走群众路线"的道理，那是1983年，他快80岁了。他跑到学校科研处申请了一些经费（每年1 000至1 500元），创办了《航空史研究》季刊，供全国航空史研究者交流研究成果和经验并积累航空史料。这些是我在他的遗物中的采访报道中看到的。最稀奇的是此刊物开始几年中只有爸爸一个专职工作人员。从约稿、审稿、改稿、编辑到复印、发行，全部由他一个80多岁的老人负责。不过此刊物一出，各个历史时期的航空史料，特别是红军时期和中国共产党早期珍贵的航空史料都有同道纷纷寄来，同时也聚集了大批航空史研究者和爱好者。这就为他在学校建立航空史研究室，招收航空史研究生，并在1989年创建中国航空史研究会创造了条件。研究会成立不久就拥有海内外会员350多人，我爸爸出任了理事长。其中聚集了不少中国近代航空史的见证人，一大批中青年航空史研究者，一个庞大的研究队伍形成了：他们带来了一大批航空史料，之后又有一批高水平的航空史著作问世。看到研究形势的迅速发展，他开心地说："我终于迎来了航空史研究的春天。"

为了表彰我爸爸为中国航空事业发展作出的又一突出贡献，他获得了国家"有突出贡献专家"称号，并第一批享受国务院政府特殊津贴。他任中国航空史研究会理事长，后任名誉理事长，《航空史研究》成为研究会主办的刊物，他任主编，后任顾问。他还兼任了《航空知识》编委和《中国大百科全书·航空 航天》编委。

我一边看材料一边在寻思，我爸爸到底是一个什么样的人，我好像没有真正了解和认识过他。为什么他的选择总是那样奇特？为什么尽管没人要他做，但他却能数十年如一日地坚持做修（航空）史的工作？为什么贫穷、失业，挨批、挨斗都不能阻止他？为什么他到了老年仍有不失进取的锐气，坚持数年一个人办刊物？在我脑中一直盘旋着一个问题：是什么力量支撑着我爸爸？记得我妈妈说过：过去亲戚朋友当面尊重地称爸爸为"老夫子"，背后说他"迂""书呆子"。要用现在的话说就是"傻瓜"，上海话称"戆大"。我又想：我过去怎么就没能够真正地了解和认识他修史的观点、他的思想和品格呢？

世纪老人已离我们而去。让我终生遗憾的是我不能再当面向他问问题，向他请教学习了。那么多年过去了，有些具体情况已搞不清了，但时间不能磨灭他的精神，他留下的遗物是研究他这个"人"的重要资料。相信通过认真研究能够回答那些最主要的问题，将使他的思想、观点、品格和精神永远地发扬和传承下去！

结 束 语

现在可以回到开场白的问题，姜长英——我爸爸，到底是一个什么样的人，以及一连串的为什么。

姜长英生于 1904 年，谢世于 2006 年。我国在鸦片战争后已经沦落为半殖民地半封建社会，过去的天朝王国、泱泱大国已不复存在，中华民族受着西方列强和日本帝国主义的侵略、欺凌和压迫。有压迫就有反抗和斗争，从 1911 年的辛亥革命推翻腐败、懦弱、卖国的清政府（那时姜长英 7 岁），民国政府成立，到 1919 年他 15 岁，参加了五四运动，之后，军阀混战，中国共产党成立，第一次国共合作，大革命，国民党对红色根据地的围剿，全国抗战，抗战胜利，解放战争，中华人民共和国成立，社会主义革命和建设，改革开放……一路走来，他是在这样的大时代背景下成长的人，因而有着这一个时代的深刻印记。

姜长英是一个知识分子。他出身于知识分子家庭，本人受过良好的学校教育，在南开中学这样中国的一流学校毕业，又留学美国，在现代化大工厂学过工，又读过大学的专业知识。他有很好的国学功底，接受了中国古代传统文化教育，也有西方自然科学的基础与航空专业知识。他个人的学习生活经历决定了他的世界观、人生观和价值观。至于他是否是劳动者、工人阶级的一部分，关于这个问题，在全国科学大会上邓小平同志的报告中对中国知识分子已有定论。那么让我们再看看他个人的思想品格又如何呢？

他，有着强烈的爱国情怀——

他不留恋美国航空工程师的工作环境和优裕工资，宁可回国同祖国一起受难。面对日寇侵略占领，他宁可失业也不给日本人做事，宁可抛妻别子历经危险，也要去抗日根据地。他说："决不做汉奸，决不遗臭万年"，表现出强烈的民族骨气和气节。

他一生研究中国航空史，为了弘扬中华民族在航空方面的成就，从古代到近代，用史实说明中华民族的智慧，说明中国人绝不比外国人差，他要长中国人的志气，他最痛恨崇洋媚外，反对妄自菲薄。

他以天下为己任，尤其在改革开放后，感到国家有希望，更是对国家深深关注。他虽然已是高龄老人，但对国家、社会不利的事他都要去"管闲事"，去提意见，不论是上级领导还是知名作家，他都会认真地给他写信提出批评和建议。

爱国主义可以说是他价值观的核心。

他，有着坚定的理想信念——

他一生的理想就是要研究中国航空史，这件事并没有人让他做，没有哪个领导布置过这个任务，也从来没人给他算过工作量。他买有关书籍要自己掏钱，后来成立民办航空史研究会也要自己出钱"资助"。

更要命的是为了研究航空史而挨批、挨斗。但是他认定这个事业总该有人做，学航空的不做，学历史的不做，中国人不做，难道叫外国人先做，岂不太难堪了！习近平总书记在2013年5月4日《在同各界优秀青年代表座谈时的讲话》中说："理想指引人生方向，信念决定事业成败。"正因为有这样坚定的理想和信念，他才能六十多年如一日，不论贫困也好，批斗也罢，不论领导重不重视，遭受多少挫折，不论有人嘲讽他抱个"冷门"课题，有人说搞修史太危险，他都不管不顾，矢志不渝，坚韧不拔地搞下去，直到成功。

他，淡泊名利，甘于奉献——

他一生不追逐名利，很多人感到他不按常理出牌。到美国留学不拿硕士学位而是拿第二个学士学位，不重视高学历而是按南开"允公允能"的校训，重视实践和能力。

他一生甘于寂寞，甘于坐冷板凳，从不与人争名夺利。他不要当领导，不争权，遇到这方面有矛盾，他宁可后退一步。

他耿直清廉，一生不贪不占，依靠辛勤劳动，维持清苦生活。他不计较工作时间、工作报酬，一生收集航空史料修航空史，矢志不渝，百折不挠。他把一生用自己的积蓄购买、积累的 3 000 余册航空书籍无偿捐献给国家，供给后人研读。

他，一生勤奋学习，踏实苦干——

他一生爱书，买书、藏书、看书，与书为伴。他眼睛高度近视，老年时有白内障不好开刀，但仍时时与书为伴。

他十分勤奋。他一生除了教书，写作、翻译、编辑了多少东西也没有准确的统计数。光是他给《航空史研究》季刊写的《航空杂谈》大大小小文章每期都有两三篇，加上给其他期刊的投稿，全部加起来可能有两三百篇之多。这笔财富至今尚未整理。

他工作踏实，甘愿做小事，收集史料 60 多年，剪报 14 大本，手抄资料的笔记 26 本。过去写书没有写字桌，他可以几年站着在五斗橱顶上写作。80 岁的老人一个人办杂志，约稿、审稿、改稿、编辑，眼镜都贴在纸上了。他还亲自做发行工作，几百本杂志一本本寄出。为节约经费，信封都翻过来再用。就这样，他一干就是 5 年，之后又做了 5 年主编，一共是 10 年。

他一点也没有浮躁情绪，一贯通过踏踏实实的苦干，通过做好小事来完成大事。

他，具有敢为人先的锐气——

修航空史以前没有人做，他勇敢担当。他说：这是第一次尝试，他撰写的《中国航空史》是我国第一部航空史。改革开放时他已近80岁，人越老锐气越足，连创了好几个"第一"：在高校第一个开航空史课，在高校第一个成立航空史研究室，在全国办第一本航空史研究期刊，创办第一个航空史研究会等。再说，众多第一，没有一个是"等、靠、要"来的，都是自己创出来的。他的锐气还表现在他敢于坚持真理，不怕争论辩论。如"直升机"和"直升飞机"的争辩，尽管一开始他就撰文从专业角度用科普语言阐明了为什么这两个名词不可混用，但是遭到很多人的反对。不管他是什么教授，反对文章非常不客气，而且言词刻薄激烈，大有压倒之势。但姜长英毫不惧怕，他把反对文章在《航空史研究》期刊上全部、全文公布并引导讨论，最后取得了成效。他虽然年老，但锐气十足，简直是锐不可当。为了实现他的理想，他完全不顾及自己的年龄，以至在78~92岁高龄时创造了他一生最辉煌的成绩。

他，具有严谨的科学态度——

他科研治学十分严谨，在《中国航空史》中用的每个材料都很谨慎，反复核实。他说收集的大量材料，每一个内容就有数条或数十条，最后能用上十分之一就不错了。如他查清以宋庆龄在美国的学名命名的"乐士文1号"飞机的史实就是最好的例子。

他在科学名词问题上不能容忍错误的传言"以讹传讹"和错误的"约定俗成"。直升机不是直升飞机，他查找出误称的历史缘由，耐心地用多种方法做着科普宣传，他认为这是专业人员不可推卸的责任。

当时他写信给知名科普作家叶永烈指出他用词错误，叶永烈在上海《新民晚报》上写了一篇《多谢！爱"管闲事"的教授》，爸爸及作为子女的我们看到此文都笑起来。这次爸爸抓住叶永烈了，以爸爸的执着和不依不饶劲儿，不会放过他。果然叶永烈被拉进了辩论。叶永烈在肯定了姜老的理论后提出了"约定俗成"的观点，还举了"大熊猫"名词是"大猫熊"的错误使用，但已"约定俗成"是否要改的例子。"大熊猫""直升飞机"，一位航空工程学教育家、一位知名科普作家的讨论和辩论，让我们觉得有趣极了。当然，我们认为爸爸的执着是有科学依据的。

他，能完善自我依靠群众——

爸爸，一直在不断地进步中。到了老年他更是突破自我，克服了自身的弱点和缺点，使航空史研究工作达到了新的高度。1950年他曾在思想小结中说："我的个性，像是很固执。我好静默，不善辞令，说起话来总嫌太直太硬。尤其在大庭广众中，不善发表意见，没有领导才干，也没有领导欲望。对于大众的事常常退让，不能勇于负责。"可是到了老年他悟出了一个道理，就是要走群众路线。爸爸其实知道修史的工作不是靠一个人的力量能完成的，靠他一个人单打独斗是不行的。但是要依靠群众，就要去发动组织群众，领导群众，贯彻群众路线的工作方法。他一辈子都是个普通的教书匠，这样做与他的性格好像不符。

他要实现理想，必须改变自己认为不善辞令、不愿当领导的思想。没有领导才干，必须要在实践中去提高自己的才干。他在最后的十几年中做得非常好，担任了研究室主任、编辑部主任、研究会理事长，紧紧依靠群众，走群众路线，充分调动组织了广大航空史研究积极分子的积极性、主动性、创造性，才把一个冷门学科搞得热热闹闹、轰轰烈烈，才迎来了航空史研究的春天。

作为一个知识分子，只有贯彻群众路线，与群众结合，才不孤单，才有力量，才能使理想实现，才能使事业成功。正因为他完善了自我，思想飞跃了，他的事业也飞跃了。

爸爸不是"傻"，不是"戆大"，他不按世俗观念出牌的行为是由他的价值观决定的。我在写作过程中和自己的同学谈起爸爸的故事，有位同学说：他是一个"纯粹"的人，一个充满"童真"的人。

在《航空史研究》上有《空军报》记者白凤昆、谭大跃写的文章，题目是《非凡的事业非凡的人》，不过爸爸的事迹倒让我想起他同时代的许许多多知识分子，我认为爸爸不过是他们中的普通一员，或者说是一个典型、一个代表。

他们的思想品格不正是当前习近平总书记要弘扬的中国精神么！

我在爸爸110周年诞辰之际撰写这个长篇，是"为历史存正气，为世人弘美德"。

2014年11月11日

姜长英和他的《中国航空史》

姜椿年

我的父亲姜长英 1904 年 11 月 11 日出生在上海川沙县（现已并入上海浦东新区）。

1926 年姜长英毕业于南开大学矿科，同年赴美留学。到美国后，先在底特律福特汽车厂打工。1927 年 5 月进入底特律大学航空工程系半工半读。1929 年初姜长英到伊斯特曼飞机公司实习 3 个月，参与了一艘飞船的设计制造。大学毕业后姜长英又到海斯飞机公司参与研制一架装有三个发动机的单翼运输飞机，完成了从设计、制造到组装的全过程，最后试飞成功。

姜长英 1929 年底学成回国。回国先待业半年。1930 年任东北航空司令部飞机修理厂少校技师。1933 年转任南京国民政府航空署署员及杭州笕桥航校教官。1936 年起，在上海任交通大学机械系航空门副教授。1942 年在新四军江淮大学任教授。抗战胜利后，1945 年再次执教交通大学，出任航空工程系教授。中华人民共和国成立后，经院系调整，先后在华东航空学院、西安航空学院、西北工业大学任教授。他是我国早期从事航空工程教育的教育家，60 年辛勤耕耘，桃李满天下，为中国航空事业培养了大批骨干人才。

姜长英在东北航空司令部工作时就开始收集各种有关航空方面的资料，如收集航空司令部和航空署的资料，记录飞机修理厂的组织机构和工作流程，用照相机拍各种飞机的照片，等等。有一次航空署要搞航空年鉴，航空史部分竟无人应承。他想这事搞航空的人不搞，搞历史的人也不搞，那以后就由我来搞吧！总不能让外国人来搞中国的航空史吧。就这样，他更用心自觉地收集航空史料，包括古代的、近代的、国内的、国外华人华侨的有关航空的人和事。他收集史料的渠道也逐渐扩大，书店、图书馆、报纸杂志，同事、学生、亲戚朋友，通信、拜访、求助、索要，等等。遇到好的书籍、资料就把有关内容抄记下来或自己掏钱买下来。有时他会遇到知音，交个朋友，但更多是通信无回音，索要资料的信石沉大海。这些事自然是在业余时间去做的，它逐渐成为姜长英的业余爱好，欲罢不能。再后来，它成为一项自觉的社会责任。在抗战中历尽战乱颠簸、贫困煎熬，他没有放弃航空史料的收集和研究。他一个人单枪匹马地工作着，坚持不懈、百折不回、日复一日地做下去，数十年乐此不疲。日积月累，他所集史料之多，内容之丰富翔实，为全国之最。姜长英收集购买的航空方面的书籍共计3 000余册，在20世纪70年代末全部捐给西北工业大学图书馆，图书馆专设姜长英书库。

1949年中华人民共和国成立后，姜长英生活安定，心情舒畅。经过20年航空史料的收集，他考虑动笔撰写了。他说："我曾自不量力，想写一本中国航空史。"经过反复考虑，他决定还是先写古代航空史。这样可以避开民国的混乱时期，专写我国四五千年以来的古代航空发展史。从1949年暑假开始，他写了两个多月。哪知碰到1950年国民党飞机的"二六"轰炸，上海发电厂被炸，电力紧张，书稿被退回。后来此书在华东航空学院的《航院学报》上零星刊出。1957年该书铅印成小册子，作为论文在西安航空学院第一次科学大会上发表。

1959年姜长英收到《国际航空》编辑部关于中华人民共和国成立十周年征文的约稿函，指定题目是《中国古代航空史话》。他在原来《中国航空史料》的基础上，用了一个暑假写完了《中国古代航空史话》。姜长英的《中国古代航空史话》还是很有特色的。他写了中华民族自古就有的天穹之梦、飞天之梦。古人为实现梦想，勇于实践，以对空气动力的利用，发明了轻航空器如降落伞、孔明灯，重航空器如风筝、竹蜻蜓以及利用喷气推进的火箭。中国许多发明早于其他国家数百年甚至上千年，为现代航空器的发明提供了启迪和基础。命运多舛，《中国古代航空史话》长期只在《国际航空》《航空知识》上发表，多次送不同出版社出版，都因种种情况未果。姜长英自认为他的《中国古代航空史话》很有特点，但始终"未遇到识货的慧眼"。直到 1996 年 4 月，《中国古代航空史话》终于由中国航空工业出版社出版了。

1960 年春，清华大学教授刘仙洲来西安访问时约姜长英面谈，委以编写中国航空史的重任。姜长英感到任务重大，但没有推辞就接受了。他根据中国科学院自然科学史研究室（后改为科学史研究所）的"中国交通工具技术史讨论提纲草稿"来拟定撰写提纲，主要编写 1840－1949 年的近代史部分。姜长英参考了这些意见后，拟定了一份"近代航空史稿"（简称"史稿"）的提纲：

（一）近代航空史的前期。

（二）飞行训练和飞机修理。

（三）航空工业。

（四）民用航空。

（五）民间航空活动。

（六）航空工程教育和研究。

以上第一个题目写从鸦片战争到辛亥革命七十多年的事情，后五个题目介绍从辛亥革命到中华人民共和国成立三十多年的内容。这里除了军事航空和航空测量以外，其他有关航空的题目可以说都包含了。从 1961 年秋开始，姜长英利用业余时间断断续续地写，直到 1965 年春天才写完。

写近代史实际就是写中国人的航空救国梦，这段历史很多他都亲身经历过，比较熟悉。但在撰写的过程中，他仍旧以一丝不苟的精神对一些重要的史实做考证核实工作。例如，1932 年 12 月 8 日，日军大举进攻上海，十九路军奋起抵抗，菲律宾华侨捐赠 30 架飞机给十九路军抗日。此事发生在"九一八"事变之后，又是发生在上海自己家乡的事，姜长英自然是清楚的。但为了核实这件事，他特地给十九路军军长蔡廷锴写信求证此事，得到了其肯定的亲笔回信。又例如 1923 年，留美飞行家杨仙逸在广东请人造了一架双翼教练机。孙中山和宋庆龄参加了试飞典礼，并给该机命名为"乐士文 1 号"。姜长英专门给宋庆龄副主席写信询问"乐士文"的含义。1965 年 3 月 5 日"宋办"来了回信，解释"乐士文"乃宋庆龄在国外留学时所用学名"Rosamonde"的译音。

修史是个危险的禁区。姜长英坚持认为，鉴古可以知今，了解过去可以指导将来，所以历史是必须要研究的。写近代史就绕不开国民政府和国民党这个雷区，但是姜长英认为这是"历史的必须"。他以大无畏的精神勇敢挑起了撰写中国航空史的重担。他在《中国近代航空史稿》的前言中说："这是一次尝试，在史实、编排、叙述、议论等方面都会有问题，尤其是观点是否正确最无把握。这就要求读者们的积极指教了。"

写史当然离不开史实，在以大量材料写了国民政府时期的航空史实后，姜长英都作了评论。他尖锐地抨击了国民政府的错误和弊病，至今看来他的观点还是很鲜明、很正确的。在那个年代，他小心翼翼，努力尊重史实，用革命的观点进行分析评论。他本来还想继续写第七章"革命根据地的航空"，但后来没有动笔。

1978年召开了党的十一届三中全会。那时姜长英已经74岁了，他写中国航空史的理想还远未实现。但国家有希望，个人理想才有可能实现。

1982年西北工业大学铅印出《中国航空史》教材等三册，包括《中国古代航空史话》《中国航空史料》和《中国近代航空史稿》。西工大还决定开设"中国航空史"选修课。学校的这个决定大胆而有远见，对姜长英是极大的鼓舞和支持。为此他又重新整理了旧稿，对《史料》《史稿》做了很多补充。如《史料》从中国古代直写到中国近代航空史的前期，他在这里又补充了近20年来收集的新资料。其中就包括十几位有成就的我国早期飞行家、飞机设计专家等有关内容。

1987年6月，《中国航空史》这部花费姜长英六十年心血，又屡遭波折的经典著作由西工大出版社正式出版了。出版社请当时的国务院副总理、国务委员兼国防部长张爱萍将军为书题写了书名。这是一部由中国人写的航空史，也是当时唯一的一部中国航空史。姜长英成为我国最有权威的航空史专家。1991年他被批准为第一批享受国务院政府特殊津贴的专家，1992年他被授予"有突出贡献专家"称号。

西工大出版社出版的《中国航空史》只有《史料》和《史稿》两部

分，而且《史稿》中还缺少第七章，即"革命根据地的航空"。印刷纸张质量也比较差，照片模糊不清，总之不完美，还留有遗憾。

后来了解到可以自费出书，姜长英决定自费出版一本能真正反映自己一生研究成果、称心满意的《中国航空史》。他请西北工业大学名誉校长、原校长，中国航空学会第三、第四届理事长季文美教授为新版《中国航空史》写了序言，并委托北京的朋友孟鹊鸣先生和在北京工作的儿子姜椿年去办出版事宜。他请中国航空工业总公司第628研究所原副所长赵中先生执笔写《史稿》的第七章"革命根据地的航空"。姜长英由于年老体衰，已无力完成这一章，幸有赵中先生鼎力相助，才得以如愿，《史稿》的内容也更加完整充实了。

2000年10月，由清华大学出版社出版的新版《中国航空史》问世了。这本书印刷精美、照片清晰、编排得当，内容包括《史话》《史料》《史稿》三部分，全部用铜版纸印制，为硬壳精装本，漂亮极了。

2000年11月11日，姜长英96岁生日。那天，姜椿年背着重重的二十几本新版《中国航空史》从北京赶到西安。当把书送到卧床的姜长英手中时，他异常兴奋，用手抚摸着书的硬壳，看着印有醒目飞机照片的封面，翻看着铜版纸印刷的全书和里面的照片、插图。他很满意，爱不释手。这是他一生的心血啊！一辈子的努力总算有了个完美的结果。他对国家、对人民、对社会总算交出了一份完美的"书面"答卷。这本内容、外观都精美的《中国航空史》专著是留给后人的，老人没有任何遗憾了。

姜长英始终认为编写航空史是一项巨大的工程，不是一个人的力量能够完成的。他悟出要走群众路线的道理。那么怎样走群众路线呢？怎样动员更多的人一起参与航空史的研究？1982年春，他首先想到的是建立航空史研究会，然而经过一年努力没有办成。这时他又想到了办刊物，通过办刊物把航空史研究的积极分子团结起来。1983年，在姜长英的坚持下，在西工大十系（飞行器制造工程系）和教研室的支持下，《航空史研究》季刊终于办起来了。办刊经费向学校科研处申请，每年出4期，拨款1 000～1 500元。没有刊号，就一边办刊一边申请。季刊办起来后，姜长英的书房兼客厅就是刊物的办公室。他到处发信约稿,自己也亲自撰稿,对来稿审查修改,对刊物进行编辑。一期刊物有五六万字,稿子编审好后,送教研室主任审定,然后送印刷厂排版,请别人帮忙校对。刊物出版后,由印刷厂工人送到姜长英家中。发行工作也由他一人完成。开始刊物印 350 本,后来增至 450 本,再增至 600 本。姜长英把刊物一本本卷起来用纸封好,写上姓名、地址,然后送到西工大邮局寄出。从家到邮局不到 10 分钟路程,姜长英几乎每天都要跑一趟。就这样,一个人乐此不疲地办着刊物,而且一干就是五年。

1988 年 5 月,西工大航空史研究室经学校批准正式成立了,姜长英出任研究室主任。这是全国高校第一个航空史研究室,从此《航空史研究》编辑工作纳入研究室工作范围,这才结束了五年来一人办刊物的状况。姜长英继续担任主编直到 1992 年,前后共干了 10 年。

1992 年《航空史研究》取得了全国统一出版刊号和国际刊号,1993 年起向全国和全世界发行。88 岁的姜长英在此后改任顾问。

航空史研究室成立后,姜长英马上布置了航空史研究会的筹建工作。1989 年 2 月他指定专门同志起草航空史研究会章程。经过研究室同志多次讨论,同时酝酿了大会成立事宜。1989 年 12 月 11 日,一个全国性的民办航空史研究会成立大会暨第一届学术交流会在西北工业大学举行。姜长英被选为首任理事长。航空史研究会是我国第一个全国性的航空史研究团体。这次会议是我国航空史研究者的第一次学术聚会。它既对我国多年的航空史研究进行了回顾和总结,也对今后研究工作的开展做了深入的前瞻性探讨。姜长英在大会上生动地概括并充满信心和激情地说:航空史研究的春天到了。

1992 年 8 月,航空史研究会在广东恩平召开了第二次学术年会。姜长英因老伴生病没有与会,只做了书面发言。

1993 年 10 月,庆祝姜长英教授从教 60 周年暨 90 大寿大会在西北工业大学隆重召开,这次大会也是航空史研究会的第三次大会暨姜长英学术思想研讨会。会上,西北工业大学党委书记李保义向姜长英敬献花篮,宣读了中国航空学会、北京航空航天大学、南京航空航天大学、航空知识杂志社、成都飞机工业公司的贺信。西北工业大学校长戴冠中对姜长英一生的奉献作了高度评价。与会代表就姜长英的创业气魄、执着追求、严谨治学、求实精神、爱国思想、朴素作风、奉献精神等方面作了广泛的论述，一致认为姜长英的学术思想是航空史研究的巨大财富和宝贵经验。

1995年10月，姜长英由外孙张迅陪同到北京参加在中国航空博物馆召开的航空史研究会第四次学术年会。91岁高龄的姜长英此时已辞去理事长改任名誉理事长。值得高兴的是，航空博物馆还建立了一个以姜长英名字命名的航空史研究室。姜长英在航空史研究室前摄影留念。

姜长英研究中国航空史60余载。那时一般人都认为，航空史是个冷门学科，嘲笑他抱了个连课题费都申请不到的"冷门"，直到20世纪80年代后这门学科才逐步打开了局面。这些都是他在年近80岁到90多岁的时候完成的。年老体衰、弯腰驼背、视力极差，老伴病卧不起要他照顾，这一切都不能阻止他前进的脚步，直到耄耋之年才实现了他的理想。

姜长英是一个老知识分子，他出生于知识分子家庭，本人受过良好的学校教育，在南开这所中国的一流大学毕业，又留学美国。他有很好的国学功底，熟悉中国古代传统文化，也有西方自然科学的基础与航空专业知识。他有着强烈的爱国情怀；他有着坚定的理想信念；他淡泊名利，甘于奉献；他一生勤奋学习，踏实苦干；他具有敢为人先的锐气；他具有严谨的科学态度；他能完善自我，依靠群众。他是同时代许许多多知识分子中的一员，或者说是一个典型、一个代表。他的思想品格正反映了习近平总书记提出的要大力弘扬的中国精神！

【编者按】姜长英一生所取得的成就和他的夫人龚德培是分不开的，熟悉的人都说："如果没有龚德培的鼎力相助，也就没有姜长英的成就。"

风雨同舟六十载

——姜长英和龚德培的故事

姜保年等

龚德培（1912—1995），西北工业大学飞机系教务员，姜长英夫人、同事。她出身于北京龚氏大家族，祖籍杭州，是清末大思想家、大文学家龚自珍（定庵）的后裔。龚氏家族排辈的顺序是："身正自家齐，德荣为邦华。"可见这个家族崇尚修身齐家，以德为荣，安邦兴中华。龚德培就是在这样的家训中成长的。她属德字辈，是龚自闳的曾孙女，龚自闳与龚自珍是堂兄弟，龚德培是他们的第四代孙。

龚德培父亲龚齐荫，生有6个女孩1个男孩，男孩龚德顺，排行第六，后来成为国家著名的建筑设计大师。龚氏姐妹六人除老三早亡，其他五人均长大成人。龚德培是老二，小时曾因大伯龚齐坊无子女过继给大伯，后大伯亡故，她和大伯母仍与自己父母一起共同生活。

才艺双馨　大家闺秀

龚德培美丽聪慧，皮肤白净，双眼皮，笑起来有两个很深的酒窝。她生在书香门第，家教又很严。当时已是民国，其父是政府中的公务员，要求女孩也要接受良好的新学教育，同时还要求她们学习琴棋书画，具有一技之长。她从小学习工楷（小楷）、国画（主攻仕女和花卉），参加了北京画社"湖社"，师从画师陈缘督、徐燕荪、李五湖等人，并取得较好的成绩。她还爱好京剧，跟着票友学唱京戏。

"九一八"事变爆发，由于蒋介石实行"攘外必先安内"方针，日本帝国主义一夜占领东北，大批机关单位、平民百姓流亡关内，北平城内一片混乱。龚德培中学毕业考入北京女师大读书，当时正在读大学二年级，龚父见这混乱的世道，非常不安，就急着为德培和她大姐这两个成年的女儿找婆家，让她们赶快有个归宿。

龚德培经亲友介绍认识了姜长英。姜长英祖籍上海浦东川沙县。其父姜文熙（字体仁）祖上任县衙文书，幼年丧父，家境贫寒，依靠邻居接济，刻苦学习，考入官费上海中西书院（相当中学），后又考入天津北洋医学堂（医科大学），是我国第一代西医，毕业后曾在北洋军阀任军医，此时已在北平协和医学院任教授、中文部主任。姜长英是其长子，南开大学矿学科毕业，后去美国福特汽车公司工厂半工半读，并毕业于美国底特律大学航空工程系，回国前已是美国海斯飞机公司飞机设计研制工程师。姜长英回国后在张学良的沈阳东北航空司令部飞机修理厂任少校技师。"九一八"事变之后，姜长英跟随单位撤入北平，被分在南苑航校任教。

姜长英要比龚德培年长8岁。经过一段时间交往，他们很快就谈婚论嫁了。因为男方已经27岁，不想拖。女方虽然年龄不大，大学还没毕业，但家里很急，于是在次年（1932年）5月1日举办了婚礼。龚德培的大姐也在同天举行了婚礼，龚家两个女儿就在那天同时出阁了。

据说，龚德培结婚时其母很不放心，专门把女婿找到家里说："德培年纪小（当时20岁），在家里比较'矫情'（喜欢强词夺理），你以后要多让着她一点。"但事实证明龚德培很有大家闺秀的风范。姜家上有公公，二位老太太即姜长英的母亲和祖母，下面有三个弟弟，龚德培是长媳、长嫂。她性格活泼，心胸开朗，待人热情大度，善于处理长幼亲友关系。这倒弥补了姜长英不善辞令、不爱交际的不足。

在龚和姜大婚前夜，姜家发生了一件悲惨的事。姜长英三弟姜长蓁，原是天津南开中学学生，大革命时期参加了共产党领导的共产主义青年团。大革命失败后与组织失去联系，以后几年音信全无。后来姜长英父亲到处托人打听，总算找到他，他在一个军阀部队里当兵，此时已浑身是病。家里把他找回后虽给他积极治病，但没人能治好他思想和心理的伤痛。他有如一只落单的孤雁，又折断了翅膀，在一片白色恐怖下，加上东北国土沦丧，在革命低潮中，看不到祖国的希望和前途，于是他走上卧轨自杀的道路。龚德培一嫁入姜家就碰到这样悲惨之事，两位老太太成天啼哭，只有姜长英的大婚和龚德培的安慰才使她们的悲痛稍微缓和一些。

建立家庭　相夫教子

1933年9月姜长英经人介绍，经过考试到南京国民政府航空署工作。当时航空署在杭州，龚德培就跟随姜长英南下去杭州就职，并安顿下了自己的小家庭。姜在航空署供职一段时间后，1934年夏调到笕桥中央航空学校任教官，直到1936年2月离开。

"上有天堂，下有苏杭"，在杭州美丽的环境中，龚德培、姜长英的小家庭生活过得非常甜蜜温馨。每到周末姜长英就带着龚德培到各个风景区去游玩，用从美国留学时买的照相机照相，还带她去爬山，寻找龚家的祖坟。在接下来两年中他们有了一儿、一女。夫妇俩用科学方法精心哺育两个孩子，把他们养得很健壮。长子姜康年在上海参加儿童健康比赛获得了第一名，抱回了一个很大的银盾状的奖牌。这个儿子后来在上海患盲肠炎，不幸死于医疗事故，使这对年轻夫妇极为伤心。姜长英说这以后他再也没有心情拍照了。

国民党政府的官场生活让姜长英感到很难适应。龚德培也认为姜长英是一个不会抽烟喝酒、吹牛拍马的清高的老夫子，在官场不宜久留。后来同事马翼周介绍他到上海的交通大学任教，龚德培极力鼓动他脱离军政界到大学去教书。姜长英花了四个月时间，千方百计辞职离开了笕桥航校进了交通大学，这以后就终生服务于高教事业。

姜长英在东北沈阳航空司令部工作时就有个业余爱好，收集中国航空史料，从收集航空司令部、航空署的资料，记录飞机修理厂，南苑、笕桥航校的组织机构和人员名单，到用相机拍摄各式飞机的照片等。在杭州时姜长英参加了我国第一个由航空界知名人士组成的中国航空工程学会并参加了成立大会，他是参会的 50 名会员之一。有一次航空署要搞年鉴兼搞航空史，竟无人应承。他想这事搞航空的人不搞，搞历史的人也不搞，那以后就由他来搞吧！他具有敢为人先的精神。他认为中国人绝不比外国人笨，自古以来勤劳智慧的中国人有许多航空方面的梦想和发明创造，收集起来是非常好的爱国主义教材，足以打破他最痛恨的崇洋媚外思想，增强中国人的自信心。这件事虽然没有人叫他去做，但他将它作为自己的一项社会责任，开始自觉地做起来。

龚德培从一开始就支持姜长英做这项既花精力又费钱的事情。姜长英到处收集资料，托亲戚、找朋友，跑书店、淘地摊，看到有关航空的书籍刊物，自己就掏钱买下来，以后龚德培在家庭经济最困难的时候也都支持他，直到最后姜长英个人捐赠给学校的航空方面的书籍就有 3000 余册。龚德培还亲自帮他收集资料。例如结婚不久，在龚家她发现大伯龚齐坊年轻时在清朝贵胄学堂学习时写的一篇《太湖观操记》，记述他参加一次军事演习，看到放飞一只从外国买来的、很大的、可以载人的氢气球，就把文章送给姜长英。以后姜长英又拿到龚父从日本带回的三张根据这次军演所画的明信片和现场拍的照片，姜长英一直将它们作为航空史的珍贵史料保存着，直到后来送到北京图书馆永久保存。由此可见龚德培从一开始就关心帮助姜长英收集航空史料。

抗战时期　艰辛度日

姜长英离开国民党军政界进入交通大学。他在学校附近的法租界姚主教路一条里弄租了一幢三层楼的房子，并把龚德培和子女迁到上海，此后他们一家在那里生活了二十年。

姜长英和马翼周是交通大学航空专业最早的两位副教授。他们在机械系新建立的航空门任教，航空门是交通大学航空系的源头。两人将系里三年级航空门学生的二三十门航空专业课和实验课全都包了下来。从 1936 到

1942年航空门共招过7届学生，每届毕业十几人，共72人。当时因上海经历了"一·二八"和"八·一三"淞沪抗战，人民群众抗战激情高涨，很多学生要求读航空专业并要求驾机参加空战，以实现航空救国之愿。而学校对航空门学生要求极高，首先要有报效祖国为国牺牲之志，而且微积分、微分方程等成绩都要达到一定的分数线。这段时间交通大学被日本同文书院占领，航空门不能继续在工程院上课，只好到租界里绍兴路上课。此时租界已成孤岛，周边大中城市都已被日军占领。学生毕业后，整班同学穿越敌人封锁线，取道赣、湘、粤、桂、贵等五六个省市才能到达成都、重庆或抗战前线。航空门培养了一大批优秀学生，他们在中华人民共和国成立后成为国家栋梁，如徐昌裕、王志千、王子仁、许玉赞等。到了1942年珍珠港事件爆发，上海租界也全被日寇占领。留在上海的交通大学被迫向汪伪政府登记。1942年7月，姜长英等一批教授拒绝汪伪政府登记后的交通大学的聘任，他们离开学校，宁可失业，也不给日本人做事，不当遗臭万年的汉奸！

此时，为吸收这批不愿投伪的大学教授和青年学生，中共地下党和新四军决定举办江淮大学。该校由陈毅军长亲自定名并选择把校址放在洪泽湖畔淮南，后在淮北仁和集根据地。交通大学地下党联系到了姜长英教授，姜长英对共产党虽没有很深的了解，但他知道周恩来是共产党的领导，也是自己在南开的学长，曾领导他们参加过五四运动，而且弟弟参加过共产主义青年团，因而欣然同意。由于姜长英是深度近视，戴着眼镜，书生气十足，不易化装，秘密交通员克服了种种惊险才把姜长英安全送到抗日根据地。

姜长英离开伪交大到抗日根据地去，得到了龚德培的坚决支持。龚德培这位知识妇女和她丈夫一样具有强烈的爱国主义思想，尽管他们的第四个孩子道年刚出生不久，这一大家子要养活，难以承受失业风险，但这时她是义无反顾的。姜长英离家去根据地，她一个人带着四个孩子生活，虽然每月地下党都会派人准时送来生活费，但是沦陷区物价飞涨，钱是不够用的。于是龚德培自己找活干以补贴家用。隔壁邻居王培荪老先生是南洋中学校长、国学大师,与佛教界较熟悉,他帮助找来大批经书,让龚德培在家中抄写。龚德培的小楷工整秀丽,每天晚上孩子们睡后她在茶几上铺块板子用小楷抄佛经至深夜。虽收入菲薄,但也可贴补一点家用。

由于日寇对根据地的不断"扫荡",加之根据地的情况不适合办江淮大学这样一所综合性大学,最后学校停办。通过反复讲明"留得青山在,不怕没柴烧"的道理后,一批师生被送回沦陷区。姜长英在四个月时间里,聆听了新四军领导和各师师长的许多形势政治报告,特别是二师师长罗炳辉讲"长征",军部宣传部部长钱俊瑞讲"皖南事变",他了解到中国共产党艰苦奋斗的历程和真心抗日的决心。同时姜长英和学校师生参加了"反扫荡"的多次战斗,上有日机轰炸,后有日寇追击,他们经受了战火的洗礼并取得了"反扫荡"的胜利。姜长英说:"在根据地我看到了中国的希望。"这四个月对姜长英一生有着深远的影响。

姜长英回到上海家中,因江淮大学一位老师、三个学生被日本宪兵队抓捕,龚德培让他到上海永大银行当经理的堂叔父龚齐杰家里躲了一阵,直到被抓的师生获释。风头过后,姜长英出来找工作,主要做家教,给中学生上数理化课,后来经人介绍到纺织研究院做研究员,并在纺织专科学校兼机械、制图课赚一些微薄的工资。沦陷区的上海生活非常困难,江南水乡多的是大米,但全被日本人抢去做军粮,老百姓只能吃杂粮。为了让四个小孩咽下杂粮,夫妻二人研究发酵水蒸粗粮糕。因为没有菜吃,就在自家七八个平方米的前院土地上种爬藤的丝瓜、扁豆、长豇豆,中间还点缀着蓝紫色的喇叭花、红色的莴笋花,让孩子们去采摘,还不时地叫大女儿带着弟妹到近郊区挖野菜。就这样艰辛度日,总算熬到了抗战胜利的那一天。

拒绝贪腐　清正做人

抗战胜利后的欢腾很快过去,那时沦陷区的老百姓对蒋介石还抱有幻想,但是幻想很快破灭。

胜利后的第二个月，姜长英就被南开大学同学、时任国民党经济部苏浙皖区特派员的张滋图拉去负责从日本人手里接收几个纺织工厂和机械工厂。当姜长英接触到工厂、摸到机器时，他的心情是兴奋的，甚至又一次激起"工业救国"的梦想，他想起在福特汽车厂工作的日子，他喜欢工厂，喜欢大工业生产。但现实与他想象的不一样，接收小组有人把此当作发财的机会，当众把厂里的物资塞进自己包中，还有的监守自盗了大批物资，真是毫无廉耻可言！姜长英还没有来得及考虑如何去追查处理，重庆的"接收"大员来到上海，他们不需要再利用上海的知识分子了，就把他们一脚踢开。此后"接收"成了"劫收"，重庆来的官员大量掠夺国家资财，发"胜利"财，实现了"五子登科"即票子（钞票）、条子（金条）、房子（洋房）、车子（轿车）、女子（小老婆）。那时，内地亲友纷纷返沪，都听说姜长英在搞"接收"，都认为他一定发了财，可到他家看还是什么都没有，还是那么穷。姜长英是个绝对不肯与贪官污吏为伍的人，在那黑暗的社会，他只能回到交通大学去做一个两袖清风的穷教授。

龚德培和姜长英的品格是一样的。他们这对夫妻始终拒绝贪腐，清正廉洁地做人。解放战争时期，物价飞涨，家里又多了个孩子，三个大孩子上学要交学费，供养七口之家，生活更加艰难。姜长英想用写作出书获取版费来解决经济问题。他是非常勤奋的，家里没有一张书桌，他每天课余时间站在卧室里的五斗橱边上写书，先后撰写并出版了《简易空气动力学》《科学消遣》《飞机概论》等书籍，但版费极少。龚德培的勤奋也不比姜长英差。抗战胜利后，内地亲友返回，一般先到上海再转去北平等地。龚德培热情接待，有的还留在家中短暂居住。龚德培的亲戚有钱的多，但她并不羡慕他们，而是跟着姜长英过着清贫的日子。她用少量的生活费勤俭持家。在做家务方面她很有创意，那时人来人往应酬多了，龚德培没有钱给孩子买衣服，就自己手工做，她从箱底找出红白两小块绸子给老大、老二做成漂亮的直筒裙。没有钱买缝纫机，但她给孩子们做的衣服可以模仿出缝纫机的针脚。她打毛衣，胸前能打出好看的图案花纹。因在北平长大，她面点做得很好，炸酱面、蜂窝糕、豆沙包、凉粉……足可招待客人，既省钱又好吃。家中没有好的家具，她可以在底楼客厅挂上一幅自己画的、裱好的巨幅工笔画《钟馗嫁妹》，画上除钟馗、花轿中看不见的新娘，还有41个抬轿子和吹拉弹唱的神色各异的小鬼，非常喜庆热闹，也很有品位。

国民党发动内战，交通大学学生开展反内战、反迫害、反饥饿、救饥救寒等反美反蒋斗争，斗争一个接着一个，交大教师都站到了学生这边。蒋介石一方面疯狂镇压学生运动，一方面大搞通货膨胀，老百姓日子越来越难过。到了1948年8月，蒋介石下令发行金圆券，强行收兑金银和外币，把市民手中仅有的财富掠夺一空。这是他战争失败逃跑前的最后掠夺。金圆券迅速贬值，先是发行面额100元钞票，最后发行到面值50万、100万大钞，买一担大米要上亿金圆券，市场崩溃，"无价无市"。姜长英这位堂堂大学教授在发工资那天要用面粉口袋去装金圆券，扛回家吃点东西后，马上背着面粉口袋上街找"黄牛"贩子兑换银元，以防工资继续贬值，而一个月工资大概也只能换到七八块银元。姜长英在外面兑换银元时，龚德培在家还在担心他不要被警察抓去。

就在经济最困难的时候，他发现儿子椿年患了肺病。除了马上叫他辍学卧床休养外，还要花钱买牛奶鸡蛋给他补营养。姜长英、龚德培曾经有过丧失长子康年之痛，这次椿年生病他们无论如何要把他治好。他们卖掉了家中所有值些钱的金银首饰，仅保留了一对结婚戒指，后在抗美援朝时捐献给国家。

国民党要逃到台湾去了，也有亲友来鼓动姜长英、龚德培夫妇去台湾，但是他们已经看透了国民党的腐败无能，不为所动。

上海解放　妇女翻身

姜长英、龚德培住的上海西区在1949年5月25日就解放了，看到睡在马路边上休息的解放军战士，看到墙上张贴的第三野战军陈毅司令员发的通告，姜长英感到亲切极了，陈毅是当年的新四军军长啊！1949年7月，他们的大女儿保年回家说：地下党组织决定派她到河北良乡中央团校去学习，后天就要出发。龚德培、姜长英很吃惊，保年还很小，虚龄只有16岁，她会是共产党？她只念完高中一年级就去参加革命，是不是太小了点？但是他们不像有些家长那样打、骂、关孩子，姜长英在江淮大学看到过很多学生为抗日从家里逃出去参加革命，在革命高潮中应该理解年轻人的革命行动。龚德培也是个开明的人，她在每个历史关键时刻，在家里的重大问题上，总是会支持帮助姜长英做出正确的决定。她很快帮助保年整理好行装，并给了保年一些钱，叫她买鸡蛋吃。良乡农村的好空气和乡下的鸡蛋竟使保年治好了自己也不知道的肺病。姜长英在女儿临走时只说了一句话："你不要做不学无术的党棍。"保年知道爸爸最恨交大学生运动中的国民党党棍学生。此话让保年牢记一生，并激励其一生。后来她在工作中努力学习并自学中国语言文学专业，通过国家考试取得大学学历，成为一个高等学校的教育工作者。

中华人民共和国成立后，家里首先的变化是姜长英、龚德培不用再为一家人的生活担忧奔波了。新生的人民政府通过反银元斗争、打击投机倒把的不法资本家，稳定了经济秩序，通过没收官僚资本、接收国营企业，依靠工人阶级恢复了生产，人民币币值稳定。姜长英靠大学工资可以安定地生活了，他们和广大劳动人民一样得到了解放。这时他想到自己经过长期努力收集的航空史料，决定撰写航空史。他选择了暑假"七七"事变纪念日动笔，先写中国古代航空史，作为整部中国航空史的第一篇，两个月后完稿，10月1日前写好序言。后来古代航空史书稿虽已送到商务印书馆，但因国民党飞机"二六"轰炸，上海发电厂被炸电力紧张而未出版。直到1957年参加学校科学大会，古代航空史才作为论文发表。

家里另一大变化是龚德培走出家庭，先是在交通大学家属会工作，被选为副主任。此后1952年，全国院系调整，姜长英举家随交大航空系迁至南京华东航空学院，龚德培在华东水利学院正式参加工作，同许多知识妇女一样，翻身解放，和男同志一样走上了工作岗位。1956年华东航空学院迁到西安更名为西安航空学院，后来，西北工学院与西安航空学院合并成为西北工业大学，龚德培调入该校飞机系担任教学管理工作，成为姜长英同系的同事，长达二十余年，直到退休。

龚德培虽然不是航空专业出身，但她通过钻研业务，把教务管理工作做得井井有条。当时飞机系有6个教研室和2个研究室，学生班级有20余个，开课100多门，教学工作由她一人管理。她熟悉各门课程的性质特点，包括各课程与先行、后继课程的关系，在课程安排和教学环节配合上的规律。在课表安排方面，对某一门课应安排在一周的哪一天，甚至在哪一天的什么时候最合适，她都有自己的见解。龚德培的工作风格是一丝不苟，而且熟练快捷，效率很高。她的工作使飞机系老主任、航空结构力学专家黄玉珊的行政工作负担大大减轻。而且她还主动听取学生对教学工作的意见，分别向系主任和有关教师反映，在师生中起到良好的沟通作用。她与广大师生关系融洽，大家视她为尊敬的长者和挚友，亲热地称她为"龚老太"，许多学生和老师离校后还想念着她。

龚德培群众关系很好，她被选为飞机系的工会副主席。她带头参加文艺活动，曾在京剧《沙家浜》中出演沙老太一角，在西安市多次演出，她的京戏造诣颇受称道。她的工笔画因画艺精湛更令人叹服，曾参加西安市工会系统、陕西省高教系统乃至陕西省国画界举办的多次画展。她的画在校内同仁中珍藏，一些佳作还流传到社会和国外。一位同事将她赠送的画送到北京"荣宝斋"装裱时，那里的行家赞叹说："像这样的工笔仕女，现在很难找到了。"

龚德培是德艺双馨的才女，只可惜旧社会限制了她的才艺发挥，只能做家庭妇女。中华人民共和国成立后她才独立地做了她想做的一些事。但同时她并没有放弃家务，她给姜长英营造了一个安稳幸福的家，一个安宁的教学科研环境。那时家务事已不要姜长英操心，四个长大的子女全由她照管，中学毕业后全都考上了重点大学。

支持姜老高龄创业　目睹庆祝成功盛典

改革开放迎来了航空史研究的春天。1982年，78岁的姜老积数十年之心血，几经风浪波折的《中国航空史》稿终于在西工大印成铅印讲义。讲义一出就在同行中引起强烈反响，因其历史资料翔实、内容丰富、观点鲜明，普遍受到好评，姜长英也因此被誉为中国航空史研究的奠基人。学校决定在全校开设选修课，由姜老亲自授课。学生报名踊跃，每次参加选修课的学生有300多名。学生对课程内容一致好评，认为这门课要开、开下去。这本中国历史与航空专业结合的教材，作为一门独立课程列入了高校课表。

之后，姜老写信给钱学森，寄给他一套教材，并请他帮助送一套给国防科工委的领导同志。钱学森帮他送了书并与他开始通信，从1982至1994年间互相通有11封信。除了祝贺教材、专著、杂志出版，祝贺姜长英寿辰等，还对如何修史和著名航空人士的历史评价发表看法，互相进行探讨。姜长英、钱学森两人过去并不相识，钱学森作为一位大学者、世界知名人物却没有一点架子，他谦虚、客气，自称晚辈，对姜老研究航空史的成果充分肯定。姜老过去长时期的研究可以说是没有鼓励、没有认可、没有理解、没有宽容，现在有这样一位重量级人物成为他的知音，他自然受到很大的鼓舞和安慰。后来西工大出版社正式出版了《中国航空史》，并请张爱萍将军为书题写了书名。

然而78岁的姜老并没有认为自己大功告成了，他始终认为编写航空史是一项巨大工程，不是一个人的力量能完成的。这时他悟出了走群众路线的道理，这可说是他思想的一大飞跃。怎样走群众路线？怎样动员更多的人参加航空史研究？他想到办杂志。在他的坚持下，在飞机系和自己教研室主任黄尧民的支持下，1983年《航空史研究》季刊终于办起来了。这是只有姜老一个专职人员的刊物，校科研处每年给经费1 000～1 500元（后来出彩版封面给得多些）。姜老是主编，他一个人组稿，每期还要自己写一两篇稿子，五六万字一期，他都戴着深度近视眼镜审稿，眼镜都要贴在稿纸上，有时忙不过来，也请教研室同志帮忙看稿、改稿，经他编辑后送印刷厂。杂志出版后全部送到他家客厅，先是350本，后是450本，最后是600本，然后由他一本本卷好、包好邮寄出去。他就这样乐此不疲地一个人一干就是五年。后来研究室成立，有人帮忙干活了，但他仍是主编，一直干了十年。《航空史研究》共出了 40 期，另外还出了 5 期特刊。1992 年，《航空史研究》正式获得全国统一出版刊号和国际刊号，他才把这个担子全部交给了接班人。在此期间，龚德培尽管看到姜长英十分辛苦，但从来没有拉过后腿，她始终默默地支持和陪伴着他干好这些工作。

经过几年，出版杂志取得了很好的效果。首先是在全国团结凝聚了一大批航空史研究的专家、积极分子、爱好者；其次是发掘了一大批新的航空史料，汇集了一大批高水平的论文和文章，直接推动了航空史研究；再次是汇集了一大批革命根据地和红军时期的航空活动史料，为姜老早就想写但又缺少史料的第七章"革命根据地的航空"提供了史料。再有就是用杂志开展了科普宣传。如开展"直升机不叫直升飞机"的讨论和争论长达十年，以纠正群众的错误习惯，最后通过他参加大百科辞典编写航空航天条目来做了结论。

在这基础上，姜老又做出两大创造性的决定。1988 年 5 月决定成立航空史研究室，经西工大批准由姜老出任研究室主任，这是全国第一家。1989 年 2 月决定成立全国航空史研究会。1989 年 12 月全国唯一的民办航空史研究会诞生，姜长英是创办人，被选为首任理事长。姜长英时年八十四五岁，他的事业进入了最红火的时期。姜老一直认为自己不善辞令，又清高不肯当官，哪怕是个教研室主任也不当。现在为了事业发展，在龚德培支持鼓励下，他战胜了自我，作为带头人大胆挑起了担子。

为成立西工大航空史研究室，姜老选拔了一批高水平的研究骨干作为研究室成员，专兼职结合，以兼为主。《航空史研究》季刊纳入研究室工作范围。有了这支骨干队伍，姜老就可以带领广大研究积极分子去战斗了。他决定马上建立研究会，公办批准手续太烦琐，就解放思想搞民办。2 月起草章程，12 月就开成立大会。

姜老亲自主持和参加的大会有四次。1989 年 12 月成立大会暨第一届学术交流会在西工大举行，有 7 个省市的专家、学者、研究工作者 40 余人参加。会上介绍了上述地区航空史研究情况，包括中国台湾、香港、澳门地区和国际上航空史研究和学术交流的情况，会议对航空史研究的意义、方向、方法、现状、今后努力方向及有关专业学术问题充分发表了意见，气氛活跃。姜老在会上兴奋地概括说：航空史研究的春天到了！1992年8月航空史研究会代表大会第二次会议暨第二次学术年会在广东恩平举行，在冯如逝世80周年时在其家乡召开。冯如是我国第一位飞机设计师、制造师兼飞行师，在我国航空史上是重要人物，是孙中山题写《航空救国》之前第一个提出和实践航空救国的人。在爱国主义思想指导下，冯如带着在美国自制的飞机回国参加辛亥革命，被任命为广东革命军飞机长。他为宣传航空救国在一次飞行表演中不幸失事，壮烈牺牲，时年28岁，殉国后葬在黄花岗七十二烈士墓旁。出席这次会议的有中国9个省市和台湾、香港地区，以及美国、加拿大等的代表近100人。这次会议因龚德培生病姜长英未参加，但写了书面发言。1993年10月，航空史研究会第三次年会暨姜长英学术思想研讨会在西工大宾馆举行，同时也是庆祝姜老90大寿、从教从研60周年庆祝大会，全国各地来出席会议的嘉宾90余人。从20世纪30年代起姜老的学生、同事176人，16个单位发来贺电、传真，另外寄来的贺信、贺卡、贺词、贺诗共130余份，盛典隆重喜庆。下午，姜长英学术思想研讨发言热烈，一致赞扬姜老的历史功勋和奉献精神。会议一再延长时间，最后大家言犹未尽，恋恋不舍地离开会场。在病中的龚德培知道了会议盛况高兴极了，她说：这下可好啦，该来的人都来了！龚德培过世后，1995年10月，91岁的姜老由外孙张迅陪同到北京中国航空博物馆参加航空史研究会代表大会第四次会议暨第四次学术年会。姜长英已因高龄辞去理事长职务改任名誉理事长。出席这次会议的有来自20个省市的代表90余人，香港代表2人，以及来自美国、加拿大、日本等国的代表8人。

想不到一个原先不被重视的冷门专业在姜老努力下被搞得如此轰轰烈烈。此前因学术造诣深，是航空史研究领域的奠基人、带头人，并对该学科的建设、人才培养、事业发展作出重大贡献，1991年10月姜长英获批为第一批享受国务院政府特殊津贴专家，航空航天部也授予他"有突出贡献专家"称号。龚德培目睹了所有这一切，姜老历经六十年的坚守、磨难和艰辛，终于获得了成功。最后姜老还有个心愿，就是出一本印刷精美，包括《史话》《史料》《史稿》的全部中国航空史的著作。龚德培深知姜长英的心愿，但她考虑到国家还有困难，建议自费出版。后来这本新版《中国航空史》经过儿子椿年和几位同志的共同努力，终于在2000年10月姜老96岁时由清华大学出版社正式出版，为精装本，文字照片清晰，封面设计和排版漂亮。姜老拿到此书激动不已，这是留给后人的啊！

风雨同舟六十载，龚德培和姜长英相濡以沫地共同度过了钻石婚。龚德培亲自看到了姜长英的成功后，无憾地平静离去，终年83岁。姜长英在小女儿胜年、女婿洪孝的照顾下活到102岁。

一个家族延绵数百年总是有她的传统文化，这个文化只要是反映了以爱国主义为核心的中华民族精神，她的子孙后代就应珍惜并加以传承和发扬光大。

撰稿人：姜保年、姜锦年、姜椿年、姜道年、姜胜年
执　笔：姜保年

2016年1月

通信篇

【编者按】

本篇内容是从姜长英保存的四五百封信件中选择出来的往来信件。从信中可见，早年姜长英收集航空史资料非常艰辛。中华人民共和国成立后，通过各地图书馆、文史馆、博物馆，或通过组织关系直接找当事人，收集了不少资料并发掘了一批航空史研究的爱好者、积极分子。20世纪80年代后姜长英通过办《航空史研究》刊物，在全国范围内进一步团结、凝聚了一大批航空史研究者，逐步形成了一支庞大的研究队伍，从而为在1989年建立全国及海内外有345名会员的中国航空史研究会打下了基础。所以这个阶段姜长英的通信更多，收获更大。信中所注收到日期和内容下面的划线，以及写的说明、感慨，均为姜长英手书。

通信篇中许多信件可以说是历史文物，保存至今极具文史价值。如十九路军军长蔡廷锴将军亲笔答复姜长英关于淞沪抗战中华侨捐献飞机之事，宋庆龄副主席办公室答复"乐士文1号"飞机命名的由来等。特别是世界著名科学家钱学森与姜长英的交往，从1982至1994年钱学森给姜长英写过11封信。信中钱学森与姜长英共同讨论了修航空史的一些重大问题，是具有历史意义的信件。通信中还有当时航空航天部的领导何文治和领导机关工作人员的来信。有一大批航空史研究的骨干、积极分子，如关中人给姜长英写信共同探讨中国航空史问题。杭州大学王锦光教授年轻时与姜长英并不相识，后在通信中建立友谊，两人数十年通信不断，他帮助姜长英收集了不少航空史资料，并与姜长英坦诚地交换对一些问题的看法。越剧著名艺术家范瑞娟在约稿中与姜长英建立友谊，多次写信，撰文介绍越剧界在抗美援朝时捐献飞机之事。通信中还可看到，有的人书法极好，如周瘦鹃、缪钺、张镒等都是著名的书法家，他们写的信文字非常漂亮。保存以上这些名家大师的信件，研究这些人给姜老的书信内容是很有意思和价值的。

这里我想重点介绍一下钱学森和姜长英的通信。他们两人的交往在改革开放之后。过去他们曾在上海交大、杭州笕桥有过三次见面的机会，但都擦肩而过。直到改革开放后姜长英写信找钱学森寻求帮助，钱学森不顾自己工作繁忙，热情相助。第一封信讨论如何写航空史，第二封信是帮助姜老收集材料，补充修改姜老写的条目。其他有多封信钱学森告诉姜老，已为他向国防科工委转送著作《中国航空史》、期刊《航空史研究》等。再有是对姜老提出请人撰文等要求的答复和建议，直到最后一封是给姜老九十大寿的贺信。钱学森对姜老这位前辈非常尊重，可说对姜老提的要求有求必应、有问必答。我从钱学森图书馆了解到，钱学森把姜老多年寄给他的《航空史研究》期刊看过后都保存得好好的，可见他对姜老研究航空史的关心和重视。钱学森给姜长英的亲笔信现在已成为各方争相收藏的无价之宝，它们将成为钱学森对航空航天历史贡献的宝贵资料永存史册。

周瘦鹃为姜长英学生王启德写的到《申报》查找资料的介绍信

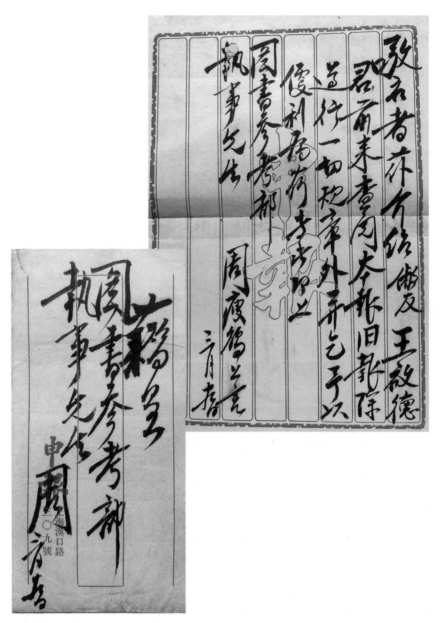

周瘦鹃（1895—1968），现代作家，文学翻译家，第三、第四届全国政协委员。周瘦鹃书法很著名。1936年姜长英到交通大学机械系航空门任教，学生王启德比较活跃，他和有名的上海文人陈蝶仙、陈小仙有亲戚关系，而二陈又和《申报》有影响的文人周瘦鹃熟悉。为了收集航空史资料，姜长英请王启德通过二陈转请周瘦鹃写了介绍信进入《申报》楼上的书库，查找清朝末年的老《申报》。

高士其给姜长英的复信

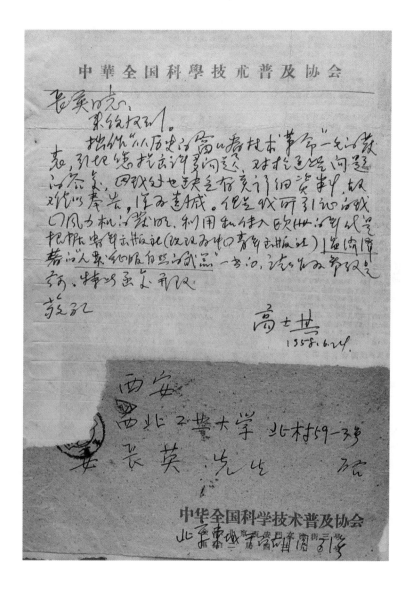

高士其（1905—1988），科学家，科普作家，中国科普事业的先驱和奠基人。这是高士其对姜长英询问的答复。

苏联专家米朗诺夫给姜长英的来信和姜长英的复信

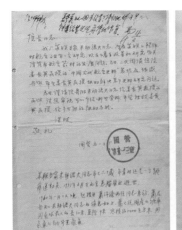
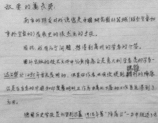

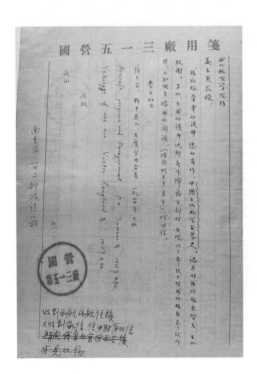

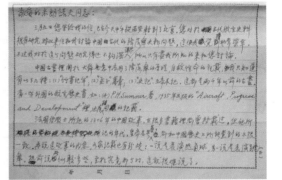
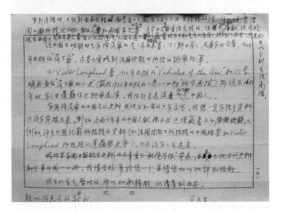

1957年,西工大图书馆馆长蒋一前将科研室打印的姜长英著的《中国古代航空史话》单印本带到北京大专院校图书馆会议上,给与会人员赠送了300多本。此书引起了南京五一三厂苏联专家米朗诺夫的兴趣,米专门给姜写信,在信中询问古代降落伞是不是最早在1306年由中国人发明的。姜复信介绍了情况,并向他介绍了六本中外专著。

王锦光给姜长英的书信

王锦光（1920—2008），杭州大学物理系教授，是中国古代航空史爱好者，编写了《中国古代科学大事记》，开设过天文、物理、化学等有关科学技术的讲座。王锦光从20世纪60年代初就开始和姜长英通信，通信有数十封之多，内容涉及中国古代航空的气球、风筝、飞艇、火箭、人物等。他对姜长英航空史研究工作积极支持，帮助姜长英查找资料，提供中外资料文献，还转托有关熟人撰写材料。信中他对姜长英的著作做出积极的评价，并提出建议。

上海图书馆关于提供谢缵泰资料的复信

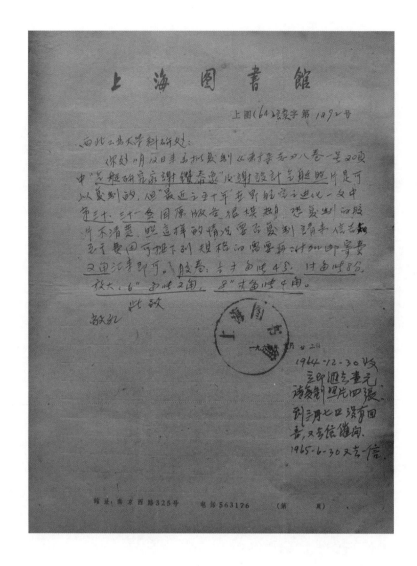

上海图书馆给西工大科研处来信，提供中国首位飞艇设计家谢缵泰（1872—1937）设计飞艇的照片四张并同意复印，从科研处得到信息后姜长英即付款请他们复印。

中国科学院历史研究所第三所关于提供谢缵泰资料的复信

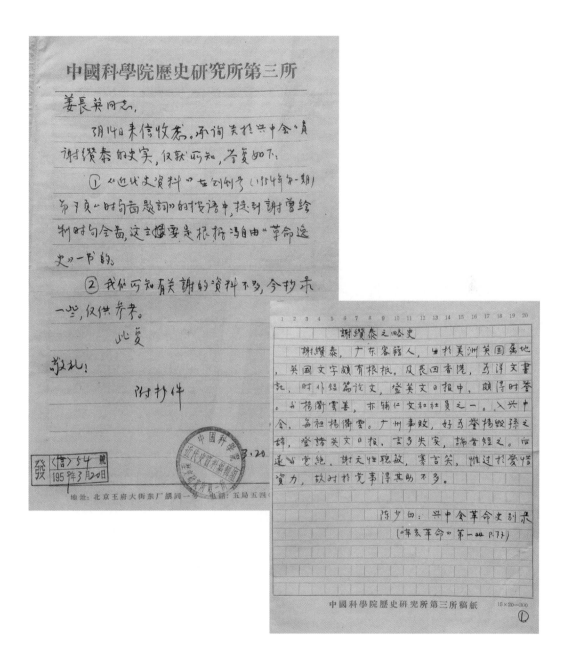

中国科学院历史研究所第三所给姜长英复信，摘抄《近代史资料》和冯自由《革命逸史》中的谢缵泰事略。

广州博物馆给姜长英的复信

冯如(1883—1912),广东恩平人,中国第一个飞机设计家、制造家、飞行家,他在旧金山制造飞机,其制造的飞机性能先进。他不愿为美国服务,带自制的两架飞机和一班徒弟回祖国。孙中山曾给予很高的评价。后冯如在一次飞行表演中牺牲,年仅28岁,死后被葬在黄花岗七十二烈士墓的旁边。姜长英在《中国航空史》中给予重点介绍。图为广州博物馆给姜长英的复信,以及姜长英通过广州博物馆抄录的《中国大飞行家冯如君事》。

李万华提供的冯如材料和给姜长英的复信

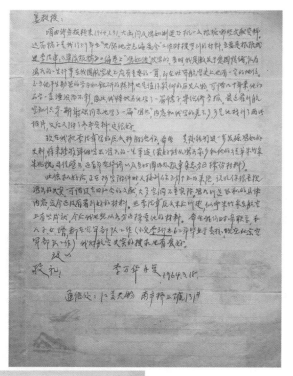

航空史料收集爱好者李万华在《华侨报》上发表的《冯如制造飞机》一文,是根据李法章《浆溪旅稿》二编卷上《冯如传》改写的,他将李法章文抄录给姜长英。

广州市文史研究馆给姜长英的复信

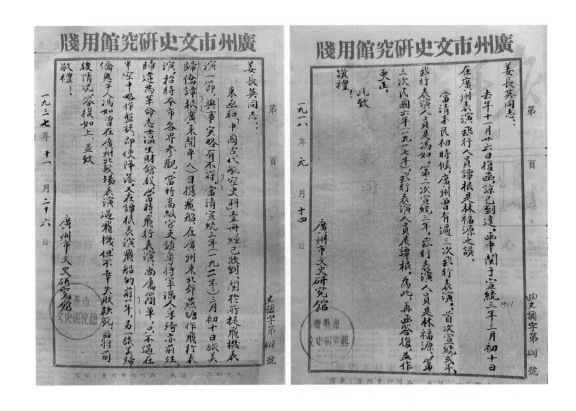

广州市文史研究馆给姜长英的复信讲述了广州三次飞行表演，其中讲到首次飞行表演的是冯如。

福建省文史研究馆向姜长英提供的马尾飞潜学校等材料

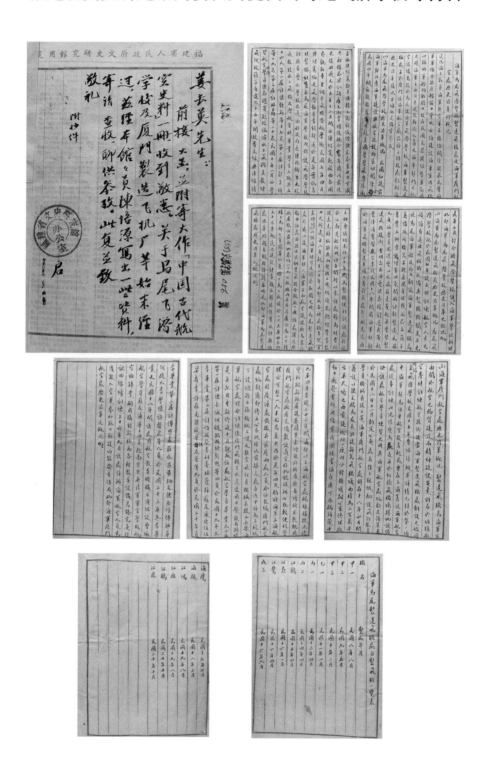

厦门市图书馆提供的国民政府海军航空处有关材料

重庆文史研究馆提供的航运情况材料

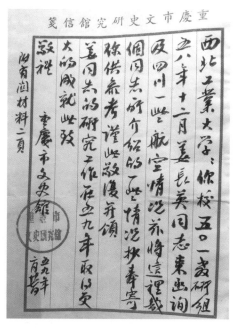

这份材料提供了开辟四川航运路线及有关空军航空学校和飞机制造厂的情况。

许玉赞给姜长英提供的笕桥飞机厂资料

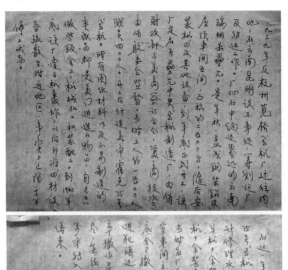

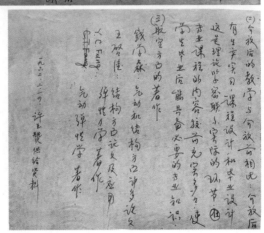

许玉赞（1909—1985），交通大学航空门第一届毕业生，意大利都灵大学航空学院毕业。回国后任云南垒允飞机制造厂工程师，后去重庆任交通大学航空系教授，后为上海交通大学教授。中华人民共和国成立后历任华东航空学院、西安航空学院、西北工业大学教授。从事航空航天教育51年，在飞行器设计、飞行器强度设计、固体力学诸学术领域有很深的造诣，著有《飞机结构力学》《飞机部件设计》等。

马翼周给姜长英提供的大定航空发动机制造厂资料

> 大定航空发动机制造厂厂史
> 1939年伪航空委员会利用蒋的五十五岁寿金引金美金30万元作为航空发动机制造厂基金派李柏龄赴美筹备与Wright厂签订合同等事。同时国内成立航空发动机制造厂李在美招募一批留美学生引十余人参加筹备工作。1940年8月昆明南郊接收岑中德发动机制造厂的设备和厂房作为航空发动机制造厂址。另造设备陆续由美经仰光运达昆明。因日军空袭觉得昆明不安全,由李柏龄到贵州广西一带井厂址以四川同为主,在大定井择大山洞定为厂址。1940年由聘美纲琴事务所机拖澳洲厂房等设计,由颉汇营造厂承包建造。1941年年底由昆明运往大定,改名为大定航空发动机制造厂。开始安装设备和训练技工,一部分配件由美供应,一部分自造。1944年正式制造第一架Wright Cyclone G型 9缸 Radial, Air Cooled 900hp 发动机。1944年底李柏龄辞派赴美译厂长职,由王士倬接任。1947年内战发后搪拄任厂长,今战后情况如何不详。
>
> 马翼周供给资料 1961-11-30 收到

马翼周(1907—1998),美国密歇根大学毕业,获硕士学位。曾任杭州笕桥机场机械师,交通大学航空门创办人。他介绍姜长英进交大航空门任教,两人负责航空门全部课程教学工作。后任昆明航空发动机厂筹备处总师室主任等。中华人民共和国成立后任同济大学教授,长期从事空气动力学和金属冶炼技术的研究与教学,研究成果有"煤气发生炉用于汽车"并获得专利。曾获上海市总工会"劳动模范"称号。

王荣给姜长英的复信

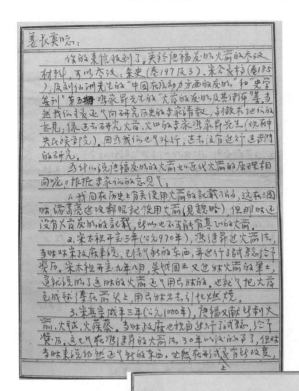

上图为北京炮兵展览馆王荣给姜长英的复信,提供了唐福发明火箭的资料。

北京图书馆给姜长英的复信

北京圖書館用箋

姜长英同志：

来函嘱查华蘅芳的有关材料，现答复如下：

1、清史稿中有华蘅芳传，不很长，不过千余字，但未找到試放气球一节，主要是記述了他在数学方面的成就。后在宣统三年鉛印"锡金四哲事实汇存"中找到了試放气球的记载，原文如下："其在天津武备学堂也，総教习聞得法越战时所用瞭望之敵轻气球一具，欲令学生练习試放，而教习居奇，久之而功不就。該教绅（指蘅芳）乃督工别制径五尺之球，用强水发轻气，以实其中，遂放飞升，观者赞叹。教习内惭，[illegible]遂远遁。"（第四页）蔡冠洛所编"清代七百名人传"（世界书局发行）第1728页上亦有此段，文字与上述相同，只略更改了数字。但二书都没有說明此事的具体时间。

2、据"锡金四哲事实汇存"记，华蘅芳生于清道光10年（1830年），卒于清光绪28年（1902年），此书序后有他的照片。

3、御风要术一书，为英国白尔特著，德国金楷理口译，华蘅芳笔述，清同治年江南制造总局刻，一册，附图，内容是研究海上飓风的規律"为航海者趋避飓风之法"。我館有收藏。但按我館图书借阅規则規定，线装书一般不能外借，只能来館阅览。

此复 顺致

敬礼

北京图书館参考研究组

参考研究组

阅览参考部

1.16

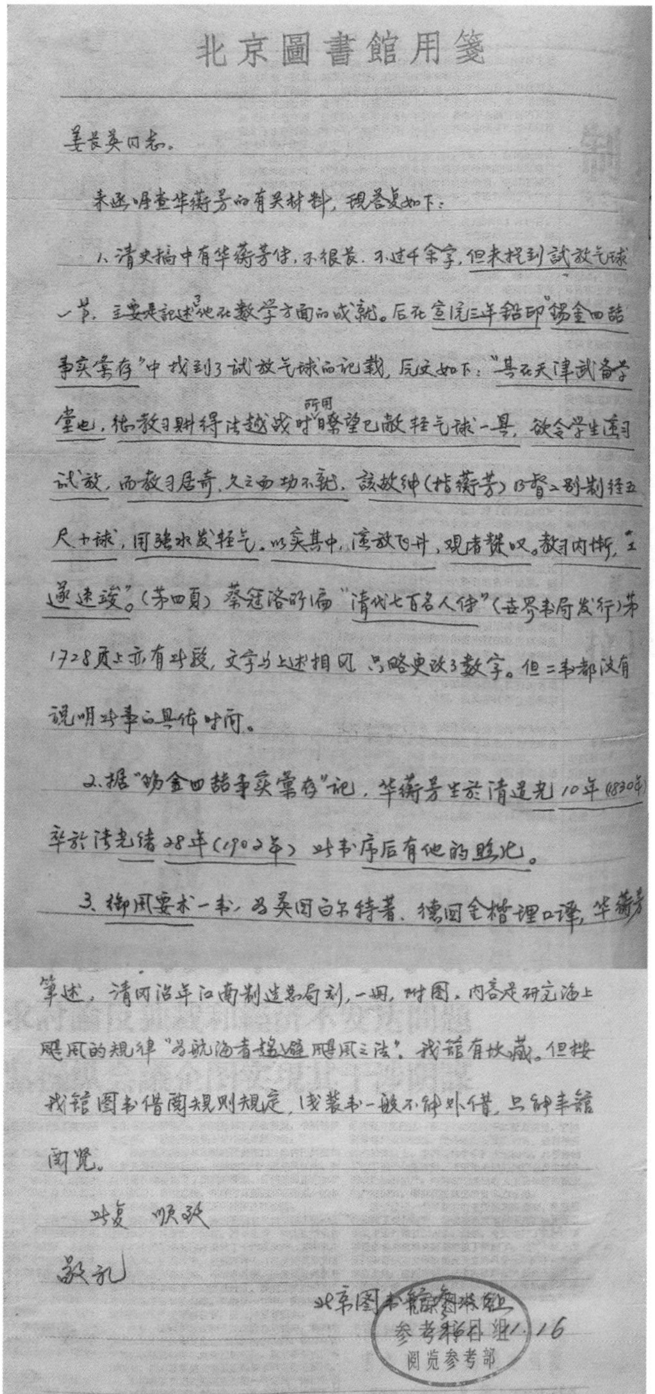

华蘅芳（1833—1902），中国第一个造出氢气球的科学家。上图为北京图书馆给姜长英的复信，提供了华蘅芳资料。

蔡廷锴给姜长英的复信

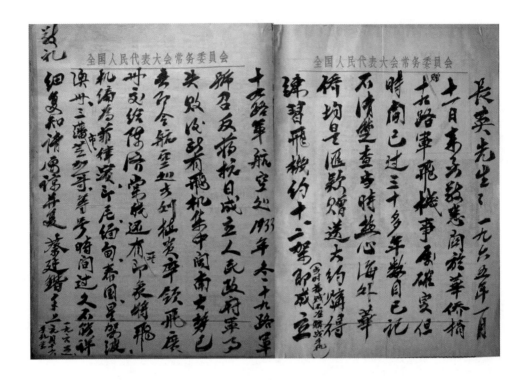

蔡廷锴（1892—1968），抗日民族英雄，十九路军军长，在"一·二八"事变后奋起抵抗日军，使日军侵占上海的阴谋不能得逞。中华人民共和国成立后，任中国人民政治协商会议第四届全国委员会副主席，是民革中央常委。上图为蔡廷锴给姜长英的复信，提供了上海淞沪抗战时华侨捐赠飞机的资料。

上海天厨味精厂给姜长英的复信

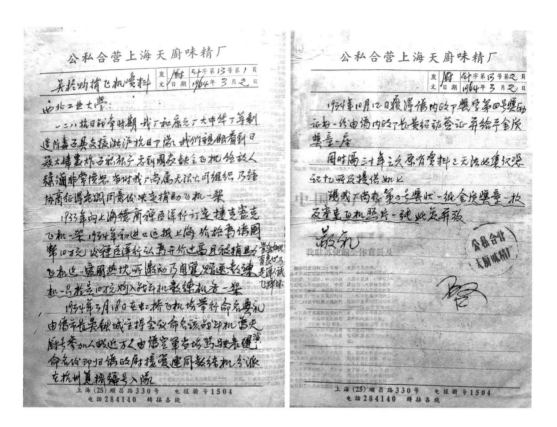

上图为上海天厨味精厂给姜长英的复信,讲述了上海淞沪抗战时捐赠飞机的情况。

宋庆龄副主席办函复姜长英来信

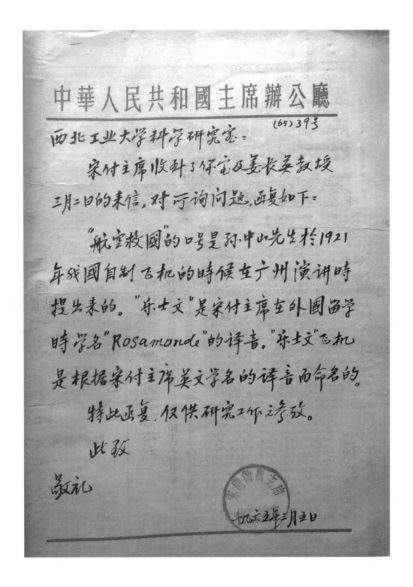

姜长英为弄清"航空救国"口号缘由，特别是孙中山先生命名"乐士文1号"飞机的缘由，曾写信给宋庆龄副主席，得到宋庆龄副主席办函复有关情况。

北京图书馆对姜长英捐赠《太湖观操记》的致谢信

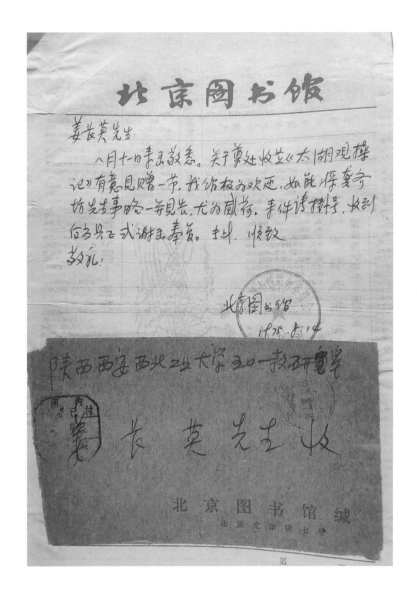

龚德培与姜长英在1932年5月结婚后,在龚家发现其大伯龚齐坊在学生时代写的《太湖观操记》,记载了一次参加清末军队的"太湖秋操",其间放飞了一只大气球。姜长英将此文珍藏了四十多年,作为一件航空史料的文物捐赠给北京图书馆。上图为北京图书馆收悉姜长英捐赠《太湖观操记》的复信。

北京图书馆对姜长英捐赠《太湖观操记》的致谢函

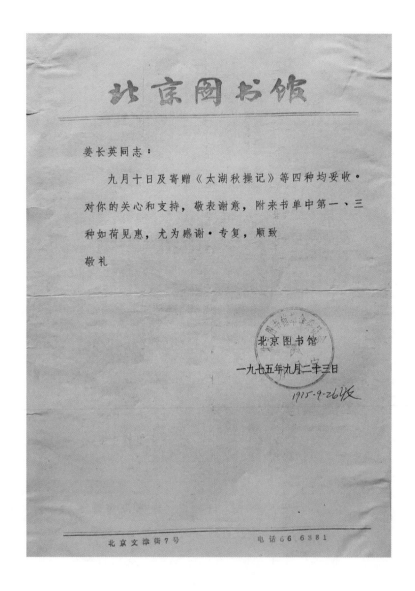

上图为 1975 年 9 月 23 日北京图书馆对姜长英捐赠《太湖观操记》的致谢函。

缪钺《寄怀长英学长兄》诗一首

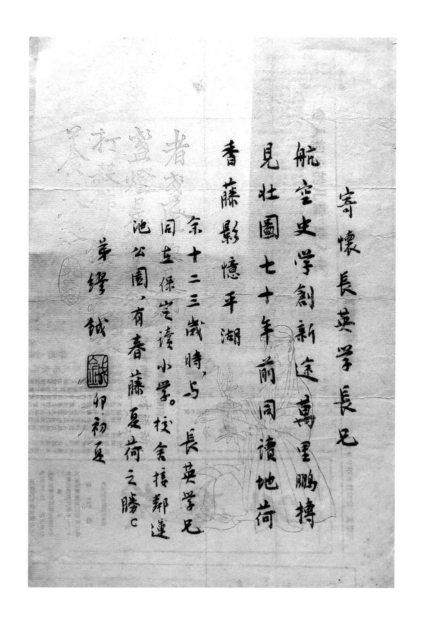

缪钺（1904—1995），历史学家、文学家、教育家。其诗词书法堪称大家。缪钺是姜长英的小学同学。

刘仙洲和中国科学院自然科学史研究室
邀请姜长英撰写《中国航空史》来信四封

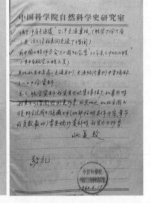

刘仙洲（1890—1975），机械学家，机械工程教育家，中国科学史事业的开拓者，著有《中国机械发明史》等。1960年3月，刘仙洲教授到西工大拜访姜长英，邀请他撰写《中国航空史》，9月又来信。于此前后，中国科学院自然科学史研究室也数次来信与姜长英商讨修史事项。

嵇果煌给姜长英的来信

嵇果煌，1933年生，武汉大学测绘科技学院航空测绘专业毕业，中国大百科全书出版社上海分社编辑部高级编辑，曾与姜长英联系撰写《百科知识辞典》人物篇条目，著有由中国大百科全书出版社出版的《中国三千年运河史》一书。上述来信中，嵇果煌告知姜长英《百科知识辞典》已出版。

关敦给姜长英的来信

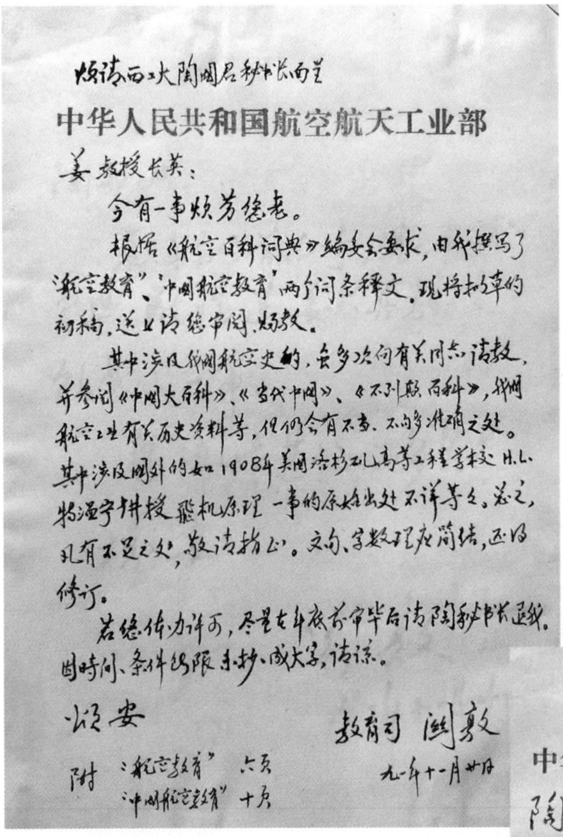

图为中华人民共和国航空航天工业部教育司关敦来信，要姜长英审阅两个词条。

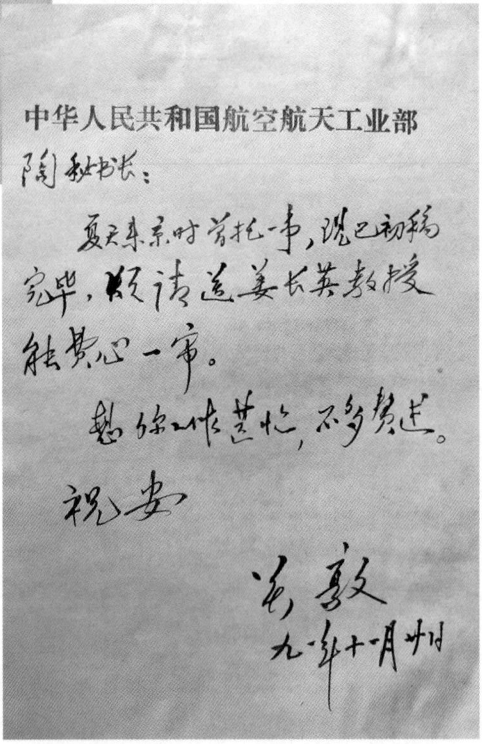

第三机械工业部技术档案馆给姜长英的来信

第三机械工业部技术档案馆

姜教授：您好！

四月初收到您寄来的《航空史研究》(25)(26)(27)，大前天又收到您寄的《特刊》，谢谢！

我们在阅读这几期的一些文章后，很受感动，尤其是看过鲁克成同志写的《〈航空史研究〉七周年纪念》后，对您这位呕心沥血、孜孜不倦地为航空史研究勤奋耕耘的老教授，更是由衷地敬佩。我们在谈论间，想起了您过去多次为《航空档案》撰写却酬稿件，我们当时没有坚持"按劳付酬"的原则，真不应该！现在从鲁克成同志的文章中，了解到您还患有白内障和腰、腿等顽疾，老伴又卧病在床，我们很是惦念。经商定将您过去却酬稿件的薄酬150元从邮局汇上，聊表编辑部对您的一点心意，恳请笑纳。

张孚生给姜长英的来信

姜长英为进行科普教育,在《航空史研究》上发起关于"直升机和直升飞机"的大辩论,通过辩论,许多同志接受了"直升机"的命名。图为深圳航空公司张孚生给姜长英的来信,告之"中国海洋直升飞机专业公司"改名的决定。

钱学森给姜长英的十一封书信

钱学森（1911—2009），世界著名火箭专家，研究空气动力学，与美国老师一起提出"卡门－钱"公式，并创立了工程控制论。中华人民共和国成立后，钱学森要求回到祖国参加建设，受到美国政府无理阻挠和迫害，经5年斗争后终于回到祖国。钱学森曾长期担任中国火箭、导弹和航空器的技术领导职务，参加多型导弹和卫星研制领导工作，作出了杰出的贡献。曾获"国家杰出贡献科学家"称号和"两弹一星"功勋奖章，被誉为"人民科学家"，是我国航空航天事业的开拓者和卓越的领导人。

钱学森和姜长英两人的通信从1982年开始至1994年，12年间姜长英共收到钱学森给他的十一封信。

陕西省西安市 西北工业大学1002室

姜长英教授：

十月二十五日信收悉。您所提在上海交大作报告事，当在一九四七年夏，已三十五年前往事了。三十五年来，我国已经历了许多事情，十二大报告总结了包括这三十五年在内的几十年经验，为开创社会主义现代化建设新局面制订了总的方针政策，今后我国航空航天事业的发展必将加速前进。

您多年来研究我国航空航天历史，很有成绩，发表论文多篇，今又把续稿印成专著三册一套，实可敬佩！现在您又将主持西北工大中国航空史一课的讲授，我希望您能将讲义整理成《中国航空航天史》，出版流传，以教育后代。

您在将来著作中，可否注意以下几点，请酌：

2

(一)写史，不可无议论，不然成了流水账。史论当然应有原则指导，这原则是马克思主义哲学、辩证唯物主义和历史唯物主义。

(二)论史的一个方面是人物的评价，历史功过应有公论。某人负责某项工作，成绩如何？例如王助，您以为如何？我认为他是很有工作成果的。

总之，写史要敢于讲话，不可拘束。用三中全会以来的话就是"解放思想"，您以为如何？

此致

敬礼！

钱学森

1982.11.1

尊著另一套已奉您命转国防科工委领导同志。

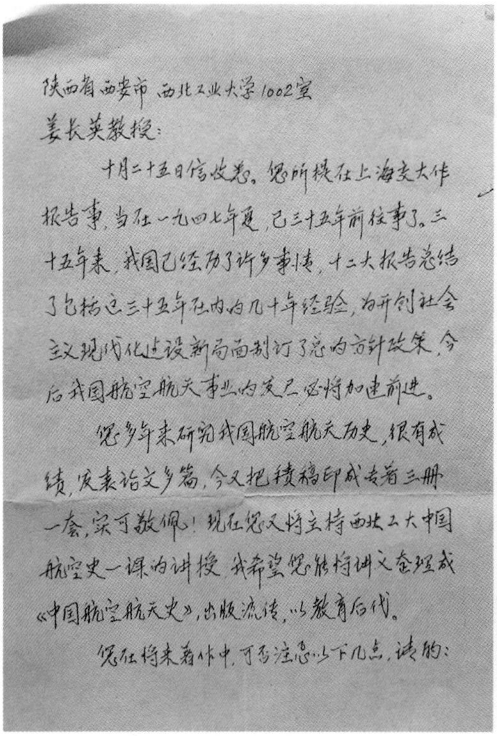

姜长英告诉钱学森，他的《中国航空史》已由西工大印成三本讲义，并由他向学生开设讲座。钱学森在复信中不仅充分肯定了姜长英的研究成果和教学工作，还和姜长英探讨了如何修《中国航空航天史》。钱学森说：史论当然应有指导原则，即马克思主义哲学、辩证唯物主义和历史唯物主义。论史的一个方面是人物的评价，历史功过定有公论，并提出对王助的看法。还提出写史要敢于讲话，要“解放思想”。上图为钱学森给姜长英的第一封信。

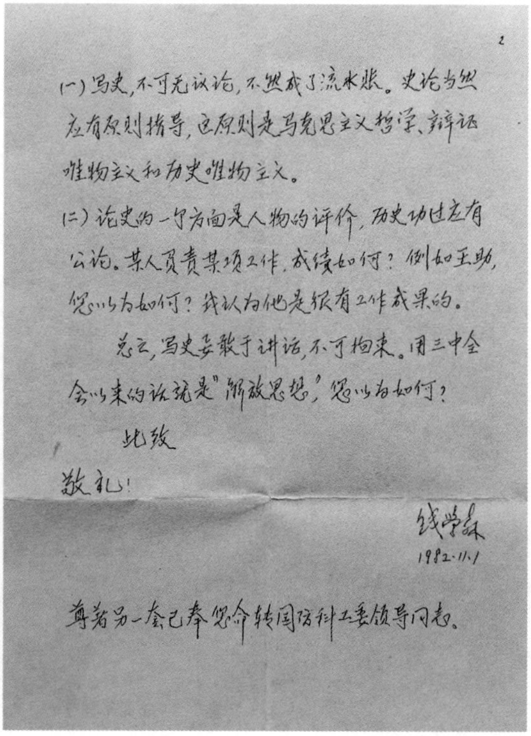

陕西省西安市 西北工业大学

姜长英教授：

四月十一日信及王助条目稿收到。我已将原稿复制送国家民航总局顾问华凤翔同志和国防科工委二十九基地科技部韩志华同志，请这两位老民航同志看看，他们会复您信。

我想提请您考虑以下几点：

(一)王助似为乐亭人。

(二)王助学飞机设计是在MIT航空专业草创时期，几乎没有什么理论，所以王助自己设计飞机也是用经验统计法，他当时(二十年代末，三十年代初)积累了大量飞机尺寸外形的资料，没有风洞，用此定飞机外形。

(三)1934年他和王士倬教授是我(留美公费生)的导师。

(四)1940年王助聘任我为成都航空研究所通信研究员。

(五)1947年王助在民航局任职。

再：王助先生注重实际，他任我导师期间，常常叫我干实际工作，不能脱离实际。这对我有深刻影响。

以上供参考。

此致

敬礼！

钱学森

1983.4.18

原稿及复制件一并寄上。

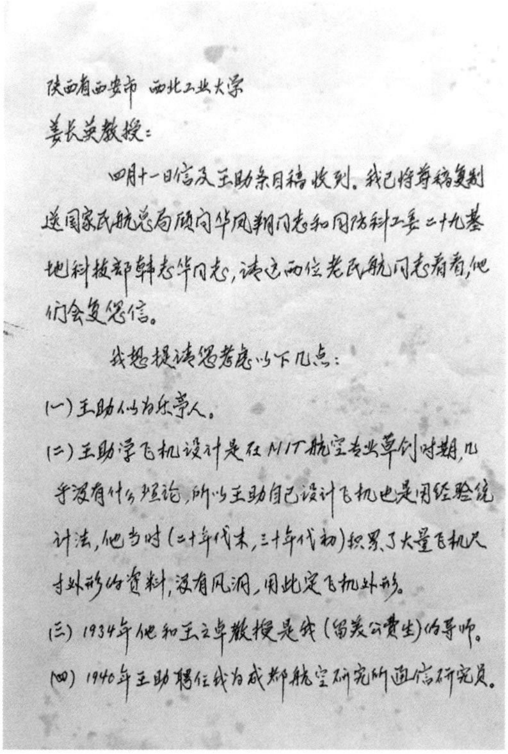

姜长英根据他当时收集到的关于王助的材料，写成“条目”，寄给钱学森请他补充修改，钱学森写了五条意见。上图为钱学森给姜长英的第二封信。

王助（1893—1965），钱学森的导师，也是他出国留学的担保人，美国波音公司的第一任总工程师。他亲自设计监制的“B&W－C”型水上飞机成为波音公司成功制造的第一架飞机，并且他因开辟美国第一条航空邮政试验航线而载入史册。王助回国后，参与创建中国第一个飞机制造厂——马尾海军飞机工程处，他还倡议并筹建了中美合作的中央杭州飞机制造厂。抗战期间，亲自参与研制成竹木复合结构的飞机部件。他是中国近代航空工业的奠基人之一，姜长英在《中国航空史》中给予重点介绍。

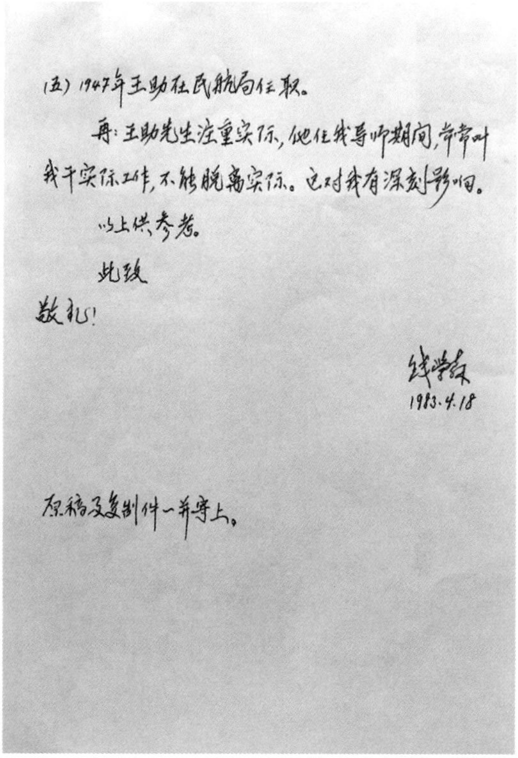

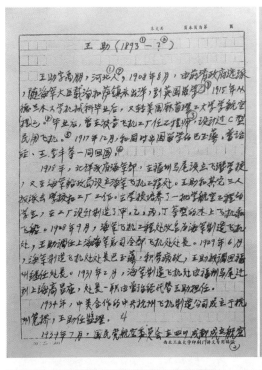
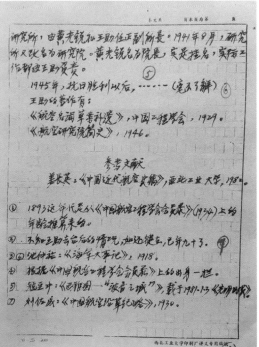
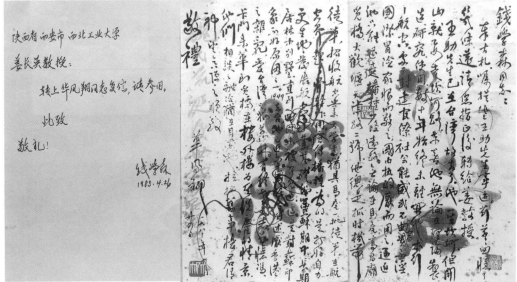

钱学森将姜长英寄来的王助的材料复印后寄给华凤翔，并请华凤翔写补充材料。华凤翔写后寄给钱学森，钱学森再转寄给姜长英。这是钱学森给姜长英的第三封信。

华凤翔（1897—1984），抗战期间主持杭州飞机工厂内迁并恢复发展生产，1949年参与"两航起义"的发动和组织工作，20世纪50年代参与建立中华人民共和国第一个民航机械修理厂，随后又参加筹建中国民航总局科学研究所，是我国民航科研工作的奠基人。

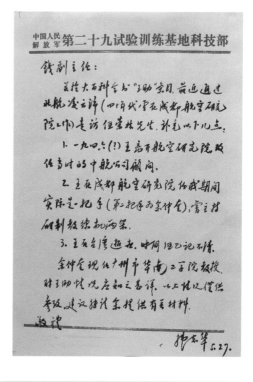
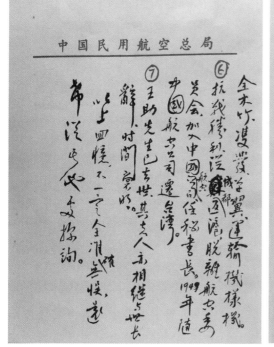
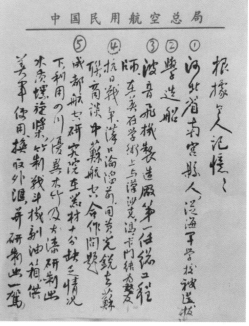

钱学森将姜长英寄给他的王助的材料复印后寄给韩志华，并请韩志华撰写补充材料，然后再转寄给姜长英。这是钱学森给姜长英的第四封信。

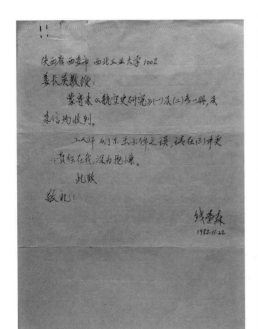
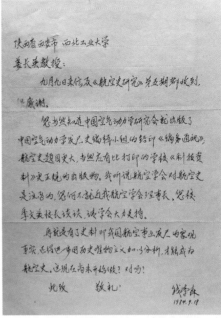
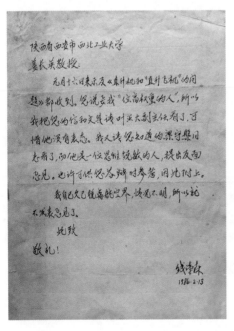
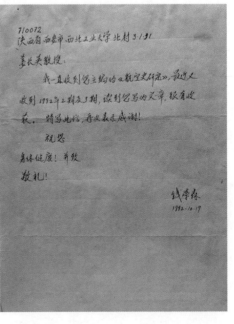

姜长英把他的《中国航空史》铅印教材赠送给钱学森并委托钱学森代为赠送一套给国防科工委。他主办的《航空史研究》季刊每一期都寄送给钱学森，而钱学森看后将每一期都完好地保存着（现均保存在上海交通大学钱学森图书馆）。上图为钱学森给姜长英的第五、第六、第七、第八封信。

姜长英遇到一些要紧的问题都会写信去问钱学森，钱学森在百忙中有问必答，如关于《中国航空史》出版问题，关于"直升机与直升飞机"的辩论请权威人士参与讨论等。钱学森非常尊重、关心这位"前辈"（钱学森在祝姜长英九十大寿信中自称"晚辈"），并对姜长英航空史研究的工作千方百计予以支持和帮助。这是钱学森给姜长英的第九、第十封信。

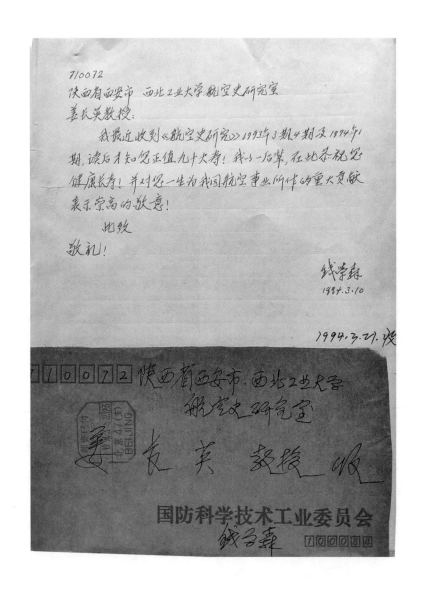

1994年3月10日，钱学森在读了姜长英寄来的《航空史研究》期刊后才知道此时正值姜长英九十大寿，特地发信给姜长英，恭祝他健康长寿，并对他一生为我国航空事业所作的贡献表示崇高的敬意！这是钱学森给姜长英的第十一封来信。

曹鹤荪给姜长英的来信

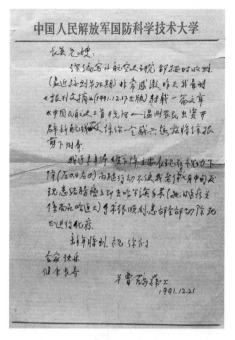

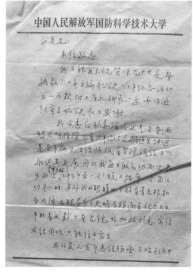
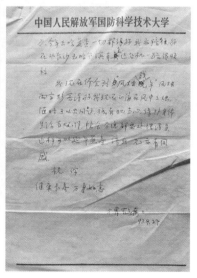

曹鹤荪（1912—1998），空气动力学家，航空航天教育家，抗战时期在重庆交通大学创办航空系，任系主任，1948年任交通大学教务长和教授会主席。中华人民共和国成立后，对建立中国人民解放军军事工程学院、建设教学体系和规章制度作出贡献。晚年研究高超声速动力学、稀薄气体动力学、计算流体动力学，对中国航天飞行器空气动力学的发展作出了贡献。

曹鹤荪是姜长英的老同事。

王宏基给姜长英的来信

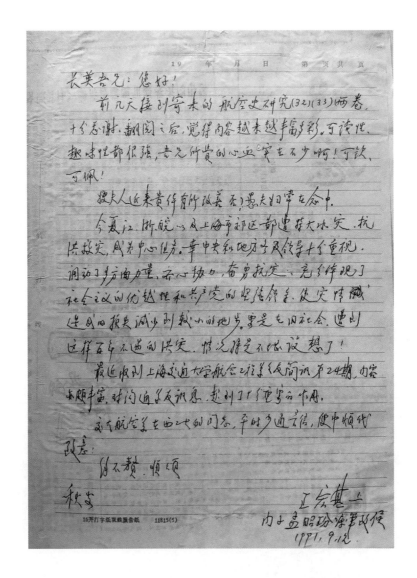

王宏基（1912—1996），发动机专家，航空教育家，超声速燃烧研究的学术带头人。1946 年任交通大学航空系教授，1947 年任航空系主任。中华人民共和国成立后，任西北工业大学发动机系教授、系主任。著有《内燃机》《航空叶轮机原理》等。

王宏基是姜长英的老同事。

何文治给姜长英的来信

> 中华人民共和国航空航天工业部
>
> 张炳中并姜长英老师：
>
> 你们好。
>
> 来信阅悉。《航空史研究》是一个很有特色的刊物。我接受姜老师对我提出的三点要求。
>
> 关于经费问题，将由部科技司与西工大商定。如有问题，可直接与科技司周家珍司长联系。
>
> 航空你们为我国事业作出了贡献，我向你们以及《航空史研究》的编者同志们致敬、感谢。
>
> 此致
>
> 敬礼
>
> 何文治
> 1992.5.27.

何文治，1931 年生，海防导弹专家，航空工程专家，曾任航空航天部副部长兼航空科学技术研究院院长，在中国飞机制造和导弹研制方面作出重要贡献。他是西北工业大学名誉教授，任姜长英主编的《航空史研究》期刊名誉主编。

张镒给姜长英的来信

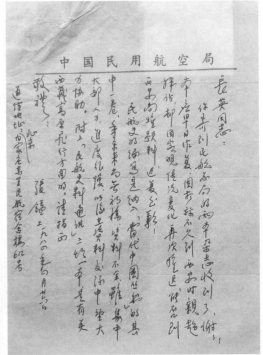

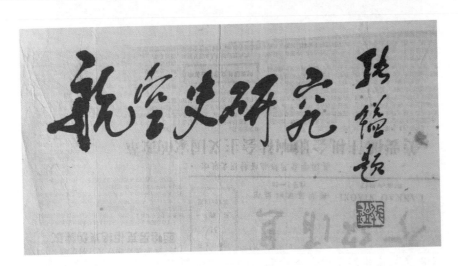

张镒（1917—1996），中国民航总局第一研究所调研员。曾毕业于黄埔军校第十期，后毕业于美国道格拉斯高级轰炸飞行学校和奥斯汀空运飞行学校，之后进入中国航空公司。张镒还是中国书法家协会会员、贵州分会理事，曾为姜长英主编的《航空史研究》期刊刊头题词。

范瑞娟给姜长英的来信

范瑞娟（1924—2017），越剧表演艺术家，1951年任华东越剧团副团长，兼任上海越剧工会主席。曾组织越剧界为抗美援朝捐献"越剧号"飞机义演工作。1951年被选为全国青联委员、全国政协特邀代表。1956年加入中国共产党。姜长英与她通信约稿，请她写出当年组织义演捐献飞机的轶事，范瑞娟为此事写了多封信件。

牧野给姜长英的来信

牧野（1909—1991），原名厉歌天，河南通许人。1938年毕业于中央航空学校飞行专业，毕业后曾任飞行教官，8次与入侵日寇升空作战，获抗战奖章。1941年任中华文艺界抗日协会成都分会理事，与叶圣陶联合主编《笔阵》，在成都、重庆、上海发表过多部作品。1950年后任北影、西影编剧。牧野从1938年起发表作品，是中国作家协会会员，也是陕西航空联谊会顾问。

这是牧野给姜长英的来信，请教中国最先开办航校的有关问题。

张瑞芬给姜长英的来信

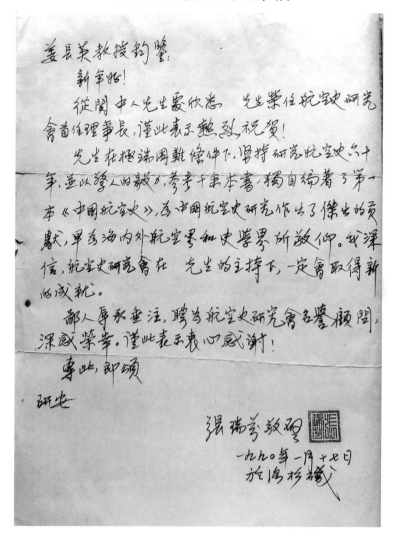

张瑞芬（1904—2003），美籍华人，广东恩平人。曾是钢琴演奏者，后进入林肯航空学校学飞行，成绩优异，获美国政府私人飞行、商业飞行、国际飞行执照，是华人中特技飞行的第一人。"七七"事变后，她忧心如焚，响应华侨团体号召，驾机飞遍全美华人聚集城市，通过飞行表演，筹款支持祖国反侵略战争。她是在美国创飞行安全纪录的华人第一人、女子第一人，曾单独驾机成功飞越大西洋。1987年4月，张瑞芬在85岁高龄时回到祖国故乡，几百村民自发夹道欢迎为中华民族争光的家乡英雄女儿归来。她后来访问了广州、桂林、西安、北京、南京、上海、杭州等地，受到广大群众的爱戴和敬慕。张瑞芬在西北工业大学受到学校领导和姜长英教授的热情接待。

江东给姜长英的来信

江东，1949年生，上海人，航空研究和科普作家，长期从事发电机制造工作，同时业余坚持对航空技术和中外航空史的研究近50年。他积极撰稿并向姜长英主编的《航空史研究》投稿，还帮助刊物采访、写稿，并在几次航空史研究会的学术研讨会上发表论文，成为姜长英老先生的忘年交。江东曾任中国航空史研究会理事，中国航空博物馆首批特聘历史研究员、工艺师，还是上海市科普作家协会成员、上海航空学会专家委员会委员等。他在国内外、军内外报刊上发表的航空专业文章和科普文章有490多篇，共300余万字，曾获得系列优秀作者奖牌、奖杯。

关中人给姜长英的来信

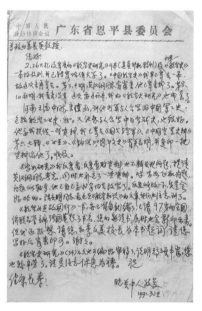
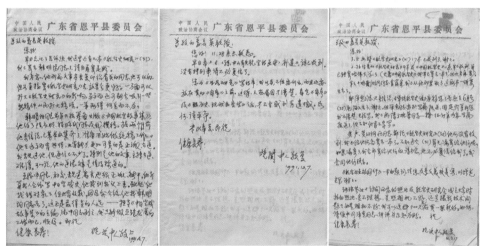

关中人，广东恩平人，著有《中国近代妇女航空简史》等。他协助姜长英成立中国航空史研究会，联络海内外航空史研究骨干、积极分子，推动有关航空史研究书刊的出版等。关中人为筹备航空史研究会年会做了大量工作，其他如张瑞芬回国参观活动等，关中人也做了大量组织和宣传工作。

短杂文篇

【编者按】

姜长英从20世纪20年代末就开始在刊物上发表短杂文直到90年代初，六十年间他一共发表了多少文字也没有精确的统计。三次大搬家后（从上海交大到南京华航，从南京华航到西安西工大，西工大教授楼改造），在家里保存的约有二三百篇，另外还有少数未及发表的或拟好题目而未及写的。姜长英喜欢写短杂文，而短杂文"航空杂谈""航空史料"等在航空史研究中发挥了重要作用。他把收集来的史料通过综合，初步分析、撰文发表后，引来众多评论，可以核实、补充、修正史实，可以鉴定自己的观点是否正确，并在此基础上进一步加以科学概括，成为航空史专著的内容。他在20世纪80年代主编的《航空史研究》季刊发行量最多到了600本，在刊物上发表文章后，收到的反馈意见量是相当可观的。

姜长英是航空工程技术专家，从文集中选出的短杂文看，他的数学功底极好，国学功底也很不错。在出版新版《中国航空史》时，他的儿子姜椿年对他的古代航空史部分所引用的古籍文献逐条核对，竟有152条之多。他写的航空史是历史与航空科学结合的产物，是上下五千年中华民族对航空器创造发明的历史和学习西方航空科学技术发展史相结合的产物，也是自然科学、技术科学、社会科学、人文科学多学科交叉结合的产物。尽管没有人要他去研究中国航空史，但他出于历史责任感，穷毕生之力一个人默默耕耘，坚持到八九十岁，才迎来了中国航空史研究的春天！

航空史类

【编者按】

这一部分短杂文大部分是姜长英在《航空史研究》上发表的。文章发表的时间跨度从1983年到1997年,内容涵盖了姜长英的亲身经历和轶事、中国古代一些与航空有关的史料、中国近代航空史及航空人物介绍与研究、航空知识类话题及一些评论文章等。

《学矿的改行学航空》讲了1926年姜长英自费赴美国留学,选择底特律大学航空工程专业半工半读,获得学士学位后,没有继续深造而选择回国就业。

姜长英回国后先在沈阳东北航空司令部修理厂任少校技师,"九一八"事变后在北平南苑航校任教,不久又南下在航空署工作一段时间,就进入杭州笕桥航校任教官。两年多后由友人介绍进入交通大学航空门执教,以后终生从事我国的航空工程教育事业。

人生道路抉择背后的原因之一有经济因素,这就是家境不富裕的旧中国学子,没有奖学金,又没有半工半读的条件,是没办法继续深造的。但是姜长英之所以选择回国是因为他是个非常重视实际的人,他认为通过学习他已经掌握了航空工业的专业知识,而且已经是在美国的航空公司能独立负责飞机设计和制造的工程师了。他已经学成,应回国为祖国的航空事业服务了。他根本没有考虑继续留在美国公司赚取高工资,或争取再拿到高学位,而是毅然决然地回国工作。

姜长英在《中国古代航空史话》自序、自评等短杂文中都说过一本撰写中国古代航空史的小书,经过五次补充修改,增添图片、照片,都未能出版。姜长英研究中国古代航空史可说是历尽辛苦,矢志不移,百折不回。他不仅要从古籍、历史、传说、故事、古诗文、文物,甚至民间玩具中去查找核对、分析判断正确和错误的史料,而且还要以现代航空科学的理论分析判断哪些史实是古人发明创造中符合航空原理的及被后人继承发展了的东西，特别是古人对空气动力学的认识和利用，哪些属轻航空器，哪些属重航空器的前身。他的古代航空史不仅要让国人知道许多中国的发明创造，如降落伞、热气球、火箭、直升机、指南针等要比外国人早数百上千年，以增强国人的爱国心、自尊心、自信心，而且还要以现代航空科学原理来阐述古人的发明创造，这是他写的中国古代航空史的最大特色。他认为此书三十年没有出版也是由于"未遇到识货的慧眼"。

在中国近代航空史中，他不仅揭露国民政府腐败，崇洋媚外，不重视航空事业的发展，还调查研究了不少对航空事业有贡献的人士，如华蘅芳、谢缵泰等著名人物。他在短杂文篇中还写了一些航空专业英雄人士，如朱斌侯、江超西、高又新等。航空事业的发展历来同奉献、牺牲、革命英雄主义紧密联系在一起，孙中山说"航空救国"，搞航空的人都有为国牺牲的思想准备，南京的抗日救国烈士墓就有无数英魂。姜长英为了弄清航空英雄史实，有时对一个人不只写一次，可以写二三次。如对航空史中突出的典型人物冯如、王助等，他就给予了很大关注。冯如是我国第一位飞机设计家、制造家兼飞行家。他在广州的一次飞行表演中牺牲，后葬在广州黄花岗七十二烈士墓旁。王助是早期的中国留学生，曾任美国波音公司第一任总工程师，监制设计了该公司第一架飞机，是钱学森的导师、留美学习时的担保人等。

编写航空史是一项巨大的系统工程，不是一个人的力量能够完成的。1983年，姜长英79岁时创办了《航空史研究》杂志，并担任主编10年。1989年他85岁时创建中国航空史研究会，任理事长。这些在短杂文中也有记载。通过这些，他把国内外关心中国航空史研究的学者和积极分子聚集在一起，集思广益共同挖掘史料，各抒己见热烈交流和讨论，姜长英更是积极参与其中。他作为杂志主编撰写了大量稿件，同时也收获了许多珍贵的航空史料，补充到他编写的《中国航空史》中。一支航空史研究的队伍逐渐形成并壮大，一批高水平的航空史研究专著不断问世，姜长英兴奋地说：中国航空史研究的春天来到了！

学矿的改行学航空

1926年9月起,我在美国地踹(底特律)福特汽车工厂以学生身份做工。

正在这个时候,美国发生了一件轰动全美以至于全世界的大新闻。1927年5月20日,美国邮航飞行员林白单独驾驶"圣路易斯精神"号单翼飞机,从纽约飞到巴黎。这次横跨大西洋不着陆飞行的成功,震动了全美国,全国报纸无不大加宣扬。当地的报纸有《地踹自由报》《地踹新闻报》《纽约时报》《芝加哥论坛报》等,连篇累牍都是林白的故事和新闻,每个读报的人都受到很大的影响。美国社会上的航空热也受此刺激而蓬勃兴旺起来了。

地踹大学半工半读

在福特公司工作的日子里,我就想到去学校上学。按理,我已是南开大学矿科学士,要升学就可以上密西干大学(今译密歇根大学)的矿学院读硕士。密西干大学在地踹西面不远的安阿伯(今译安娜堡)。但是矿学院不在这里,而在北面很远的地方。如去了,要交学费不说,没有工作就没工资,在经济上行不通。后来知道在地踹有一个地踹大学,设有文、法、工等学院。工学院分机械、电机土木、建筑、化工、航空等工程系,最大的特点都是5年毕业的半工半读制。这个半工半读制吸引了我,特别是航空工程系更使我心向往之,因为别的工程我总多少了解是怎么回事,独有这航空,我是一窍不通,越是这样,越是想学个新鲜。至于学了几年,不过还是一个学士,对我倒是无所谓了。既是半工半读,我可以不脱离福特工厂,一边上学一边拿工资,这样才能生活,也才能持久,于是我就决定报名，上学了。

地踹大学是天主教办的私立大学，学费是每学期125元。我交了学费，但记不清这个数字是否确切。按学校规定5年毕业，但因我已大学毕业，基础课都学过，而南开大学在外国也很有名气，他们都承认，所以我插班上四年级，再补上三年级一学期的简易空气动力学就行了。航空系主任奥特曼教授给我一本书，叫我自学前60页，就算补足三年级的缺课。

美国的大学支持学生做工，挣工资自给。这有多种形式：有的是学生假期去做工，有的准许学生在学期内做工。地踹大学工科的在校学生分为A、B两组，一组在学校上课，另一组在工厂做工。每几个星期（我记不清是两星期或四星期了），在校、在厂的学生对换一次。寒暑假期照常。假期中学生仍可做工，学校与地踹当地的工厂有联系，否则工厂一定不允许工人上工时断时续的。

美国的北面邻国是加拿大。两国的边界从地图上看，在西部是东西方向的直线，但在东部就比较复杂，有些地方还犬牙交错。如在地踹就是这样。地踹市的南面有连通五大湖的河，名地踹河，河的南岸就属加拿大。地踹大学的奥特曼教授是加拿大人，他每天过河来地踹上课。航空系除了奥特曼，还有两位教师，一位教空气动力学，一位教气象学，其它课程都由奥特曼包了。

我进了地踹大学，同时没有脱离福特工厂，但已不是福特公司培养的学生，而是地踹大学的工读学生了。我被调到小模具车间，一段时间后又调到工具车间，专在牛头刨床上工作。那时，工厂的很多车间都因产品改型（T型汽车改为A型汽车）而完全停工了。但是另有一些车间则为新产品服务，不但不减工，不停工，每周要做满5天，或许还要加班呢。

我在航空系四年级上课了，全班学生十几个人，除了我是中国人，还有一个捷克人，其余都是美国人。美国人身材大都比较高，当然也有矮小的。外国人长得比中国人老相，有的学生还留着小胡子。他们对于捷克人、中国人并不歧视，只是彼此交往少些。我在国内大学上课，都用英文课本，所以在美国大学听课不觉困难，一些英文航空名词和术语，常读常听也就熟悉了。

地踹市位于地踹河北岸市中心,离河很近,全市是向北、向东、向西发展的。地阿包恩(今译迪尔伯恩)在西面,海兰帕克在北面,地踹大学的法学院在市中心,文学院和工学院在海兰帕克的西北。我在海兰帕克的住处离福特厂很近,上下工只要走十多分钟就到,但住处离学校不近,上下班非要乘公共汽车不可。

1928年春天或秋天,奥特曼教授带领我班航空系同学出去参观,到一处较远的地方,好像是地踹河的一个岛上,可能是属于海军的一个科研工厂。那里正在试制一种全金属汽艇,这汽艇有金属蒙皮,是用铝合金薄片由三排铆钉铆接起来的。铆缝不透气,特别是那种像缝纫机样的铆接机,输入三条铝丝,能同时冲孔、铆接,完成三排铆钉。铆接机旁放着小块留作纪念,可惜我没有拿,到今天我还在后悔呢。

1928年夏天暑假里,我班几个同学,或许还有低年级的同学参加,制造了一架滑翔机,到郊外丘陵地带试飞。暑期中,我在福特厂做工,同学们也没有邀请我参加他们的活动。

福特工厂T型汽车的生产停了一年后,A型汽车的生产已准备就绪,开始成批生产,过了不久又转为大量生产,第1 000 000辆新车开出了生产线。

1928年冬,我已是航空系五年级学生了。奥特曼教授要带我们全班同学去密西干州(今译密歇根州)南面相邻的欧海欧州(今译俄亥俄州),去参观得特恩(今译代顿)的美国陆军航空工程基地和前进飞机公司(这家公司几年后改名华可飞机公司)。得特恩离地踹有几百英里,这次参观必须在那里过夜。我到美国已经过了两个冬天,穿了在美国买的羊皮短大衣。现在要和全班师生出远门参观,我从老同学那里借用了一件厚呢子长大衣。在出发前,我们先在学校里拍了一张师生合影。照片中,前排当中最矮小的那位就是奥特曼教授,教授背后的那位是下一班的学员。

我们到得特恩时,天色已晚,就住进了旅馆。第二天先参观航空工程基地。那天大概是星期日,所以看不见几个人,各地都是冷冷清清的。看了几处地方,其中印象最深的是轰炸飞机的投弹装置。炸弹都横排在飞机机身中的炸弹舱里，要投哪个弹就有机关把那个弹移动到投弹口的上方，然后才把弹投下。我们去前进飞机公司的工厂时，也没看见什么人，只见有一架小飞机在空荡荡的厂房里，还有一架停在厂门外的地坪上，只记得这是两架当时流行的双翼飞机。

奥特曼教授带航空系五年级学生出发去参观

自从1926年9月起我在福特工厂做工，不管每周做几天，都是做早班，每天清早上工，在厂里吃中饭，下午三点多下工，实足工作8小时。那是在产品的生产线或流水线上工作，那工作并不需要多少技术。

我上了地踹大学，在小模具车间干了一段，好像是干晚班，下午别人下班前我就去上班，在厂里吃晚饭，到半夜里下班，工作时间也实足8小时。在小模具车间工作需要钳工技术，因我干的时间短，所以没有学到多少。后来调到工具车间，在这里干的时间最长。这个车间里全都是机床，主要是牛头刨床，还有插床、横卧铣床和仿形铣床。我干了两天卧铣，又改刨床。工人在车间里用的量具和工具，可以从车间的工具间借用。每个工人都领有一个工具箱，还领了若干个借用工具的铜牌。1英寸、2英寸的千分尺，因为常用，由工人自备。2英寸以上的大量具，可以借用。借用的东西如有丢失和损坏，都要赔偿。有一次发工资，扣了我2元多钱，说是我丢了一把组合角尺，我也记不清是何时借用过的，只好认了。

福特工厂的生产车间工作都很紧张，工作时间内，从没人互相闲谈或看报。所有车间都是禁止吸烟的，烟瘾大的人不得不买口嚼烟吃，像嚼口香糖那样嚼来嚼去，以过烟瘾，弄得满口黄白涎沫，极不雅观。在吃过饭上班前的空隙中，我曾去楼上楼下到别的车间看看。我曾看见制造滚珠轴承的钢珠车间，看见了从钢条制成钢珠毛坯以及经过多次磨削达到最后标准尺寸的过程。工厂不为工人准备饮用热水或开水，不论冬夏大家只好喝自来水，大街上也设有供人饮用的水龙头。工人工作时所用的手套、围裙、工作服等，一概由工人自备。

工人在车间里专注自己的工作，从未见过互相口角或打架。工人的脾气多数豪爽、认真，特别是年轻工人。有一次我在吃过饭后见有两个工人在打赌。一个说，我能把这空饭盒扔进那空垃圾桶。另一个说，你吹牛，我们赌一个硬币。结果，那赌输了的工人真的掏出了5分钱，那个赢的也就收下了。

我初进福特厂时，每天工资5元，两星期后改为每天工资6元，每小时是7角5分。因为我是工厂培养的学生，以后工资就再不会增长了。后来，我成了地踹大学的半工半读学生。身份改变了，不涨工资的规定也随着改变了，记不得从何时起，工厂主动把我的工资提高到每小时8角，每天的工资就是6元4角了。

在工厂里晚班是下午3点多上班，这时学校已经下课，半夜下班也不至于影响第二天学校里的上课。所以，可以上课和上工同时并举，不必等4个星期上学后再4个星期专门做工。这样做可以增加一倍的收入，有的人就是这么干的。但是这上学和做工同时并举，一定程度上影响了学习，所以我没这么干。为了尝尝半夜班的滋味，我主动要求做一个星期的半夜班。白班是8个小时，午饭30分钟。晚班也是如此。半夜班的时间，连吃饭的时间在内只有7个小时。工厂为了照顾夜班的辛苦，工资多少，仍和白班、晚班一样。我做了一个星期的半夜班，虽然工资上多得了一点，但昼夜颠倒，作息很不习惯。我尝到了味道，没有再请求上半夜班。

参加伊斯特曼飞机公司研制飞船

这时已快到1928年底了。我被调到车床车间刚过两个星期就到了1928年底，想不到情况已有了新的变化。

自1927年5月林白孤身飞过大西洋之后，美国兴起航空热。我个人也受到影响。美国社会上有不少人募集一些资金，找几个人和一间大车库，组成一个小公司，自己研制飞机。那个年代的飞机也实在简单，只要发动机、螺旋桨，带着部件齐全的飞机，就能飞起来。如飞机性能不错，就能卖出去，公司就可赚钱，就能再生产和发展。同时，美国政府的商业部也制定了民用飞机适航性规范，用来控制、引导发展起来的飞机公司。但是只有符合规范要求的飞机，才能成为商品，允许买卖。这种适航性规范随时在增补、修订，公开免费供民众索取。

航空系的奥特曼教授是航空界前辈，在地踹有很多熟人，特别是那些开公司研制小飞机的人和开办飞行学校的人，很有可能他就是某些单位的顾问或工程师呢。

1929年初，我已是五年级学生，再有半年就毕业了。奥特曼教授介绍我去伊斯特曼飞机公司工作。我就去市中心不远处的大仓库的二楼，找伊斯特曼先生当面洽谈。他问我有什么实际经验，我说曾在福特工厂做过两年多工，工资每天6元4角。他满意了，要我留下，每天8小时，工资6元3角。我想自己学了航空，就应理论结合实际，每天收入虽然少了1角钱，可以不必计较，就同意了。只是在福特厂刚去车床车间，还没有学会什么就离开，未免有些可惜。辞去福特工厂的工作毫无困难，我就去伊斯特曼公司上班了。

伊斯特曼租用了一个大仓库二楼的大间。前面从楼梯上去，后面有一个斜坡通到地面。所研制的飞机是一个双翼飞船，船身是在硬木框外面加上铝片制成。我刚去时，好像船身已在制造了，飞翼是我去了以后才开始制造的。那时候组织公司研制飞机，第一步是先花钱请有经验的工程师设计一个飞机的三面图，然后请人按照三面图设计、制造部件、零件，最后才能装配成飞机。在研制过程中，必须请政府商业部的检验人员前来检验机翼的强度能否达到规范的要求。

伊斯特曼飞机公司的办公室只占二楼的一小间，设计室由一位辉图先生负责，他的底细我不知道，只知道他的夫人管财务。我就在辉图下面工作，另外还有个地踹大学航空系低年级班的同学和我共事。车间里并没几个人干活，也没有什么机床设备，空洞洞的。飞机的双翼是上翼大而下翼小，上翼由一个升力支柱连到船身，机翼的结构是盒形木梁和木质翼肋，外加蒙布油漆就成了。这是最普通的构造。我在设计绘图时闹过一个笑话。机翼的前梁下连支柱的接头是用铬钼钢片制成的，它一方面包着盒形木梁，一方面用螺栓连接支柱。它是有两个方向倾斜角度的。设计时，要画出钢片的展开图形和尺寸，以便下料。不料工人找我来了，说这图不对。我仔细看，果然不对，又画了一张图才画对了，然而已下的料只好报废了。机翼造成了，需要经过加沙袋载荷的强度试验。我曾看见伊斯特曼先生和政府的检验员在面红耳赤地争论，争论负载的多少和挠度的大小。这事关系着公司的成败，伊斯特曼的着急是可以理解的。后来的结果，大概还是通过了。

我参加研制飞机的时候，同时还在航空系学习。这已是五年级的最后一个学期了，在毕业前要求写一篇论文，一个美国同学和我合作，合写一篇。一个星期日，我们需要做试验，就是将伊斯特曼的那间大仓库的后面通到地面的大斜坡做试验场所，利用一些铝板、木料和一架大磅秤，并买了一个空气枕头和补胎胶水备用。那个美国同学要我上街给他买瓶啤酒，我就去了，我从来是不动烟酒的。那时期的美国正在全国禁酒，虽然私自酿酒的、走私运酒的很多，商店还是不卖酒的。那同学不是让我去犯法吗？

那时候在美国造飞机是没有多大困难的，主要还是因为那时的飞机很简单，发动机和螺旋桨（金属的）可以买，气冷7缸星型发动机，大约有160马力。仪器设备可以买，航空规格的螺栓、铆钉等标准件也可以买，钢铁、铝合金等的板料、管料、型材以及木料都可以买。这些材料买到后就可以按照设计加工制作了。一个工厂不一定需要多大的仓库来储存原料和设备，也不需要多少采购人员，只要按规格提要求打电话通知售货的厂商，厂家就派人把货送来了。

我在伊斯特曼公司前后干了约3个月，飞船已造成了。我的任务已经完成，虽然没有被解雇，也就不再去上班。后从报纸上知道飞船已经试飞。准备先拆下机翼，从斜坡道推下船身，运到距离不远的地跐河边，然后装配机翼，最后才能推机下水去。这时我在学校里上课，没有去看试飞。英国出版的1930年版《简氏世界航空器年鉴》(*Janes All the World's Aircraft*)，真的还载有伊斯特曼飞船呢。

我在地踹大学就要毕业了，照相馆来人给毕业生拍毕业照。我也穿戴一回他们准备的黑色长袍和方帽子。我已在 1926 年戴过一回方帽子，这是第二回，得了一个航空工程学士学位，在地踹市中心区一个礼堂内进行了典礼，就算毕业了。

毕业以后怎么办呢？有人建议，得到学士后，还可再得一个硕士。麻省理工是最有名的，可以去试试。这个建议是不错的，只是那里的学费很贵，每学期要 600 元，且没有半工半读制。我如去了，没有经济来源，手里存的钱维持不了多久，就算得到硕士学位也没有回国的路费了。于是我也不想再去深造了。

在海斯飞机公司研制飞机

就在这个时候，奥特曼教授又给我介绍了第二个结合专业的工作，去欧弗开西尔先生创办的欧弗开西尔飞行学校。他们设计过一架装 90 马力水冷发动机的双翼教练飞机，没有得到商业部飞机适航合格证，要我替他们重新设计绘图，作应力分析。我开始这个工作，讲好每小时 8 角工资。我每天工作很自由，自己记录工作时间，一天少则三四小时，多则八九小时，大约一个星期就完了。我曾开车去找过这个飞行学校，原来这是一个空车库，不见有飞机，也未见欧弗开西尔本人。我想他如果有飞机，一定是放在地踹机场的机库里去了。

我把第二个工作做完，奥特曼教授又给我介绍了第三个工作，让我到海斯飞机公司去。这家公司正研制一架装三个发动机的单翼小运输机。发动机是 5 缸气冷星型肯纳发动机，100 马力。机身是钢管骨架，外面蒙布的。机翼是双梁木结构，也是蒙布的，这是当时最流行的构造。公司的地址在地踹市中心的东北方向，我开汽车去，不算太远。我到那里一看，只是一间大车库，靠大门、靠窗处隔开一间能放四五张绘图桌，20 到 30 平方米的办公室。老板海斯先生跟我讲好工资，每小时 1 元。

大约是 6 月底 7 月初，我开始工作，车间里是空的，只看见有一个小蚕食机，这是小冲床，用来在板材上冲孔下料的。办公室里技术人员有 2 人，除了我还有一个头头，他是密西干大学航空系的毕业生。到最后，这里的技术人员也只有 5 人，其余的人是地踹大学低年级班的同学。工作也

海斯飞机公司的全体工程技术人员

是从请有经验的工程师制订飞机三面图开始的。设计和应力分析按机翼、机身、机翼支柱和发动机架、起落架、尾翼等部件逐一进行，都是按照商业部颁发的飞机适航性规范的要求进行的。干了不多天，海斯先生主动给我加工资，加到每小时 1 元 1 角。

我的名字在国外用英文签字，"长英"两字常缩写为两个字母 C. Y.，外国人大概是不会发中国音，看见两个字母就念成 Cy（赛）了。正巧，美国真是有人叫 Cy 这个名字的，如某航空杂志的专栏记者就叫 Cy Cold. Well。我喜欢打网球，早就买了网球拍，并且打过多次。在很多大小公园里，都有供游人用的网球场。我曾和一个同事，吃过午饭就去附近的公园，顶着夏天的太阳，打一会儿网球放松一下筋骨。

大车库里，本来是空荡荡的，后来有了造机身的型架，机身也造出来了。机翼已有了，工人人数也渐渐多了。机翼上包上蒙布，涂刷豆波油的时候，可能达到 10 个人。发动机、螺旋桨也来了，装上了，一个三发上单翼飞机渐渐成型了。

飞机装成了，就要准备试飞，这在 9 月下旬，自我去工作也不过 3 个月。试飞地点定在地踹北面不太远的庞提亚克市机场。海斯飞机如带着机翼是推不出车库大门的，所以必须先拆去这单翼机的外翼，等推到机场后再装上。

海斯三发上单翼运输机试飞前在庞提亚克机场上

某日下午,飞机要试飞了,我也来到机场,看飞机先顺着跑道滑跑一阵。起飞后在机场上空盘旋几圈,最后平稳降落。降落后发现了一点小问题,飞机的尾轮拉断了一根钢管。经复查这是因为没有考虑尾轮是在转动90度的位置时着陆的(原是可以转动360度的),只要把钢管从厚0.035英寸提高一级,改为0.049英寸就好了。

公司的女秘书把我们作的应力分析、计算等都打印在蜡纸上,连我们画在描图纸上的铅笔图都印成蓝图,而且印成几份。在印成蓝图之前,技术领导和我两个人各自都签上名,表示我俩负责。一份蓝图上交商业部检查批准,另一份蓝图送给我作为这三个月劳动的纪念。这些蓝图在我带回国到南京时请人装订成一本小书。可惜以后为了找工作送人了,再没有拿回来,要是留到今天,这真是一个很好的纪念。我参加研制飞机的任务就算完了。值得在此顺便提一下的是1929年《简氏世界航空器年鉴》上只有伊斯特曼飞船而没有海斯三发单翼机。

1989年12月30日

——《航空史研究》1993(39)

(上文录自《六十年前在美国》,原载于《西安文史资料》第十六辑《祖国在我身边——老留学生忆留学专辑》,1990年8月。)

谈谈我一生中的三岔路口

《航空史研究》（1993 年第 3 期）上《姜长英传》，我读了一遍，就像是重温了我九十年的历史。虽然有过传奇式的小插曲，但有惊无险，我的一生，还算是平直顺利的。

一个人的一生，不可能是一条直线，总会有几次转折。在转折点上，不是三岔路口，就是十字路口。在路口上，有两条或几条路可供选择，走这条路或走另一条路，就可能有完全不同的命运。我的一生也走过几次三岔路口。

我走过的第一个三岔路口，是 1922 年中学毕业预备升大学的时候。我性懒，图省事，不去考别的大学，而直接升入南开大学。那时大学分文、理、商、矿四科，我原可以像江泽涵、申又枨一样，选理科，学数学，但因有点实用主义，所以选了矿科。

第二个三岔路口是 1926 年，在我矿科将要毕业的时候。我本来胸无大志，从没有想要出国镀金，但是遇到去福特工厂做工的意外机会，我报名了，被录取了。这全是意想不到的，如果那时我没报名或没被录取，很可能在毕业后，先待业几个月，然后去一个矿里当工程师。要知道，在那军阀混战的年月，任何工矿或实业都是没有希望的。

我走过的第三个三岔路口，是在 1927 年春夏时候。林白单身飞过了大西洋，全美国掀起了航空热潮，我也受到感染，决定学习航空，这决定了我一生的方向。如果我没有感染上航空热，而仍旧在福特厂做工，做了几年后回国，很可能就干了汽车修理行业。

1928 年夏天，我从地端大学航空工程系毕业，又得了一个学士学位。这以后，有三条路可走。一是升学求得硕士学位，不论是上麻省理工或密西干大学，要读航空硕士学位最少要一年时间，这期间我不能工作，没有收入，再加上昂贵的学费，所以这条路在经济上行不通；二是找一个比较长久的工作，生活可以没有问题，但怕美国移民局来找麻烦，所以也不行；我选择了第三条路，就是回国。

1926年我出国时，中国还在军阀统治之下，当我们还在轮船上时，国民党北伐军已到武汉，后来又北上，打倒军阀政府，建都南京，把北京改称北平，连旗帜都改了。

1929年11月底，我回到北平的家里，休息了几个月，出去到南京和上海找一个航空方面的工作，都不成功。我面前有两条路可走，一是去广东，二是去东北。这是回国后的一次三岔路口，因为我不会广东话，那边又没有熟人，所以这条路不敢走。结果是去了沈阳，在沈阳我有不少同学，先解决了住处，后托商科同学帮助，到夏秋才解决了工作问题。想不到刚过一年就被"九一八"赶回了北平。

1933年夏秋的时间，我在杭州航空署当了技佐三级署员，工资每月160元。第二年5月，航空署要搬到南昌，我不愿去，就找门路调到笕桥机场当了学科教官。又过了一年多，工资照旧，但开支增加很多，感到经济紧张，但增薪无望。所以想变动一下，正巧这时候有了去上海交大教书的机会，于是我费了几个月的力气，辞去了教官之职，去交大当了副教授。在这次的三岔路口上，我脱离了空军，走上了航空教育的道路。我之所以要跳槽，主要是在杭州经济太紧张了，如经济不紧张，杭州的环境和工作的轻松是很吸引人的。大约在我到交大后不到一年，我的小家庭也搬到了上海，航委会器材科科长朱霖从南昌来信，邀我去和他合作，答应给月薪280元。我回信婉辞了，因为我的新工作已安定下来，工资每月300元。如去南昌，不但工资少了，而且又要搬家。如果我留在笕桥，或者去了南昌，抗战时，我不是到了昆明就是到了成都，我的命运必将有极大变化。

珍珠港事件后的1942年11月下旬，我去到新四军解放区。三个多月后，新四军领导决定江淮大学暂不能办，沦陷区来的人都疏散回去。本来我去解放区时，是做了长期打算的，连过夏天的蚊帐都带去了。这时，我把蚊帐"打了埋伏"，就在1943年春节前夕，回到了上海。其实，我要是想不回上海，请求留在解放区继续革命，是有可能得到允许的。如果这样，我就成了方毅、汪道涵、方行那样的老革命，抗日胜利后也不会再回航空教育界了。

1993 年 11 月 12 日

——《航空史研究》1994（45）

一份五十多年前的航空合同草稿

最近翻查旧记录本,翻阅到20世纪30年代末的一本笔记,发现了找了很久而又一直没有找到的五十多年前我翻译的一份英译中材料的抄件,真有点使我喜出望外。可是这一发现也使我不由得又想起了这件往事。

那是1931年的春天,我当时正在沈阳东北航空军司令部工作。那时候,荷兰的弗克(Fokker)飞机公司想和东北空军做生意,派了代表和驾驶员,带着两架飞机来到沈阳。他们一面和东北空军的首脑们联系,一面进行飞行表演。联系的具体情况,当时没有公开。后来,大约是五月份的一天,上头交给我一封用英文打字的信和一份材料,让我译成中文。原来,信是弗克公司出口经理兼代表若许先生写给中华民国东北边防军航空军司令张学良的。原文是这样的:

若许致张焕相之信

绍棠司令钧鉴:

前于五月一日上一函谅已达览。今鄙人已拟出东北航空工厂组织大纲,随信附上,请司令鉴之。待下星期鄙人回沈阳后,即可积极筹备也。

同时鄙人又拟成一经济及组织计划,待与司令面商各经济问题后,再行呈上。

鄙人深信,被诸意外事项所(生之)延误(结束)后,当用全力以策进行也。

若许谨启 五月二十六日

而那份材料却是一个合同的草稿，标题是：东北航空工厂组织大纲。这个大纲共有三十六条，它的主要内容是：

一、中华民国二十年四月四日，由中华民国东北边防军航空军张学良司令与荷兰国弗克公司出口经理兼代表若许先生双方签订合同，共同组织一个有限公司并定名为东北航空工厂，地址设在沈阳。

二、这个公司从事制造、修理飞机及其他器具与附件（不包括发动机）。

三、公司的资本为中国国币四百万元（折合美金为一百万元）。全部资本分成四千股，每股为美金二百五十元。另有无价额的发起股票（founder parts）一千股。

四、股票的分配方案是：张学良司令应得股票六百、发起股票六百，以作为他帮助及保护本公司的代价；弗克公司出口经理兼代表若许应得股票六百、发起股票四百，以作为其提供弗克 DXVI 单座战斗机、弗克 CVE 双座侦察兼轰炸机及弗克 CVD 双座战斗机制造权及技术转让的代价；其余二千八百股先收半数现款，余下的资本由董事会征收。

五、董事会由七名董事组成。张学良司令为正董事长，若许为副董事长。其余五名中，三名为中国人，由张学良司令指定，两名为外国人，由若许指定。在行政及管理上，董事会有最高的权力，在董事会中，各项议题均凭投票以过半数票来决定，如两方票数相等，则由正董事长裁决。

六、公司在董事会指导下，由一名总理、一名经理及一名副经理管理。总理及副经理由中国人担任，由张学良司令指定，经理则为外国人，由若许指定。

总理管理公司内非技术性以及总务、财政方面的事项，各事项均须遵照中国的法律及习惯。中国人员方面的一切事务性工作均由总理负责管理。经理负责管理各种技术工作及训练中国人员方面的事务，以及管理工厂的技术组织，各项装置、机器、材料等的采购，工作分配等，并解决外国职员及工人的各种问题。

七、工厂产品的价格，由总理、经理及董事会按工料及管理、修理、保险等费用和相应的利润来决定。

  我在译完信及合同草稿后，誊清一份交了上去，底稿就留下了。这些底稿我一直保存得很好，就是经过"九一八"事变和抗日战争，也没有丢。近些年来，我曾找过几次，却没能找到，也许是在"文革"过程中弄丢了，我曾为此而惋惜过。因为当时在我交出译文后，没过多久"九一八"事变就爆发了，张学良打算与荷兰弗克公司合办航空工厂的事情成了泡影。可我总觉得这件事毕竟是中国人想办航空，想训练中国人制造飞机的一个举动，兴许还有点史料价值。没料到最近竟在旧记录本里发现了这些材料的抄件。考虑到这一件五十多年前的事情，知道的人只会越来越少了，因此，当有关方面开始广泛搜集航空史料的时候，我把这件事情的原委重提一下，让更多的人知道在我国航空史上还有过这样一个插曲，该是我义不容辞的责任吧！

——《航空档案》1983（1）

1915年南苑航校制造两架飞机

《航空史研究》（1985年9月）内黄京生的《我国航空事业先驱——潘世忠》一文中说，他的外祖父潘世忠在1911年12月获得了法兰西国际航空联谊会证书，1913年10月20日在北京南苑驾驶自己设计制造的双翼飞机试飞成功。

《天津文史资料选辑》第27辑上载有蒋逵的《旧中国航空界见闻》。文中说，南苑航空学校在1913年成立后，飞行教官厉汝燕和修理厂厂长潘世忠曾各试制造飞机一架。潘造的是发动机放在后面的法尔曼式陆上飞机，厉造的是在水面上起落的水上飞机。潘的陆机曾由蒋逵试飞成功，后由学员何士龙和蒋逵驾驶飞行过，厉造的水机因为没有适当的水面，一直没有试飞。后来因为政局动荡，学校不安，这两架飞机就被弃置一边了。（此文又见于《航空工业史料》近代史专辑第一辑。）

高晓星的《民国空军的航迹》26页上有一处说得比上文稍详，现抄在下面：

从1915年7月起航校工厂就开始自制飞机，除发动机要进口外，对损坏的飞机可以大修，机架、汽缸、螺旋板等部件可由厂自造，自己安装。潘世忠曾带人装配了一架发动机在后部的法尔曼式陆用机。潘世忠亲自试飞，成功后，学生何士龙、蒋逵也曾驾驶飞行。厉汝燕率人装配了1架水上飞机，因没有适当起飞的水面，所以一直没有试飞。这两架飞机被人称作"潘世忠"式和"厉汝燕"式。后来航校不稳定，飞机就被搁置一边，无人问津。

以上三则资料是一致的。蒋逵和何士龙是1917年南苑航校二期毕业生，潘世忠自己试飞所造的飞机，当是正确的。

1915年南苑航校制造出两架飞机，是创举，是值得肯定和鼓励的。论时间，在航校创办不久，可以说是很早的，更早的只有刘佐成、李宝发所造的一架，试飞时摔坏了，可惜关于此机的资料太少。潘、厉二人的飞机资料也不多，可惜的是都没有留下照片。成绩最好的是潘世忠的飞机，试飞成功后，又经蒋、何二人飞过。厉汝燕为何制造水上飞机？南苑附近没有广大水面，但颐和园昆明湖是足够大的，虽然远些，如真想试飞还是可能的，不知为何不想试试。

第一次世界大战是1914—1918年。潘、厉二人造飞机时，欧战正在进行。南苑航校用的教练机是法国的高德隆式机，航校训练学生，飞机的损失必然不少，又因欧战新机无法补充，自造的飞机正是航校所需要的。潘、厉二人造机，不知各耗多少费用。据后来仿造外国货的经验，自造的成本常为外货价钱的几分之一，如飞机用了外国发动机，自造飞机的成本不会高于买外国飞机价钱的七成或更少。为了给国家省钱，为了开创本国的航空工业，自造飞机的事业不应停顿，已造成的飞机也不该弃置一边。当时的航空领导者都不懂航空，是些军人、官僚或政客，都热衷于私人的争权夺利，哪有什么国家利益和航空工业的想法呢！

——《航空史研究》1997（56）

钱昌祚和《浮生百记》

《航空史研究》（1993年3月）上有两篇《钱昌祚》，两位作者是云铎和蔡震寰。云和钱是航委会同事，蔡是钱的内弟，他的文章是根据《浮生百记》写的。

1933年9月到1934年5月，我是杭州梅东笕桥航空署署员，在技术处的器材科工作。我的上级是器材科科长朱霖，朱的上级是技术处处长钱昌祚。航空署技术人员的等级，分为技佐、技士、技正、技监，我属技佐中级，朱和钱都属技正级，而钱是技术员中等级最高的。钱的为人，平时貌似很严肃，不苟言笑。我在航空署的八九个月中，钱并未找我谈过一次话。

1933年冬，我随钱和朱去过一次天目山，同行者五六人或七八人，记不清了。其中一位是浙江大学工学院院长薛绍清。钱和薛是熟人，是棋友。他们都是去天目山游玩儿，我则还有任务，是先到西天目，后到东天目了解航空木材的。

我们乘车到于潜车站，下来徒步走到天目山麓，然后冒小雨上山，上到半山腰，参观了"大树王"，又看了山崖下的云海。那时我带着照相机，给云海照了相。我把两张照片寄给天津《大公报》，还得两元钱的路费呢。我们的旅游团，也许是因为小雨，没有再上山，就住在半山的禅源寺了。那天路上，钱昌祚取出自带的围棋和薛绍清对下，我在旁边看棋。他们几个都互相熟识，相谈甚欢，我也插不上嘴。

次日清早，朱霖雇来一副滑竿，我坐上滑竿就由西天目去东天目。滑竿是两根长竹竿，中间绑着一个藤椅。两个工人前后用肩膀扛着，客人坐在当中藤椅上。我是第一次坐滑竿，此后也没有再坐过。坐滑竿走平地还不觉怎样，走山路，遇到急转弯时，坐在藤椅上觉得下面没有地，是万丈深渊，不由得心就悬起来了，走了几个小时，到了目的地——东天目山下的林场。我已记不得我从林场主任那儿了解到了什么情况，和怎样回杭州向科长汇报，只记得杉树有两种：刺杉和柳杉。

除了同游西天目，我和钱共同的一次活动是1934年4月1日参加中国航空工程学会的成立大会，并共同照相。这个学会选钱为会长，学会的学术委员会下面有一个航空名词组，可见钱昌祚是重视航空名词的。原来在1929年，他和程瀛章合作编印过一本《英汉对照航空工程名词草案》，这是一本最早的航空名词著作。我未与钱昌祚面谈过，不知他口才如何，但他很能写文章。如他写过一篇《三十年来中国之航空工业》，载于《中国工程师学会三十周年纪念刊》（1946年出版）。他译过一本《高级飞行术》，写过《考察欧美航空报告书》，还出过《惺觉论选》《牛马相伴四十年》等书。

他又写了一本《浮生百记》。《浮生百记》是钱昌祚写的自传，是台湾《传记文学丛刊》之三十六，1975年12月初版，203页，定价新台币60元。季文美同志手中的一本《浮生百记》是张捷迁赠给林同骅，林又转赠给季的，我又问季借来看。

——《航空史研究》1994（45）

钱昌祚和航空名词

钱昌祚在旧中国空军中是一位资格很老的航空技术人员。他在技术人员中，也是技术等级最高的。1934年时，他是航空署技术处处长，技术等级为技正一级，每月工资为370元。

钱昌祚和程瀛章合编了一本《英汉对照航空工程名词草案》，由中国工程学会在1929年出版。这是中国最早的一本航空名词专著。

1931年，南京军政府航空学校成立的时候，曾办过航空机械科，它的教学计划中有二十多门课程，其中有一门就是"航空名词"。这大概是受了钱昌祚的影响，才把航空名词作为一门课程的。

中国航空工程学会1934年在杭州成立，钱昌祚任会长。学会的学术研究委员会下面又分设九个学术组，其中之一就是航空名词组。这也说明钱对于航空名词的研究和制定、统一工作是非常重视的。

1989年7月30日

——《航空史研究》1990（27）

五十四年前的一张照片

《航空史研究》(20) 的 38 页介绍了中国航空工程学会在 1934 年 4 月 1 日成立大会后，拍了一张照片。这张照片上共有 25 人，想必其中每人曾得到一张这个照片。经过了半个多世纪，中国已经历了翻天覆地的变化，不知道有几张照片还能幸存下来。也许我所保存的这一张，是唯一的幸存者了，现在印出来，以广流传。

从左到右：

后排：刘史瓒、李永固、?、姜长英、?、?、朱家仁、林同骅；

中排：顾光复、孙鲁、?、曾桐、?、项惠民、沈瑞琨、饶国璋、李云谙、郑宝诚；

前排：朱霖、刘敬宜、聂开一、钱昌祚、?、江超西、郭力三。

以上 25 人中，现已知尚健在的有后排的刘史瓒和姜长英在西安，中排的孙鲁和李云谙在北京，共 4 人，可能有几个在中国台湾或国外，其余大部分已不在人世了。(? 处为不知其名者)

——《航空史研究》1989 (23)

回忆上海交大航空门和毕业生名单

看了1995年已出版的《西北工业大学校史》，觉得它写的上海交大航空门过于简单，对于航空门毕业的知名人物也不稍稍提一下，所以把《航空史研究》（7）（1985）和（19）（1988）中的两篇东西，再抄录一下，供大家参考。

中华人民共和国成立后有人对于旧中国的航空教育全盘否定，这是很片面的。毕业生中的一些人在中华人民共和国成立后的航空界也是出过不少力的。

回忆上海交大航空门

1935年，我正在笕桥航空学校担任学科教官。暑假后，马翼周约我到交通大学去教书。

马翼周原来在航空学校修理工厂任技师。1935年，他脱离航空学校，到交通大学任副教授，负责航空门的教学工作。

交通大学是一个国立的名牌大学，它不属于教育部，而属于铁道部。它有机械学院、土木学院和电机学院，还有管理学院和理学院。机械学院里有动力组、机车组等，还有一个自动机组。自动机组之下，除汽车门外，又新添一个航空门。当时交大的校长是黎照寰，机械学院院长是胡端行，领导自动机组和汽车门的是黄叔培，他也是创办航空门的负责人。

旧中国在1918年就曾有过培养航空工程人才的学校，但在当时，并不被人们所重视。"九一八"和"一·二八"之后，国人才知道国防和航空人才的重要。1932年，有一个民间团体"中国航空建设协会"就曾建议创办航空工程学校和飞机制造厂，并建议在交大培养航空工程人才。在国难日益深重的情况下，航空工程教育才逐渐被重视起来。

据说在1933或1934年，交大曾请人讲过航空课程。马翼周来到后，才正式成立航空门。当时从机械学院的四年级学生中选了12人，转入航空门。以后则从三年级下学期开始，每年转入航空门的人数以12人为限。但实际上，以后也有超过或不足12人的情况。

1935年秋季，马翼周独自担任一班四年级的航空课程。按计划，到1936年春季，也就是下学期，又有一班三年级学生加入航空门，再加上四年级的课程，马翼周一人已忙不过来。他就想到我，想拉我去分担航空课程。

我在杭州的几年，小家庭的人口增加了，我已感到经济的压力，而增加薪水则毫无希望，所以有了"穷则变，变则通"的想法。马翼周约我去上海，我就答应了。下一步就是设法请"长假"。经过几个月的努力，总算准许我脱离航空学校了。

1936年2月下学期开始，我把小家庭留在杭州，只身去上海，为了图安静，便于备课，住在八仙桥青年会。我担任航空门三年级的两门航空课和四年级的部分课程。到暑假后新学年的上学期，我就完全担任四年级的课了。

航空门计划的航空课程有：三年级，简易空气动力学（航空概论）、结构学；四年级，空气动力学、飞机结构、飞机设计、航空发动机、发动机设计、发动机实习、航空电学、航空测量、飞机应力分析、航空仪器、飞机维护、航站设计、螺旋桨设计、航空材料等。此外的课程和机械学院汽车门的课程相同。

我记得，在工程馆有一个小房间，专供我课前课后休息之用。同房间还有一位教师，可是两人都是无课不来，所以难得碰头。上下午都有课时，要在学校吃午饭，在体育馆南面有一所带围墙的平房宅院，是教师和员工们吃饭的地方。那时候，在大学里专任教师，每年要得到学校的聘书，如得不到，就算解聘了。聘书上一般都写明月薪数额，还写明担任学分或每周授课不少于多少学时。我记得交大要求每周上课12小时，所以要担任好几门课程的讲授或实验才能达到。上一般的讲授课时，用工程馆里的小教室。设计课是需要制图的课堂，则用专用的大教室，里面有 12 张特大的图画桌（每张桌面尺寸，约有 1 米宽、2 米长）。

1936 年春夏之交，航空门四年级学生要做风洞实验，而交大没有风洞设备，所以马翼周联系了南京中央大学，请伍荣林教授代开实验课。1936 年夏，四年级有 12 人毕业，这是交大航空门的第一届毕业生。

1937 年 7 月 7 日，日本侵略者发动卢沟桥事变，向中国大举进攻。8 月 13 日又进攻上海，不久之后，国民党军溃退，上海沦为孤岛。交大校址在上海法租界西南边界以外，已不能安稳上课，于是暂时搬迁到学校大门对面，在法租界内的校外宿舍，靠洋人势力的庇护勉强继续上课。这时，在校学生是航空门的第三班。后来，学校租用了法租界里的中华学艺社（一个民间学术团体）大楼，供高年级上课，又借用了震旦大学的部分教室给低年级上课，所以从 1938 年起航空门的三、四年级就在中华学艺社上课了。

抗日战争在继续进行，国民党军队节节败退，南京国民政府一迁武汉再退重庆。在沦陷区，日本侵略者勾结民族败类，组成敌伪政府，利用汉奸流氓爪牙来统治压榨老百姓。战争破坏了经济，货币开始贬值，物价渐渐上涨。以后，恶化越来越快。抗战开始后不久，学校主动给我加月薪，由 300 元加到 320 元。后来又随时加薪，忘了在哪一年，已加到 500 元。这时国民政府的老法币已不通行，通行的是南京伪政府的"储备券"（或 CRB）了。交通大学虽然躲进了租界，但仍从重庆政府获得经费。

1939 年秋，马翼周辞去交大教职，携眷绕道去大后方，另谋发展。所遗教学任务请汽车门和理学院的物理或数学教师分担，所以交大航空门的教学工作仍能维持。

马翼周走后，曾有一位殷文友教授来航空门任教。殷是中国航空工程学会（1941 年 4 月 1 日在杭州成立的）会员。根据会员录，他是交大毕业，美国康奈尔大学和哈佛大学硕士，曾任浙江大学工学院教授。他来上海时，身体健康状况不佳，大约只有一两个月或一学期就离开交大了。

机械学院院长胡端行为了照顾我，叫我兼顾一班一年级学生的投影几何和机械制图课，以便多得些收入，于是我除了常去中华学艺社上课外，也要常去震旦大学上课。

1941年12月8日珍珠港事件后，日本侵略者侵入上海租界，原来沦陷区中的这一弹丸孤岛，已完全没入苦海之中。黎照寰辞去交通大学校长职务，学校重任由电机学院院长张延金兼顾。依靠租界洋人势力庇护的国立交通大学，受到了突然增大的外界压力，怕国民政府的国立大学不能生存在敌伪势力之下，就挂出"私立文治大学"的招牌，佯称已不是重庆那个国民政府的国立大学。就这样，又维持了半年，后来经济来源断了，又加上种种原因，实在维持不下去了。

交大理学院有一位数学教授，原来和南京伪政府的人有联系。他和张延金为了交大的生存，谋求与伪政府挂钩，放弃国立招牌和私立的假招牌打出南京招牌。这个计划将在1942年暑假后实行。消息透露之后，很多人不赞成，认为宁愿受穷受苦，也不愿投靠敌伪。到暑假后，有很多人拒不接受学校的聘书或退还聘书，脱离了投靠敌伪的学校，而分别自谋生路。

在这时，我也脱离了交大，交大的航空门也难以继续了。1942年夏毕业的一班航空门毕业生，也就是航空门的最后一班。

1936年航空门有第一班毕业生12人，1937年有第二班毕业生10人，1938年有第三班毕业生11人，1939年有第四班毕业生13人，1940年有第五班毕业生8人，1941年有第六班毕业生10人，1942年最后一班有毕业生7人。以上七班共有毕业生71人。

——《航空史研究》1985（7）

上海交大航空门毕业生名单

1936年毕业12人：
陈文龙　袁冕先　华文广　朱越生　余秉枢　徐昌裕　王裕齐　蒋共和　陈绳祖　许玉赞　叶　玄　刘曾适
1937年毕业10人：

诸应鎏　王子仁　吴祥麟　黄志千　董大勋　周广诚　徐云黻　朱承基　管义怀　梁颂鎏

1938 年毕业 11 人：

钱寿华　马明德　蒲良梢　胡旭光　常抚生　张汉钟　王礼堂　沈　珑　陈佳禔　程国印　赵　沔

1939 年毕业 13 人：

谈镐生　王守之　潘昌运　李永熹　胡声求　王志望　王培生　庞心正　喻诚正　郑衍杲　郑际睿　陶式玉　张凤仪

1940 年毕业 8 人：

王启德　尚之一　杜庆华　李定夏　邵寿源　黄锦春　刘维政　曾球藩

1941 年毕业 10 人：

于康庄　余其渊　李艮同　陈国璞　冯霁帆　缪　定　戴振声　钱昌谔　王思聪　缪　良

1942 年毕业 7 人：

雷有谋　虞昌贤　厉声林　陈　立　陈　农　卞荫贵　程达救

以上的 71 人中，徐昌裕曾任航空部副部长，许玉赞曾任发动机工厂厂长，王裕齐曾任北航教授，可惜中华人民共和国成立初期因肺癌去世，黄志千曾任歼八飞机总设计师，又不幸在埃及因空难牺牲，马明德曾任"哈军工"教授，在"文革"中故去，王启德曾任美国布朗大学教授，不幸英年早逝，杜庆华曾任清华大学教授，李定夏曾任南航教授，刘维政曾任美国密歇根大学教授，胡声求在美国办飞机制造工厂，周广诚、王培生曾任西工大教授，王培生还兼任副校长，郑衍杲、郑际睿、曾球藩曾任南航教授，曾球藩在几年前去世了，厉声林曾任北航教授，李艮同曾任上海机床厂总工程师，谈镐生、卞荫贵是中科院院士。

——《航空史研究》1997（58）

中国风筝简史

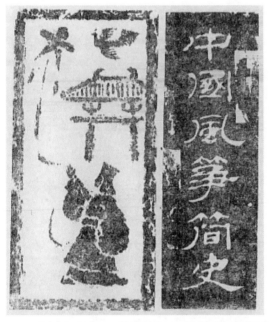

全世界公认风筝是中国发明的。中国风筝的发明和发展过程,究竟是怎样的呢?

从唐宋时起,就传说汉初三杰之一的韩信制作一架风筝,使身材轻巧的张良随风筝升上天空,高唱楚歌,涣散了被困于垓下的楚国军心。另一说是,韩信要用风筝测量未央宫的远近,想从地道攻进去造反。从那时算起,中国风筝的历史已有2 100多年了。

近年又有一种说法,说最早的风筝是春秋时的木鸢。这个说法又把风筝的起源向前推进了300多年,但其可信的程度恐怕还不如旧说。

风筝见于史上文献的,最早的是549年南北朝时,梁武帝被困在南京台城,想采用风筝求救但是风筝被射下地,失败了。至782年,唐朝张伾被困在临洺,也曾利用风筝求救,成功了。

559年,南北朝时,北齐一个黄头儿为了逃命乘着风筝飞行了很长的距离。要说张良乘风筝上天,只是传说,未必可信。黄头儿晚了700年,说他乘风筝飞行,就比较可信了。

唐以前的风筝是军用的,糊风筝的材料是丝绸。后来在风筝上加以彩绘、灯烛,变成富贵人家的奢侈玩具。劳苦大众虽然亲手制作了风筝,但是因为贵,所以玩不起的。晚唐时代,又在风筝上添加发声的丝缕和竹笛,在空中发出似筝的声音,所以才有风筝的名字。到北宋末年,宋徽宗还在皇宫里玩风筝呢。

950年，五代时，李邺开始用纸糊风筝。纸比丝绸便宜。风筝发展到北宋以后，渐渐成为民间的特别是儿童的玩具。风筝的名字因此而变为纸鸢或纸鹞了。

从古至今，风筝已发展了一两千年，经过人民群众的不断创造和更新，已经有了很多品种和式样。它的用途也从军用和民间玩具发展到了科学研究、政治宣传、交通运输、体育运动和工艺美术等很多方面。

——《航空模型》1982（2）

清末天津的氢气球

1885年中法战争时，法国侵略军使用了氢气球。战后，侵略者把一个旧气球卖给天津武备学堂。1887年，在武备学堂任数学教习的华蘅芳奉命制造一个直径五尺的氢气球。

华蘅芳造气球这个资料出现在几种文献资料上，它的可靠性似乎没有问题，所以我在《中国航空史》的1980年版和1987年版上，还用了华蘅芳的照片。只是李俨的《中算史论丛》中的《华蘅芳年谱》，并没说他造过气球。这就使我产生疑虑。

广州的黄汉纲是研究冯如的专家。他1988年在上海图书馆查阅上海徐家汇出版的《益闻报》，发现其中有天津制造气球的消息。消息的来源是天津《时报》。制造气球者不是华蘅芳，而是孙筱槎、姚石荃和卢木斋，所造的气球不止一个，有大有小，大的一个直径七尺。黄汉纲曾写文章登在《航空史研究》（21）（1988年9月）和（29）（1990年9月）。他又把有关的《益闻报》复印件二纸寄给我。

印1987年版《中国航空史》的出版社因书不赚钱，而不肯再出版，我就请中国之翼出版社印了1993年台湾版《中国航空史》，其中，未用华蘅芳的照片，文字略有改动。

天津的魏励勇是《航空史研究》的热心支持者。他知道我在关心天津有人造气球，也代我调查。他首先调查天津《时报》。《时报》是天津最早的日报，是外国人所办，主笔为山西大学创办人之一的教士李提摩太。光绪十二年（1886年）11月6日创刊，光绪十七年（1891年）6月停刊。但南开大学和天津图书馆都未藏有此报，可能在北京或上海会有。我就写信给北京图书馆问有没有1887年的天津《时报》。北京图书馆的一个单位回信说有，但它的另一个单位又回信说没有。我因避免纠纷，没有更积极地追查下去。

1929年冬，我从美回国，先到上海，又到天津稍停（那时我的家在北平）。先找到矿科同学王希龄，他陪我坐冰排去八里台母校参观。南开大学一切和我在1926年暑假前离校时一样，只是在马蹄湖之北，和思源堂相对称的地方，多了一座图书馆。这是卢木斋先生捐钱建造的，所以名为木斋图书馆。我们还曾进去参观了一回。就是这座图书馆遭到日本侵略者的嫉恨，在七七事变之后，被侵略者的集中炮火炸为平地。我也因此在合作制造气球的三个人中特别注意卢木斋。

我写信给南开大学图书馆，了解卢木斋的生平，结果是毫无所获。魏励勇也在调查卢木斋，也无收获，最后找到卢木斋弟弟的外孙女刘行宜，魏向我介绍了已退休的刘行宜，我去信问造气球的事。她回信谈了一些情况：

> 卢木斋，湖北沔阳人，出生于1856年，1885年中举，长于数学，被破格录取为天津武备学堂算学总教习，1887年调任直隶省赞皇县知县，著作有《万象一元演式》《割圆术辑要》及《火器真诀释例》等。说他参加过制造气球的工作，是很有可能的。卢木斋的儿子卢南生，曾留学日本，著有《工业与电器》《航空世界》等书，可惜已在1945年早逝了。

华蘅芳造气球的事，看似真的，其实靠不住，这事要靠确凿无疑的证据。

孙、姚、卢三人合造气球一事，有当时的报纸为证，当然是确实的，但要弄清始末详情才行，虽有朋友帮助，也是很不容易的。

——《航空史研究》1996（55）

竹蜻蜓

1796年，英国的"航空之父"乔治·凯利（Sir George Cayley）研究了从中国传到西方的儿童玩具中国陀螺（Chinese top），利用钟表发条作动力，能使鲸鱼骨制成的中国陀螺向上飞起几丈高。外国人所说的中国陀螺其实并不是我们所认识的陀螺，它的中国名字应是竹蜻蜓。根据外国资料，在1500年时（明朝正德年间）已有竹蜻蜓了。

竹蜻蜓是近代直升机的雏形，在航空史上应有重要位置。竹蜻蜓的名字是何时有的，我不知道，但是我在天津保定上小学的时候，已在小贩的手中看见过并玩过竹蜻蜓了，所以它的名字可能已有几百年了。遗憾的是，《辞源》和《辞海》等著名辞书上，都找不到竹蜻蜓的词条。明朝、清朝的文人笔记很多，可惜我没读过几本，我相信一定有人曾记下它的踪迹的。

我把80年前曾见过的竹蜻蜓介绍在下面：先找一块竹子或木头，制成长约100毫米、宽10毫米、厚5毫米的长方体毛坯。在当中钻一孔，准备以后装直径1～2毫米、长约100毫米的圆杆。在当中离孔5～6毫米画两条线，在两头各画一条对角斜线，如图1所示。

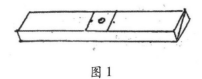

图1

削去两头斜线上下两面的材料，留下的薄片约厚1毫米，如图2所示，装上预制的圆杆，竹蜻蜓就完成了。

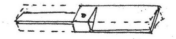

图2

像求神拜佛用两手掌夹着圆杆，右手向前推出，圆杆就带着竹蜻蜓转动,在适当的时候,放开双手,竹蜻蜓就向上飞起。

如不用手掌搓圆杆使竹蜻蜓起飞的方法,则使用放地黄牛的方法,也能使竹蜻蜓起飞。用一根二尺多长的细绳,紧绕在大竹蜻蜓的圆杆上,把绳从另一头穿过竹板的圆孔,用左手抓着竹板,顶住圆杆,同时用右手拉绳子,从竹板的孔中拉出来,竹蜻蜓就急速旋转而飞起来了。

换用金属材料,如薄铁片,100毫米×10毫米,当中钻一个长孔,如图3所示,长孔的尺寸决定于图4或图5的麻花杆,长孔部分固定不动,用力扭转铁片两头,这就是竹蜻蜓。用直径1毫米的铁丝长约160毫米,对折起来,扭成麻花杆,如图4所示,另外用铁片制成一个圆套筒,正好套在麻花外面,先放套筒,后放竹蜻蜓,推起套筒,麻花杆迫使竹蜻蜓旋转。如竹蜻蜓扭转的方向与麻花杆扭转的方向正相一致,竹蜻蜓在离开麻花杆后就能高飞起来。

如不用铁丝做成麻花杆,也可用厚1/2毫米、宽约3毫米的铁条,制成麻花杆,如图5所示,也能使竹蜻蜓飞起来。

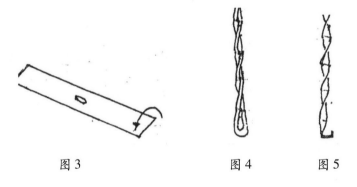

图3　　　　　图4　　　　图5

——《航空史研究》1995(51)

纸鸢、木鸢和扑翼机

春暖花开是放飞风筝的季节。风筝古时亦称纸鸢（鸢，音渊，是一种像老鹰一样的猛禽，也就是一种鸟），是我国古人最先创造的重于空气的航空器。

古人不但发明了纸鸢，还有人试图制造木鸢。今人常常把纸鸢和木鸢混为一谈，也有人说，纸鸢源于木鸢，"以纸代木"就成纸鸢，其实这是不对的。

在中国古代文献里，有不少关于木鸢的记载：

《墨子·鲁问》：公输子削竹木以为鹊，成而飞之，三日不下。公输子自以为巧。墨子谓公输子曰："子之为鹊也，不如匠之车辖。"公输子又称公输般，因是鲁国人，亦称鲁般或鲁班。

《韩非子·外储说左上》：墨子为木鸢，三年而成，蜚一日而败，弟子曰："先生之巧，致能使木鸢飞。"

《淮南子·齐裕训》：鲁般、墨子以木为鸢而飞之，三日不集。

《朝野佥载》：鲁般者，肃州敦煌人，莫详年代，巧侔造化。尝作木鸢，乘之而飞六国。公输亦为木鸢以窥宋城。

《酉阳杂俎》：鲁般，敦煌人，巧侔造化。尝作木鸢，其父乘之至吴会。吴人以为妖，杀之。般怒吴人杀其父，于肃州城南郊作一木仙人，举手指东南，吴地大旱三年。卜曰："般所为也。"于是赍物具千，谢之。般为断其一手，是月吴中大雨。

以上史料表明，墨子和鲁班两人都制造过木鸢。木鸢就是用木头制成能飞的鸟，它应有头，有尾，有脚，有身体，有翅膀。它的翅膀能上下扑动，能像鸟儿那样振翼飞翔。

每个古人都见过鸟儿扑动双翅就能飞到空中，必然希望自己也生出翅膀，也能像鸟儿那样飞在空中。东汉时山东武梁石室壁画有飞在空中的双翼飞人，就代表古人的这种思想。

飞行爱好者中想造出能飞的木鸟或木鸢并动手研制的当然不止于墨子、鲁班两个人，不过见于古书记载的只有此二人。他二人可算是最早的研究者了。他们必然花了不少时间，动了不少脑筋，观察了鸟儿的全身结构，怎么起飞，怎么降落，怎么鼓翼飞行和转弯。选一种较轻的木料，造出鸟头、鸟尾、鸟身、鸟脚。造鸟的翅膀是关键，也许要采用一些鸟羽和翎毛。这些工作都难不倒人，特别是在巧匠鲁班手里，更是轻而易举的。较难的是装翅膀到鸟身上，既要装得牢靠，又要能上下扑动。但在巧匠手里，这也不成问题。真正棘手的问题是，把翅膀装到鸟身之后，怎么使它上下扑动起来。这个难题把墨子和鲁班难住了。其实，这也怪不得他们，由于时代关系，在 2 400 年前，他们哪里有合用的发动机呢。所以墨子和鲁班造木鸢，只是开了个头，都没有成功。文献中所说"三日不下"是一厢情愿之辞，不可相信。"乘之而飞六国"和"窥宋城"等长距离载人飞行和空中侦察飞行，更是理想的事了。至于使千里之外大旱三年或大雨，则纯是神话了。

张衡（78—139），东汉安帝时人，是伟大的科学家，也是个文学家。他发明了令后世惊奇的浑天仪和候风地动仪等科学设备。

《后汉书·张衡传》：木雕独飞。

《太平御览·文士传》：张衡尝作木鸟，假以羽翮，腹中施机，能飞数里。

墨子、鲁班研制木鸢的时代，离现今已 2 400 年，比张衡早了 500 多年。张衡应该看过记述前人研制木鸢的古书，并吸取了前人的经验。张衡在完成了几项重大科学发明之后，又钻进了前人未竟的难题。他研制木鸟的特点是，"腹中施机，能飞数里"。木鸟的身体不会很大，鸟肚子里放的"机"一定是尺寸和重量都是较小的。这会是怎样的东西呢？古书中没有说明。用现代模型飞机所用的橡皮筋作动力,来推动木鸟的翅膀,或是用儿童玩具常用的弹簧发条,似乎都不大可能。所以"能飞数里"之说,仍是不大可信的。

如果木鸢配上合适的发动机,能够鼓起双翼,果真能飞起来,那它的科学名字,应该是扑翼机。在航空史上,国外也不乏研究扑翼机的人,但到今天,20世纪已快过完,21世纪即将来临的时候,科学技术已空前发展,还没人能造出一架成功的、实用的扑翼机。我们应该继续研究,完成墨子、鲁班和张衡等先贤的遗愿。

——《航空史研究》1998(61)

(此文刊登于《中国航空报》1996年5月14日第四版上,这里转载之。)

火箭和炮弹

三国时的火箭是用弓射出去的火箭。近代喷气推进的火箭,起源于南宋,明朝戚继光曾用以抗击从海上入侵的倭寇。此后,过了几百年,中国的火箭技术不但没有发展进步,反倒被遗忘了。

但是,中国的技术传入阿拉伯,又传入欧洲,经过发展,成为侵略中国的武器。1840年鸦片战争时,英国侵略者就用火箭攻击广州。林则徐不知火箭是中国祖传技术,访求民间巧匠,仿造英国火箭,用以反击侵略者。

太平天国农民革命期间,清军和太平军双方都使用了火箭。

1865年以后,清朝政府先后在上海、南京、天津、广州设立制造新式军火武器的兵工厂,都造过火箭。如魏允恭的《江南制造局记》说:"同治六年五月到十二月,共造六磅火箭三百枝,并火箭架四座,十二磅火箭三百枝,并火箭架六座。"可见那时的火箭,有六磅的、十二磅的轻重两种,计量单位是"枝",发射时需用"火箭架"。

1883年中法战争时,刘永福的黑旗军曾用火箭抗击法国侵略者,并取得胜利。其所用的火箭,一定是新式的兵工厂造的。

到19世纪90年代,因为种种原因,火箭已经停止制造、发展。可是光绪二十年十月初九日(1894年11月6日),上海《新闻报》还登有九江某工匠研制火箭的新闻。

清朝末年,中国研制并使用过火箭,是肯定无疑的。但是有人说,所说的火箭不是火箭,而是一种长形的炮弹。

牟安世的《洋务运动》(1956年)说,江南制造局火箭厂所造的火箭是一种长方形的炮弹。上海经济研究所的蒋立同志在1962年3月23日回我的信上也说江南制造局在1870年造的火箭是种长形的炮弹。

中国人民大学复印报刊资料1983年12月《历史学》中有于醒民的

《上海机器制造局若干史实考略》（原载于《文史》第17辑），复印报刊资料1984年2月《中国近代史》中有姜铎的《论江南制造局》（原载于《中国社会经济史研究》1983年第4期），这两篇文章都没有一个字提到"火箭"。难道江南制造局的"火箭厂""火箭分厂"果真是制造炮弹的吗？孙毓棠的《中国近代工业史资料》（1957年出版）说："同治十三年……金陵制造局制造水雷数十座、洋火箭一千枝。"难道这些火箭都不是火箭，而是"长方形炮弹"吗？

这个火箭变炮弹的问题，太玄妙了，简直是一个谜，很希望有近代工业史专家出来解开这个谜。

1993年2月

——《航空史研究》1993（42）

赵匡胤和孔明灯

1994年秋，9月、10月间，西安电视台播放新加坡40集电视剧《绝代双雄》，说的是五代时赵匡胤和李煜的故事。演到14~15集时，有赵匡胤造了40个孔明灯，放了7个在夜空中，还有一人手拿着一个方形的孔明灯的镜头。这引起了我的注意，很想调查电视剧的编剧，问他孔明灯有何文献根据，还想得到孔明灯镜头的照片。西安电视台放过《绝代双雄》之后，云贵电视台和上海电视台也曾播过。我想看过的人一定不少，不知有几个人注意到其中的孔明灯。

我想调查新加坡电视剧的编剧，就写信给广播电影电视时任部长孙家正，又怕因是普通百姓求助的信不被重视，所以请航空界职位最高的领导人、航空工业总公司经理朱育理写信给广播电影电视部前任部长艾知生同志，因不知其地址而请清华大学校友会转交。这三封信，如石沉大海，毫无反应。

这时已到1994年底或1995年初，航空史爱好者彭谦来访，我和他谈到给广电部写信的事。他说部长事繁，不如写信给新加坡驻北京大使馆的文化参赞。我照办了，而且有了回信，告诉了新加坡管电视的机构和通信处。这时候，新加坡电视机构有些组织变动，经过往返通信之后，知道《绝代双雄》电视剧在1993年已拍制完成，摄制组随即解散，编剧组已不存在，要某个镜头的照片已不可能。据知情的人说，编剧人员对剧情细节内容并不严格根据文献资料，而是可以按需要自由安排的。孔明灯的镜头可能是无中生有的。到了1995年下半年，这个问题仍旧是毫无所获。

1996年，我知道了《航空史研究》的主编黄尧民的儿子黄鸿在新加坡工作。我就请黄鸿替我做这个调查工作。1996年10月底，他告诉我新加坡电视广播周刊杂志负责人陈大陆的地址。我又直接去了信……到1997年2

月，得到新加坡华文戏剧处李维建编审的信，他说接到过两封信，并且写过回信，又详细说了编剧对历史文献的随意性，又说了孔明灯不是热气球性质的，而是用细线悬挂在空中的。总之，有关孔明灯的调查至此已告一段落，赵匡胤的孔明灯与莘七娘的松脂灯是毫无关系的。

——《航空史研究》1997（58）

汉朝的能工巧匠——丁缓

查《辞海》：丁缓，汉代工艺家，长安（今陕西西安）人。曾做常满灯，七龙五凤，杂以芙蓉莲藕之奇。所做被中香炉（一作"卧褥香炉"），机环转动，而炉体常平。又做九层博山香炉，镂以奇禽异兽，皆自然能动。另做七轮大皆径尺，递相连续，一人运之，满堂寒颤。

丁缓是多才多艺的能工巧匠，他有很多发明创造，在古代航空史上，他有两项功劳，一是发明了七轮扇，二是再发明了久已失传的被中香炉。

七轮扇是七个轮子的风扇，"轮大皆径尺"，也有资料上说"径丈"。"尺"和"丈"字形太相近了，容易弄错。"一人运之，满堂寒颤。"一人运转得动，应该"径尺"，大了就运转不动了。看满堂寒颤应该"径丈"，小了就不凉快了。但无论如何，七个轮子，齿轮或皮带轮连成一串，是一个很早的发明，至于风扇的形式是否像现代的螺旋桨或电风扇，就不得而知了。

被中香炉又名卧褥香炉，是一种利用重力作用，使燃点着的香和灰不会撒出来的球形香炉。《西京杂记》里说："长安巧工丁缓者……又作卧褥香炉，一名被中香炉。本出房风，其法后绝，至缓始更为之。"

原来被中香炉是房风发明的，后来失传了。到丁缓时，才再发明出来，到今天能看到的实物有唐朝、明朝、清朝的银制、铜制的被中香炉。现代航空陀螺仪表的核心部分平衡环就是从被中香炉发展出来的。

被中香炉的发明人房风是什么时代的什么样人，我查过多种辞典，都没有结果。1987年8月21日《西安晚报》登了一篇袁泊的《黑香与陀螺仪》说，西汉司马相如有"金钜熏香，黼帐低垂"之句。这两句指的就是被中香炉。又过了三百年，已失传的被中香炉才被再发明出来。

查《辞海》：司马相如（？—公元前118年），西汉辞赋家。……景帝时为武骑常侍……所作《子虚赋》为武帝所赏识，因得诏见，……。

查《百科知识辞典》：司马相如（约公元前 179 年—前 117 年）……代表作有《子虚赋》《上林赋》《长门赋》等。

司马相如大概生在汉文帝元年（公元前 179 年）。汉景帝在位是公元前 156 年至公元前 141 年，武帝在位是公元前 140 年至公元前 87 年。司马相如卒于武帝元鼎四年或五年（公元前 117 或前 118 年），所说被中香炉的两句，不知写在哪一篇赋里，也不知写在哪一年，不妨估计为公元前 150 年至公元前 130 年。房风发明被中香炉的时间，必然要早于那两句赋，至今天大约有 2 150 年了。

司马相如写赋后 300 年，大概是公元 150 年至公元 170 年，这就是恒帝和平元年到灵帝建宁三年。所以，丁缓再发明被中香炉到今天最少也有 1 800 年了。

《辞海》没有说明丁缓是西汉或东汉时人，现在可以说他是东汉末年的人了。

西安交大的黄麟雏同志送我一本他与史建玲同志合作的《中国古代丁缓的杰出发明卧褥香炉——中西方常平支架发明史的比较》。此著作的特点是以西方在平衡环方面的发明史和中国相比较，它说："常平支架也不是中国人的独特发明，一般认为，欧洲人在 16 世纪时已发明了。《苏联百科词典》指出，意大利数学家、哲学家、医生卡尔达诺［1501（一说 1506）—1576］设计出万向节头的雏形。而民主德国的《科学发现与发明辞典》则指出，万向接头又名方向悬架，早在 1546 年就已问世。"

总之，西方发明平衡环比丁缓迟了 1 400 多年，比房风迟了 1 700 多年，研究中国航空史也应研究外国航空史，将中国的和外国的加以比较，比较中外的得失。这个学科可以名为比较航空史。

——《航空史研究》1994（43）

《中国古代航空史话》自序

1959年,《国际航空》杂志社为了纪念中华人民共和国成立十周年,要我写一篇《中国古代航空史话》(简称《史话》)。我向领导请示后,在暑假里写了约一万字的稿子,编辑部替我配了4幅插图。这是第一稿(见《国际航空》1959年第10期)。

1963年,《航空知识》又要我的这篇文章,我就略改旧稿,自己选用了15幅插图,编辑部又给添了两幅。这是第二稿(见《航空知识》1964年第2、3、4期)。

1965年,《航空知识》编辑部把《史话》推荐给北京某出版社,预备出一本小册子。我就整理旧著,由出版社配图,这是第三稿。1966年春,版已排好,碰上了"文革",计划落空,连稿子也没留下。等到"文革"过后,出版社对《史话》已失去兴趣。

1982年,西北工业大学把中国航空史定为一门选修课。暑假里,我又改写旧稿,并加写一节陀螺,自选插图共27幅,由学校铅印,用作教材的一部分。这是第四稿。这时的《中国航空史》分印成三册,一是《史话》,二是《史料》,三是《史稿》。

1983—1984年,我又用两个月时间把《史话》整理了一遍,加写一节以前没有的罗盘,又把插图增加到34幅,文字也从两万多字增加到三万多。这就是第五稿了。这第五稿刚写完,就被北京某出版社要去了。

1985年,西北工业大学出版社成立了。它的方向和学校一样,是"三航"(航空、航天、航海)。我就把《史料》和《史稿》交给它,到1987年出版了《中国航空史》。

拿走《史话》第五稿的那个出版社,并没有积极安排出版,只是空放了两年。我知道了就把稿子要了回来,但已来不及插进即将出版的书了。

又过了五年，到1992年，初版的《中国航空史》估计已快卖完，我想《史话》可以加进《中国航空史》的第二版里。谁知出版社认为这书不赚钱，决定不再版。这时台湾中国之翼出版社负责人来访，他说《中国航空史》可以很快地全印出来，于是就拿走了全部稿件和资料。到1993年底，出版了《中国航空史》台湾版，但书中只有三部分中的第三部分，第一、二部分则不准备再印了。

到1995年5月，我才把《史话》的稿子又从台湾要回来，交给航空工业出版社出版。我希望《史话》的第五稿能适合大学和中学程度的学生，也适合工人、技术人员，还有空军民航人员和所有关心祖国航空事业的人们来阅读，使他们知道我们中华民族对于航空科学大有贡献。

中国有一些人是有崇洋媚外思想的，他们要抽洋烟、喝洋酒、戴洋表，他们以为中国事事不如洋人，连中国的月亮也不如外国的圆。这种思想在航空界也有。他们缺乏历史知识，不知道中国古人在科学方面的贡献，什么东西的发明中国比外国早了几百年，什么事物的发明中国比外国早了一千几百年。

为使大家都知道我们中华民族对于航空科技是大有贡献的，使每一个华夏儿女都引以为荣，并感到自豪，为了振兴中华，建设国家，增强全国人民的自尊心和自信心是非常必要的。

——《航空史研究》1997（57）

自评《史话》

我写的《中国古代航空史话》于1996年4月出版了，57期的《航空史研究》上刊登了一些人的评价，这里是对自己书的评论。

20世纪80年代初，我写信给几家大图书馆，问他们有没有关于航空历史的图书。给我回信的只有北京图书馆一家。回信告诉我，中华书局出的张鸿的《古代飞行的故事》，此书1965年初版，印了16 700本，1981年再版，印了10 400本。1965年本，我早已买过，还想要1981年本。我去西安新华书店，没有买到，后来到北京新华书店，仍未买到。我写信给北京中华书局，回信说仓库中尚有存书。我因为要开中国航空史选修课，想叫学生先预习此书，就从中华书局买了《古代飞行的故事》40本。新华书店本是经销此书的，但在西安和北京都买不到。

张鸿的《古代飞行的故事》写得不错，但只是写了风筝，而没写风帆，写了走马灯，而没写风车、风扇，最后还用了"直升飞机"而不用"直升机"。这"直升飞机"的叫法是我自1982年以来就反对的。我的航空史话（指《中国古代航空史话》一书）是根据二十世纪三四十年代写的《航空史料》写的。我认为空气动力的认识和利用，是航空科学的基础，所以《航空史料》就包括了风帆、向风鸢、箭羽、风车、扇车等利用空气动力的历史材料。这些看起来是无关航空和飞行的题目，我都包括在航空史里了。这是《史话》特点之一。

有了火药以后，就有了火药玩具和火药武器或火器。现代火箭发源自喷气推进的火药玩具。喷火或喷气的方向，有向上、向前、向后、向下之分，有了向后、向下喷气推进的火箭，才能发展成现代的火箭武器。这是《史话》特点之二。

历史上的事，未必样样可信，特别是古代的事，有许多是神话或传说，或者是想象或愿望，我写到这些事时，不敢信以为真，常用现代科学的眼光加以衡量或评论。这些是《史话》特点之三。

中国航空史中，常有某些事只有外国资料而没有中国资料以佐证。我遇到这些，都把它罗列出来，以补中国资料之不足，例如中国民间玩具竹蜻蜓，最少已有一百年的历史了，但是中国任何一种辞书中，竟然找不到它的名字。这是《史话》特点之四。

1996年《史话》终于在航空工业出版社正式出版了。第一版印了2 500本，比《古代飞行的故事》在1965年及1981年的印数差多了。

《史话》的原稿曾在北京住了两年，又在台湾住了三年，都未遇到识货的慧眼。出版之后，也未得到经销者新华书店的赏识。拿去参加珠海的航空航天博览大会，拿去参展，报纸报道有七十万参观者，其中如七十人中有一个看了《史话》有兴趣，就会销一万本了。《史话》的版权页上明明印了"全国各地新华书店经售"，但事实上，西安、上海、广州的新华书店都不卖此书，连北京的新华书店也不卖《史话》。这就难怪西安钟楼新华书店的营业员从未听过《中国古代航空史话》这个书名了。全国卖《史话》的，只有出版社自己的门市部"航空书店"一家了。版权页上的那一句话，是不是出版社印错了？或者是新华书店没履行它的卖书义务？二者必居其一。

——《航空史研究》1997（58）

一本小书的故事

1958年冬，我因为写了《中国航空史料》而被批判。第二年夏天，北京《国际航空》要我写一篇《中国古代航空史话》。我因心有余悸，先请示过系总支书记薛国愿，然后动笔。写成后，登在《国际航空》中华人民共和国成立十周年纪念号上。

5年之后，《中国古代航空史话》经过改写，又分三次连载于《航空知识》1964年第2、4、8期上。又过了15年，《航空知识》1979年第1、6、8期又登出了此文的改写稿。其中第1、8期上的部分还被选入了1986年出版的《工交科普佳作选》。

1965年《航空知识》杂志社把《中国古代航空史话》推荐给北京知识出版社，预备印成82开本小册子。到1968年夏，小册子快要印成时，又停下来了。

到20世纪70年代，我想要印《中国古代航空史话》单行本，找了西安、北京、上海、成都的不少出版社，遇到了意想不到的困难，虽有朋友帮忙，但都碰了钉子。

1988年春，我写信给几个大图书馆，问他们有哪些馆藏的关于中国航空史的书。多数回信说没有，只有北京图书馆说，张鸿著的《古代飞行的故事》有1981年再版本。

《古代飞行的故事》是1965年中华书局出版的，内容不错，只是在某处把"直升机"误写为"直升飞机"。我想看看第二版有什么变化，但是在西安、北京的新华书店都买不到。我直接写信给中华书局，回信说仓库里还有存书。我就一下子买了40本。原来这第二版变动不大，只是少了1页，定价也少了，从1角降为9分。

从我买书这件事来说，一方面仓库中有存书，另一方面在西安、北京都买不到。负责图书发行工作的新华书店，当然是不能令人满意的。再说，我为什么一下子买了小书40本呢？原来我从1988年起，开出一门中国航空史选修课。我要求不讲大班，只讲每班40人的小班，每课也不讲2节而是每次1节课（这是大、中、小学几十年的老传统）。我想在讲课之前，先叫学生人手一册花10分钟读一下《古代飞行的故事》，所以才买了40本书。

我想出版《中国古代航空史话》，但连连碰钉子，我认为多数出版社对"史"不感兴趣。中华书局有个历史丛书编辑室，就是他们出了《古代飞行的故事》。我以为他们对我的稿子有可能感兴趣，所以就去信试试。1981年年底，来了回信说，已经有了《古代飞行的故事》，为了避免重复，去找其它出版社吧，竟连稿子也不说要看看！

1988年，学校为了要开选修课中国航空史印出了教材。《中国古代航空史话》作为《中国航空史》之一印成了16开薄薄一小本。它虽然铅印成一本，但终究还只是教材而不是正式出版的书。

1988年起，《中国大百科全书·航空 航天》卷的编审工作紧张起来了。刚出版的教材《中国航空史》的之一、之二、之三共三本，成了有用的参考资料。1985年冬，在长沙举行最后的审稿会议，我并没有参加。会议的主持人是王某，托人带话说要用《中国航空史》，但没有一纸书信或签名。我虽然没有见过他，因为工作需要，我就给他寄去了三本书。他收到书，也不给回信。

三本《中国航空史》出来之后，我开始把它们改写一遍，特别是《中国古代航空史话》，因为是史话，所以要多加功夫，写成了四万多字，又增加了图片说明。到1985年春，之一、之二已写完，之三才完了一半。这时候，上面提到的那个王某又托人来要稿子，说是代表北京知识出版社要的。当时我就交出了《中国古代航空史话》稿件和图稿33幅。这回王又是要去了稿件而不留下片纸只字的痕迹。想不到时间过了两年，他把稿件交给航天部一个姓谢的审稿，没有结果，而最后把稿子退还给我了。这时候，之二和之三两部分稿已交西工大出版社正式出版并将印成，已无法把之一加进，所以到现在之一还是一份没有着落的稿子。

听说，按国家的出版法，像王某这样的不负责任、只想占便宜而不留痕迹，拿去稿子两年而不印，也没有丝毫歉意，我是可以根据法律向他起诉索赔的。但是我自己估量并不善于打官司，也没有时间去打官司，而对方则是刁滑无比，从不留下字述，只是托人口头带话，我虽有人证，但也不胜其烦，所以也就算了。

《中国古代航空史话》这本小书的成长过程，总可说是坎坷曲折、多灾多难的了吧！

1989 年 2 月 20 日

——《航空史研究》1989（25）

中国的历史应由中国人先写

1976年1月8日，敬爱的周恩来总理积劳成疾，离开我们仙逝了。全国人民无不悲痛，迫切希望读到一本叙述总理生平的传记。可惜，在国内竟然找不到一本。后来发现了一本日本人写的总理简略小传，就有人借来竞相传抄，散发给大家看，以满足对总理的景仰、怀念之情。这件事很使人感慨，为什么没有一个中国人能写出一本自己所敬爱的周总理传记呢？

1988年4月5日《报刊文摘》上有一段文字，标题为《匈记者撰写〈邓小平〉一书将出版》，副题为《领袖人物传记均由外国人先写，值得文学界反思》。文章末尾一段提到："记述长征的第一本书是外国人写的，写毛泽东的第一本书，也是外国人写的，现在，写邓小平的第一本书，又出自外国人之手。作为中国的传记文学作家们，对此有什么可以反思的地方呢？"

1987年3月25日《航空教育》上有一篇徐澄的《心血都沁绿筠枝》。在近结尾处有一句："像剑桥大学李约瑟教授那种外国人研究中国科技史更有水平的难堪局面……"记得曾有人说，将来研究中国历史，要到外国去研究了。这真是使中国人太难堪了。

1988年10月11日的《西安晚报》有吴丰宽的《另一种"出口转内销"》，文中说："《毛泽东》为一美国人撰写，《邓小平》的作者是匈牙利人。……本该中国人写的书，外国人却写了，动了笔，一写便畅销。中国人何以写不出！"这实在是个问题。作者给出了解答："中国人的禁忌太多，为伟人讳，为革命讳。……中国人写起来难。……只好让外国人从我们这里拿走素材，加工后返销回来。"

几十年来，中国人不重视自己的历史，中国不写自己的历史，却要由外国人先写，再拿来学习。这种不争气的情况近五六年来已逐渐有所改变。

《中国大百科全书》的编辑出版，迫使各个学科的学者们开始重视本学科自己的历史。为了编写《当代中国丛书》，各行各业也都重视起各自的历史。全国各地市、县、机关、厂矿、学校也都奉命编写自己的历史。全社会形成了历史风、历史热。已出版的有《洛阳市交通史》《河南民航志》《上海交通大学史》《国营长风机械总厂厂史》《福州马尾港图志》等，还有陕西交通史志、上海川沙县志、南昌市交通志等都在编写中。航空工业部下属的院、校、厂所等也都在上级的领导下，着手编写自己的创始、发展、衍变、经验、教训的历史，有不少已写出来了，更多的还在编写中。

写当代的事物，还不能无所顾忌，但是写稍稍远一些的史实，似可以不再"心有余悸"了。全国重视自己历史的时代已经到来。中国历史不会再由外国人先写了。

1988 年 4 月 12 日初稿
1988 年 10 月 16 日补稿

——《航空史研究》1989（23）

崇洋迷外的根源

1840年鸦片战争以前，我们中国是没有崇洋迷外，或崇洋媚外的恶习的。那时候清朝政府总认为我们是天朝大国，外国皆是蛮夷之邦。中国古老发明之一的火药，明朝的戚继光曾用火药火箭来打击入侵沿海的倭寇，到清末中国人把火箭也忘了，只会用火药做花炮焰火了。碰到英国用武力推销毒品，用火箭、枪炮打到广州，清朝政府吓坏了，签订了屈辱的不平等条约，从此就种下了崇洋迷外的恶根。久而久之，也就成了恶习，认为自己样样不行，外国的月亮也比中国的圆。

1883—1885年的中法战争，是法国侵略军在安南和中国的冯子材和刘永福的黑旗军作战。在战场上中国已取得胜利，但是政府还是屈膝求和。这岂止是崇洋迷外而是崇洋媚外，不惜一切以求一时的安宁和太平。

中法战争中，法国侵略军使用过侦察气球，战后就没用了，也没带走。1887年，天津武备学堂不知花了多少银子买了法国的废气球，想用气球来训练学员。武备学堂教习华蘅芳试造氢气球成功，这是1987年版的《中国航空史》说的。这个说错了，等再版时，必须改正。根据《益闻报》，是武备学堂教习孙筱槎和姚石荃、卢木斋三人仿制氢气球成功（参考《航空史研究》(29)）。

日本研制氢气球，可能比中国晚，到1904年日俄战争时，日军才第一次使用气球。清朝政府在1905年准许湖广总督张之洞买了日本气球，以训练陆军部队。

1887年的《益闻报》接连几次登了研制气球的消息，中国政府不可能不知道。但政府对气球不重视、不注意，对研制者不鼓励，不求发展。从1887到1905白白过了18年，又要花外汇买日本气球。这就是恶根、恶习结出的恶果了。

1992年4月25日

在帝国主义侵略、压迫和控制下的中国航空工业

毛泽东同志说:"不但要懂得中国的今天,还要懂得中国的昨天和前天。"专栏《中国近代航空史稿选录》是为了介绍一些旧中国航空历史资料而开辟的。旧中国的航空是极其落后的。其所以落后,并非中国人比外国人笨,而是帝国主义、封建主义和官僚资本主义长期反动统治和压迫的结果。

旧中国从1911年起就向外国购买飞机,到1949年解放为止,一共买了多少,并没有完整的统计。有的说,到1933年,已买飞机七八百架,花了六七千万元。又有的说,到1928年,就已买了三千架飞机。如果加上抗日战争时期进口的飞机,再加上抗战胜利以后进口的飞机,总数就更多了。所花的人民血汗钱,是多得惊人的。

旧中国是帝国主义国家处理破烂飞机的市场

旧中国的军阀和国民党反动政府,一向舍不得花一点钱为人民办些好事,但是,为了增强自己的反革命实力,进行反共反人民的行动,他们却任意挥霍人民的血汗钱,大买外国飞机。帝国主义国家的资本家,也看准了中国的反动政客是一群大饭桶,买飞机的不懂飞机,而又贪图私利,因此外国破旧的或残缺不全的飞机大量涌进中国。

1919年,英国把战后剩余的"稚梅(Vimy)式"轰炸机改头换面,冒充商用机,卖给北洋政府。1930年,广东伪空军买了六架各装两挺机枪,还能挂八个小炸弹的美国"华可(Waco)式"战斗机。其实,制造"华可"飞机的这一家美国公司,专造私人用的轻型飞机,而不是制造军用飞

机的。1933年，福建当局买了两架法国的"法曼"（Farman）飞机，送到福州时，发现没有武装设备。外国人狡辩说，当初只说买飞机，没说买武器。在旧中国反动政府收购外国破烂的丑剧中，蒋介石经常亲自筹划过问。有一次，他为了拉拢法西斯头子墨索里尼，买了一批意大利轰炸机。这些飞机所装的枪炮上的来复线早已磨光了，都是人家不能再用的破烂。外国资本家都把中国当作一块肥肉，1930年到1931年间，仅仅沈阳一个地方，就集中了美国、法国、英国、荷兰等好几个国家的飞机商人，彼此勾心斗角，都想让东北军买它们的飞机。

这是20世纪30年代旧中国一个飞机制造厂的厂房设备。左为木工厂，右为铁工厂。其厂房和设备之简陋可想而知（根据1933年左右所拍的照片画的图）

国民党反动政府为什么只喜欢买外国飞机而不肯自己花点力气办航空工厂呢？原因很简单：在帝国主义的压迫下，航空工业根本办不起来，反动政府也不想办什么工业，他们奴颜婢膝，跟外国人做买卖，大官们还可以借机贪污舞弊，大肥私囊，又何必自找麻烦，办什么工厂呢？

帝国主义国家对旧中国航空工业的控制

帝国主义国家为了进一步控制中国的航空发展，更直接地剥削中国人民，除了推销飞机以外，还采取了一些其他的办法。一个办法是向中国派所谓"航空顾问",名义是帮助中国训练飞行人员,其实是对中国航空事业进行控制。当初北京南苑航空学校来法国教官时,买的都是法国飞机;而来英国顾问时,买的就是英国飞机。后来,日本、美国、意大利都曾向中国派过人数众多的"航空顾问团"。帝国主义控制中国航空的另一个办法是和中国"合办"航空工厂,美其名曰"帮助中国发展航空工业",其实完全是为了更直接地剥削中国人民,控制中国的航空工业。帝国主义者很了解,旧中国还没有作为航空工业基础的其他工业,根本谈不到兴办独立的航空工业。

他们同中国"合作"在中国办工厂,首先是帮外国建筑公司做成一宗建筑厂房的生意,其次是推销一大批机器设备,接着再捞一笔出卖飞机制造权和设计图纸的代价,以后随着生产的进行,再不断向中国推销各种外国航空器材。在工厂里,外国人掌握着工厂的人事、经济、技术大权,领取高额薪金,享受种种特权。他们残酷地利用中国工人的廉价劳动力,榨取高额的利润。合同期满,如果中国要收回工厂自办,外国人又可卖出他们的股权,捞取大笔现金。在中国把工厂所有权收回之后,由于航空工业没有基础,工厂不能独立,又没有其他工厂配合,不能形成完整的航空工业体系,仍然不得不依靠外国,照旧要买外国的航空器材、发动机、仪器、设备、附件、新式飞机的图纸和制造权。

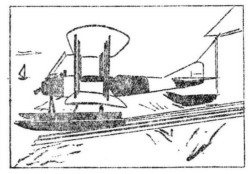

这是在1920年和1922年由中国人设计制造的"甲式"(左)和"乙式"双翼教练机(根据当时照片画的图)

这样，实际上不管是"合办"也好，"合办"期满后收回自办也好，航空工业都要处于帝国主义的控制和剥削之下。特别是美帝国主义，积极支持蒋介石反共反人民，卖给中国的飞机最多，剥削中国人民也最凶狠。国民党政府的伪航空学校总顾问是一个名叫裘伟德的美国人，他就曾公然无耻地宣称："中国用惯了美国飞机。"仅在1932年到1933年的一年里，国民党政府就买了200架美国飞机。

旧中国制造飞机的情况

旧中国的航空工业在帝国主义的控制和压迫下，一直是处于极其落后的境地。但是，中国的工人和技术人员在十分恶劣的物质和技术条件下，也曾经设计并制造过一些飞机。这说明中国人并不比外国人笨，旧中国的航空落后完全是帝国主义侵略和国内外反动派统治的结果。在旧中国，曾经有不少航空修理工厂都仿造或设计制造过飞机，甚至有些是依靠个人的力量制造的，但都没有得到发展。旧中国的飞机工厂，无论是修理厂还是制造厂，建筑和设备都很简陋，没有价值在20万元以上的。

旧中国技术人员和工人所制造的飞机，大部分是小功率的双翼教练机。在帝国主义者对中国人实行技术垄断的困难情况下，中国技术人员和工人经过自己的钻研，逐步掌握了木质骨架外包蒙布飞机的设计和制造。到1931年时，也掌握了钢管机身骨架和发动机架等焊接结构。有的工程技术人员还曾进行过试用国产航空材料的研究，对水上飞机、机桴、船体的设计和制造积累了一些经验。广州航空修理厂由于缺少焊接器材，还曾经发展了铝管骨架的飞机。

帝国主义者曾经污蔑中国工人，说中国航空技工又笨又粗心，掌握不了造飞机的技术，产品不准确，不可靠。这种说法是完全没有根据的。事实证明，中国航空工厂的工人一点也不比外国人差，尽管技术设备很落后，他们利用简陋的设备，就曾经造出性能不差的飞机。中国工程技术人员的能力也绝不比外国的差。反动统治阶级只相信外国人，迷信洋人，满脑子奴才思想，根本不相信中国人也能造飞机，也不给予支持。在当时，无论谁设计出飞机，除非设计者或制造者自己试飞，要另请人试飞都很困难。例如在1919至1920年之间，中国有人曾经制造出命名为"甲一号"和"甲二号"的两架初级教练机，就遇到过无人试飞的困难。旧中国早期的飞机设计和制造者，不但在精神上丝毫得不到鼓励，在经济上和技术上也得不到支持，而且最后还要碰到无人试飞的困难。

任何新设计的飞机都要在试造完成第一批原型机之后，经过不断的试飞、试验和继续的改进，才能再造出比较完善或成熟的飞机。但是在旧中国，造出第一架飞机已不容易，往往没有进一步试造改进的机会和可能。所以由中国人设计制造的飞机，往往刚一诞生就夭折了，结果反倒成为反动统治阶级主张购买外国飞机的借口。还有，一个工厂如果产品没有出路，没有人购买使用，它在经济上也是不能生存的。旧中国自造的飞机，常常是造出来一两架后，就不得不遗弃在一边，成为摆设或废物。在帝国主义的控制之下，中国人设计制造的飞机，反动政府是不会大量采用的。

在这种环境下，只有中外"合办"的极少数航空工厂，如中美"合办"的杭州飞机制造厂曾经生产过少量的飞机，但完全是仿造，专门推销外国器材。

在1949年以前的四十年里，国内自己设计制造的飞机大概不超过制造飞机总数的十分之一。1936年以后，中国的技术人员学会了制造铝合金铆接结构的全金属飞机和大功率双翼的、单翼的各种用途的飞机，包括双发动机中型轰炸机和运输机。但是金属螺旋桨、发动机、附件、仪器、起落架、轮胎、钢管和铝板等航空器材，自己还无法解决，而不得不用外国货。

反动统治阶级依赖帝国主义，崇拜洋人，迷信洋货，但是外国人、外国货就那么可靠吗？有许多事例证明，外国货、外国人，即使只从技术上来讲，也是靠不住的。有两个例子很能说明问题。前面提到的那个中美"合办"的杭州飞机制造厂（抗日战争期间搬到云南的垒允），曾经装配过一架美国的"莱因式"教练机，这架飞机采用美国"曼乃斯扣（Manesco）式"发动机，由于其中一个轴承在美国制造时没有开油槽，因而在试飞时失事，驾驶员受重伤。还有一个例子，当时昆明飞机制造厂曾由美国"顾问"设计了一种"研驱一式"驱逐机，由于设计中没有解决安定性问题，结果在试飞时失事，试飞员也摔死了。这类事情还有很多。

最后，还要提一提旧中国对航空技术人员的摧残。在解放以前，多少有潜能的航空技术人员得不到工作的机会，苦至衣食无着，悲愤而死。留学法国32年、擅长制造飞机的工程师郝贵林的遭遇就是一个例子。他在抗日战争胜利以后，怀着"为祖国服务"的愿望，离开法国回到重庆，想不到却在重庆失了业，穷困潦倒，在1946年6月14日夜里自杀了。他在遗书中悲愤写道："可叹！学会一身本领，无可展身。困渝地，寸步难行。衣裳物件卖尽……现在无路可走，只得死命报国。"这是对万恶的国民党反动政府的控诉，也是在帝国主义剥削、控制、压迫下的旧中国航空事业惨淡景象的一个缩影。

——《航空知识》1966（2）

重庆大轰炸

根据不完全统计，在抗战的八年中，日本侵略者对我后方城市出动过飞机 62 906 架次，进行了 112 592 次轰炸，投下了 261 148 枚炸弹。日本侵略者的这笔血债是赖不掉的。

1939 年到 1940 年，正是抗日战争的中期。侵略者的空军掌握了空中优势，对我内地城市展开了频繁的、无情的、凶残的空袭和轰炸。重庆大轰炸就是其中最有名的。

1939 年 5 月，一连几天，日军飞机几十架空袭重庆，在闹市和居民区投弹轰炸，炸毁房舍无数，引起多处大火，炸死、炸伤市民上万人，因日机轰炸而流离失所者更是不知其数。

1940 年 5 月、6 月，日军飞机又多次长时间不断地轰炸重庆。有一次由于轰炸激烈，轰炸延续时间长，仅仅在校场口大隧道里就因窒息而死了一万几千人。

日本侵略者给中国人民造成了多么惨痛、巨大的祸害！侵略者的罪责是绝对不容推卸的！可是日本文部省曾想复活日本军国主义，篡改历史，把日军侵略中国说成是"进入"，这是绝对不能容许的。

——《航空史研究》1987（16）

飞机设计方法的进步

《航空史研究》（9）上，转载了一段钱学森同志的文章，编者给这段文章的题目是《社会主义建设需要理论》。文章中说，在二十世纪三十年代，钱学森师从航空界老前辈王助学习飞机设计。那时候的飞机设计没有多少理论，"只有统计，他的大厚本子里记着各式各样飞机的部件大小、比例等，设计什么飞机套什么尺寸、比例"。

王助是二十世纪一十年代在美国学飞机设计的。二十年代，他在福建马尾设计、制造了若干种飞机。三十年代，就把根据统计的设计方法教给了钱学森。

我是在20年代学习飞机设计的，学的就是根据统计的设计方法。从三十年代到四十年代初期，我曾用这套方法，教过七班学生的飞机设计课。四十年代初期以后，我再也没有教过这门功课，也没有关心过别人怎样教这门课。

飞机设计是一门科学。从二十世纪一十年代到二十年代，只是根据统计来确定飞机部件的大小尺寸，所以王助教学生做设计要参考抄满各种统计数据的"大厚本子"。我教飞机设计时，没有什么"大厚本子"，因为各种统计数据都已经在书本上了。这可能算是有了进步。

从二十世纪一二十年代到三四十年代，飞机设计这门学科的进步不大，还没有从依靠统计数据向理论方向有进一步的发展、进步。我很希望有久教飞机设计课的人，将1949年后这方面的发展和进步写成文章介绍一下。

1988年8月6日

——《航空史研究》1989（25）

第一次世界大战中的中国飞行员——朱斌侯

刘佐成在《中国航空沿革纪略》（1930年出版）中写道：1924年2月27日，浙江航空队成立，朱斌侯任队长。抗日期间，上海某小报也曾提到朱斌侯，说他参加过欧洲大战。朱斌侯到底是怎样的人呢？看到第二卷第三号《新青年》（1916年出版）中《欧洲飞机阵中之中国青年》，才知其详。

朱斌侯字允章，又号迎生，上海人，生于1885年，是朱志尧的次子。朱志尧曾任东方汇理银行经理，又在上海南市创办很有规模的求新机械厂。

朱斌侯先在徐汇公学读书，1898年去法国列里机械学校学习。1903年毕业回国，在父亲办的求新厂里工作，对摩托车、摩托船等很有研究。美国莱特兄弟研制飞机成功后，航空事业在欧洲发展很快。这个新鲜事物吸引了朱斌侯的兴趣。1913年，他又去巴黎，在慕连的航空学校和微拉库柏来飞机工厂学习飞行。第二年，他以优异的成绩毕业。正赶上欧战爆发，他就在法国投军做义勇兵，被编入飞行军团，负责空中侦察。他的战绩是击落德国飞机2架。有一次他和四架德机遭遇，敌机发击三十几弹，朱斌侯的衣服被打穿几个洞，幸而只是手臂微伤。1916年2月，完成侦察任务回来时，被6架敌机所围攻，险遭不测，飞机两翼都被打伤，才强迫降落。法军司令部以朱斌侯勇敢善战，屡建功勋，向全军通报表扬，并拟从军曹升为少尉。

从1916年到大战结束，还有两年，没有关于朱斌侯的消息，一直到1924年，才知道他当了浙江航空队队长。可见他是大战后从欧洲凯旋回国的。

《青年自然辩证法天地》

——《中国航空史研究选集》（第二集）

江 超 西

《航空史研究》（20）上，我写了一篇文章《回忆中国航空工程学会成立大会》，其中谈到江超西。他和我一同参加了成立大会，一同照相，又一同乘小船游了西湖。

《航空史研究》（23）上，发表了那张五十多年前的照片。在照片中，江超西站在前排，是右起第一人。

《中国航空工程学会会员录》里就有江超西。他字其恭，家住南京，是美国里海大学机械工程学士，麻省理工学院航空工程硕士。据所载年龄推算，他生于1893年，当过南苑航空工厂厂长，航空学校发动机教官和笕桥中央航空学校教授科科长。

1934年同船游西湖时，我了解到他是在沪、宁、杭三地往来奔波，教书糊口。此外就所知不多了。

《中国的空军》第114期（1948年5月）有一篇《密码教官江超西》，文中说江超西的美国同班同学道格拉斯后来成了著名的飞机制造家，但江没能在飞机方面继续发展，改了行，成了密码专家。

1988年12月，在美国讲学的张寿详给我寄来了一纸华文剪报，是林继平的《科技奇才江超西》，是从《中外杂志》转载的，可惜只有长篇连载文章的第二段。现在就把剪报的原文转载如下：

> 以后，道格拉斯创办飞机制造公司，也就是现今美国规模最大的麦唐纳·道格拉斯飞机制造公司。当时江超西即任该公司的总工程师。不久，欧战爆发，道格拉斯征调服役，江超西为爱国心所驱使，宁愿牺牲美国的高薪待遇，回到自己的祖国，决心以科技力量来挽救国家的危亡。于是江超西首先开创了中国的航空

工业。在欧战中，他以当时特具的科技知识和科技能力，为我国制造了第一架飞机，是为中国自制飞机之始。十余年后，又将浓厚的科学兴趣及发展工业的抱负投入汽车工业方面，于是又完成了中国第一部汽车的制造，是为我国自制汽车之始。继此之后，这位科学奇才又把兴趣转入密码学的研究方面，以他的高度科学智慧，又创出伟大的科学成果来，此即破译日本偷袭珍珠港的密码，成就我国在国际情报侦察能力方面的特殊地位。由于这一系列的高度科学智慧的展现，我们称道江超西先生是现代中国一位杰出的科学家，乃是铁的事实，绝非夸大和溢美。

首创北洋航空工业。我们研究现代中国科学发展史，不难发现一项似乎极端反常的事实，即默默耕耘的杰出的科学家如江超西者，不仅籍籍无名，恐怕年轻一代的科学工作者知道江超西其人的，已经不多了。相反地，在江超西之后，才提倡科学而又不懂科学的，如胡适之先生，几十年来，反而声名赫赫，几乎成了我国家喻户晓的人物。这一反常现象，委实令人不解。

民国四年（1915年），胡适之还在哈佛大学修学位，江超西已受聘为道格拉斯飞机制造公司的总工程师。他的同窗好友道格拉斯因欧战关系，被征调服役，而江超西因科学报国的赤诚，宁愿牺牲在美国新兴行业的高薪待遇，束装回国，决心一展所长。

此时中国，正是袁世凯当政，他建议袁氏，要使中国积极振作，富强起来，才能抵抗列强的侵略；而欲中国即时振作富强，又须从发展新兴的航空工业开始，也就是以他特具的航空科学的知识和技能，制造中国的飞机，一面建设空军，一面发展民航，促使中国落后的工业大力向前跃进。

袁世凯大概出于好奇的心理，并以收揽科技人才作为政治资本，对江超西这项惊人的建议慨然应允，全部采纳，并下令即刻付诸实施。关于这段史实，江教授对他的学生们以洋洋自得的口吻说道："当时袁世凯只给月薪四十元大洋的待遇，要我造飞机，我并不计较待遇的菲薄,完全出于爱国的热忱,很乐意接受袁世凯所交付的这项任务。可是在实际制造方面,却遇到很多困难。一是工业设备的问题,我国工业当时不能跟美国相比,实在太落后了。这是一个大的障碍。二是没有可资运用的技术人才,有关飞机的设计、制造,乃至技工的工作,都须我一人承担。这又是技术人才方面的一大障碍。现在想来,真是困难重重。好在以我年轻时的冲动,不怕一切艰难困阻,在袁世凯支援之下,冲破种种难关,很幸运地,中国第一架飞机终于制造完成了。"

接着,江先生又道:"飞机是造好了,可是试飞又成问题。一则没有飞行人员的储备,再则一般人又不敢尝试初次的飞行。在此情况下,只有飞机工程师充任临时飞行员。于是在北京南苑的上空,盘旋数圈,安全降落,赢得了当时国人的信心。"

可惜,只看到长篇连载的第二段,如能看到全文就好了。

刘佐成著的《中国航空沿革纪略》是 1930 年出版的,书里记了到 1929 年 12 月为止的航空大事。在前面找不到江超西的名字,只在 1929 年 6 月,说江超西曾任南京政府政务部航空班学科教官。

1989 年 1 月 31 日

——《航空史研究》1989（25）

我写江超西

1992年春，中国航空百科词典办公室来信，要我写词典人物条目，名单上列出十几名。我去信说，江超西是老资格，比王助也差不多，似乎不应漏掉。他们回信说，就增加一名，请我写。这就给了我一大难题。

江超西这人，我曾见过两次。一次是1934年在杭州，一次是1945年或1946年，在上海。我对他了解得很少，见《航空史研究》(25)(35)。

《中国航空工程学会会员录》里有江超西的名字。《会员录》里，列出7项，姓名、别号、年龄、通信处、出身、经历和专门研究或著作。可惜没有籍贯一项，因而不知江超西是哪里人氏。

根据《会员录》，江超西，字其恭，42岁（1934年），美国里海大学机械工程学士、麻省理工学院航空工程硕士，曾任南苑航空工厂厂长、南苑航空学校发动机教官和笕桥中央航空学校教授科科长，专长为空气动力学和飞机构造学。

《会员录》中的年龄都是按虚岁算的。江超西和王助在1934年同为42岁，所以他的生年当为1893年，但根据钟少华提供的资料则是1894年，见《航空史研究》(28)。

林继平的资料，见航空史研究(35)，说江超西在麻省理工航空工程系，是该系的第一届，同班只有三人。江得第二，第一是黄××（回国后在清华教数学，我向清华校友会调查，无结果），第三是著名的美国人道格拉斯。王助是麻省理工航空工程系的第二班。如江超西是第一班，他就比王助早一年。但是根据钟少华的资料，江超西是1918年才得航空工程硕士，那么，他又比王助晚了两年。

钟少华提供的资料，说江在1919年又得密西干大学土木工程硕士。但是《会员录》上没有，如得了土木工程硕士，绝不会隐瞒不提，我想还是相信后者为是。

钟少华提供的资料说江超西是福建闽乡人，这就补足了《会员录》的缺项。不过闽乡是福建的何处，我在《辞海》上也未查到。

江超西回国的时间，林继平说在袁世凯在位的时候，钟少华说在1920或1921年。我以为还是后者可信。回国后的经历，几个资料是相符的。江在这段时间曾任南苑航空学校教官和修理工厂厂长，又在1923年当过张家口西北汽车厂机务科长。林继平说他曾造过飞机和汽车，如有这事，大概就在这时候，但还缺少确证。1948年出版的《中国的空军》第114期上的《密码学教官江超西》一文也提到一句造飞机、造汽车的事，但未必可信。

林继平的文章题名《科技奇才江超西》，可惜剪报不全，没有后半。幸而有《中国的空军》的文章，江超西在密码学方面的天才方为人所知。

江超西在北京、上海的大学中教书，又在南京、南昌、杭州的学校中任教官。1935年以后，又去内地，在云南大学、四川大学任教授。总之，他是以教书为生的教书匠。

不知从何时起，他改行进入空军通信学校当教官，研究通信和密码，在密码学方面有突出成就。在第二次世界大战中，江超西有两次奇迹般地破译了外电密码。一次是，慕尼黑会议失败后，英美苏会谈还在进行，希特勒也正驱兵东进，当时很少人会想到德苏之间有过什么秘密谈判。军统收到一份奇怪的密码电报，没有人识得破其中内容。这才找到江教官。经他仔细研究以后，电文中有德苏字样，译出才知道德苏签订互不侵犯协定的重大消息。另一次是，日本偷袭珍珠港的密码电报，又被军统截获，仍是莫名其妙，又找到江教官，研究后又被识破。中国政府曾通知美国当局注意。因美国人看不起中国人，不相信会有这等事情发生，待战事爆发美国人深为失悔。

《航空史研究》（33）上的《抗战时期，中、英空军情报之合作》一文，也正说明了中国破译电报密码的技术超过了当时英、美的水平。

江超西比我年长11岁，如还健在，已将近100岁了。他的为人很随便，可以说是一位不修边幅的才子。

1992年4月2日
——《航空史研究》1993（39）

"驱逐之王"高又新

高又新是辽宁锦县人,有一个哥哥、一个姐姐和一个弟弟。在"九一八"之后,全家逃进山海关,来到天津。高又新上扶轮中学,毕业后,为了保卫祖国、打击侵略者,报考杭州笕桥航空学校,录取在第八期,学驱逐飞行。为了要打下日本飞机,他勤学苦练,练空中特技,练空中射击和打地靶,都练得精通纯熟,以第一名毕业。这时,抗日战争已开始,战线西移,航校已搬到云南昆明。高又新在毕业前,就曾升空迎击空袭昆明的日机。

毕业后,高又新分在空军第四大队。在练习打靶时,他的成绩常在90%以上,在检阅时表演特技飞行,每次必有他在内。

高又新的一个特长是视力特强。在编队飞行时,他看见在远远的前面有飞机,但别人没看见,要飞了四五分钟后才能看见。远处的飞机是敌机或我机,是什么型号,也是他先分辨清楚。他还有一个特点,看了敌机就奋不顾身,如虎入羊群,冒着敌人的弹雨,冲杀向前。所以他的战绩特好,而别人做他的僚机就特别不容易。如汪承烈中尉、冯佩瑾中尉、李启弛上尉、李长泰上尉等,都做过他的僚机,他在敌机的猛烈火网中钻过去了,而僚机跟在后面就往往钻不过去。从1939年4月3日到1945年6月10日,在6年多的空战生活中,他有158天升空与日机作战,共出动过240多次。最多是一天出动7次,高又新真是见了敌机就忘了一切。

高又新的战绩如下:1940年5月22日在兰州击落日机1架,1943年1月12日在宜都击落日机1架,1943年11月29日在常德击落日机1架,1944年6月8日在洛阳击落日机2架,1944年7月30日在衡阳击落日机1架,次日又击落1架,1944年8月3日在衡阳击毁地面日机1架,1945年5月30日在南京击落日机1架,共9架。在抗战后期,日本空军已处于劣势,不大敢和我机空战,我机的主要任务是打地靶了。高又新常出入于敌机的火网，击落敌机而自己毫无损伤，所以在空军中被誉为"福将""驱逐之王"。他也因战功而晋升为少校。

高又新虽然是福星高照的福将，但不是每次空战都很幸运。空战时，他的飞机曾有24次中了敌弹，最多的一次是1940年5月30日在璧山，他的飞机中弹40多发，幸未击中要害。他空战中受伤三次，一次是飞机油箱被打穿，迫降时受伤。一次是1940年5月20日他的面部和腿部被敌弹擦伤。第三次是1944年5月22日座机中弹，迫降时受伤。他在空中跳伞也有三次：他在得到政府颁发的青天白日勋章（得此勋章的第一人是周志开，高又新是第二人）之后，在1944年5月22日迫降于敌阵，顺利逃回。几个月后，于12月25日又一次跳伞于敌后，大家以为这次完了，不料想在35天之后，他又回到重庆白市驿。原来他在湖北沙洋跳伞，被农民所救，伪装成妇女混过日军的检查，又有妇女帮他混过伪军，投奔游击队，逃到老河口。第三次跳伞是在胜利之后，是飞往北平时落在湖北境内。

高又新的运气一直很好，但是在抗日胜利之后，他的噩运找上来了。

1945年，高又新在沈阳一个大楼的三楼想上电梯。电梯不在三楼，但电梯门正开着，他不知没电梯，一脚踏空，从三楼跌到一楼，肢体虽幸无大伤，但受了严重的脑震荡，虽长期住院也没养好。1947年夏，去美国治病，半年后回国，在船上晕船数次。有时候神志不清的病复发了，到南京中央医院休养。1948年2月13日，他一人出医院散步，到五老桥子火车站铁路旁，小火车来了，他正想越过铁路，不幸滑倒。驰骋天空、英勇无敌的飞将军，竟死在小火车轮下，终年32岁。

高又新的父亲在华洋义赈会工作，在安徽灾区因军事变乱而失踪，生死不明。母亲在天津任产科医生，哥哥交大毕业，在铁路上工作，姐姐在天津办托儿所，弟弟还在北洋大学读书。高又新结过婚，他的夫人在1940年生病去世，过了好几年，他再与前湖南省省长何健的孙女结婚，生有一个女儿。

1992年4月24日
——《航空史研究》1993（39）

（注：此文根据1948年3月112期《中国的空军》月刊邓漏万的《"驱逐之王"高又新》改写。）

《中国航空史料》的两篇自序

1949 年自序

1926 年初，《航空月刊》编辑马文芳编过中国航空史（根据第七期《航空月刊》）。1927 年底，第一卷第五期《航空杂志》里，吴家文有一篇论文，向当局建议，请纂中国航空战史。1931 年春，南京国民政府的陆海空军总司令部组织了一个战史编纂委员会，其中一部分是编空军战史，由吴家文等编辑。到秋天已将近完成，并且预备将空军战史部分印单行本（根据第二卷第九期、十期《航空杂志》）。1933 年文公直在《最近卅年中国军事史》（上海太平洋书局出版）的自序里记，他预备收集材料，另外写一本中国空军史。1933 年底，航空署要征求材料，预备出一本航空年鉴，其中就包括中国航空史（根据第三卷第十二期《航空杂志》）。想要写和动手写中国航空史的人，以前曾有过不少。但是能印出来，公开给大家参考的，除了刘佐成的《中国航空沿革纪略》之外，实不多见。

我曾自不量力，想写一本中国航空史。因为收集资料太不容易，已有的资料又头绪纷繁，难于整理，觉得这件巨大工作，或非一己之力所能完成的。前头的困难，就把我暂时吓退了。

但是，我不甘后退，才又想缩小范围，避开民国以后的混乱时期，专写南苑航空学校成立以前四五千年以来的中国航空发展史。这个时期虽长，材料却有限，所以容易有头绪，写一般的航空史比什么战史、军史（以前多是军阀混战）较广泛而有价值。尤其是民国以前的航空史，似乎有更多的爱国主义教育意义。所以我在 1949 年"七七"事变纪念日之后就动手了，利用多年积累的材料，忙了一个暑假，总算勉强完成，但还希望它可以作为将来中国航空全史的第一编。

这本小书的内容缺点尚多：第一是古代材料太少，许多东西的根源还不曾发掘出来。第二是近代的材料虽然较多，但离开现今只不过几十年的事，也有不少未能考查清楚，如许多航空前辈的艰苦奋斗的事迹，极值得宣扬记录，可惜也都略而不详。

最后，我希望能得到国内历史学家、考据航空学家和航空前辈们的帮助，指正书中错误和不足之处，或提供详确的材料，使得这本小书，经过改正、补充，可以较完美些。

1982 年自序

中华人民共和国初期，经过老同事、老朋友谭炳勋和化学家刘承霖的介绍，我把稿子交给了商务印书馆总编辑、动物学家秉志（农山），他答应出版。谁知过了不久，上海遭到"二六"轰炸，电厂受损严重。商务印书馆就以此为理由，把稿子退还给我了。

1952 年到了南京。三年后，华东航空学院创办学报，要我写稿。我就整理旧稿，陆续送去发表。到 1958 年，前后登了十次，还未登完。1957 年春，学校把此稿的古代部分作为第一次科学讨论会的论文。到 1958 年冬，在极"左"思潮的影响下，它又成为批判对象。这个运动中的"新事物"有学生编讲义和拔白旗等。我的《中国古代航空史料》，就成了"白旗"。一个作品被批评或批判，未必不是好事。可惜的是，我并未从中得到应有的教益。没有登完的稿子，也始终没有再续登。

又过了二十多年，国家面貌一新了。西北工业大学把中国航空史定为一门选修课。这个决定是大胆的、有远见的。这种课在中国是空前的，在全世界也许是少有的。我就把旧稿再整理一遍，补充了二十年来新得的材料，印作教材的一部分。它可以使读者了解我们祖先的巨大贡献，增强民族自豪感，相信自己的聪明才智，能克服崇洋媚外的自卑心理，而有助于我国的"四化"建设。

《科技资料》
——《航空史研究》1983（1）

《航空史研究》季刊的发展

大概是在 1980 年或 1981 年，我写了几十篇有关航空的短文，每篇有 500 字左右，总名为《航空杂谈》。我把篇名目录寄给《航空知识》编辑部，他们只选用了 4 篇：吴有如的《名胜画集》《黑旋风飞上天》《长翅膀的人》，以及《推背图》和《航空》合为一篇。《航空杂谈》发表在 1981 年 9 月的《航空知识》上。

1982 年春，有十多位航空史研究者和爱好者，想组织一个航空史学会并出版会刊。后来，学会组织不成，会刊自然也出不成。不过我还想自办一个航空史刊物。就在 1002 教研室主任黄尧民同志的支持下，这个刊物在 1983 年办起来了，由黄尧民提名为《航空史研究》，第 1 期在 5 月出版，只印了 370 份，随后逐期增加，后又每年增加，到 1992 年增到 650 份。前两年杂志的刊期不定，每年出三期，从 1985 年起才定为季刊，每年 3、6、9、12 月出版。前几年物价还低，每期的印刷费很少，才一二百元，全年不到 1 000 元。第一年的费用，全由 1002 教研室用科研经费来支援，第二年起才由学校科研处供给，1984 年给 1 000 元，1985 年给 1 500 元，实报实销，多余的交回。这以后，物价渐涨，每期的印刷费从几百元涨到一千几百元。特别是邮费涨得凶，原来当作印刷品的，要作为函件邮寄了。每期邮寄五六百本，共需邮费 1 000 元以上。物价也一涨再涨，1992 年开支达到最高峰，有 8 700 多元。须知道，所有工作人员，都是尽义务的。

《航空史研究》已办了 10 年，得到全国航空爱好者义务赐稿，而且稿源甚丰，季刊的印刷和装订也有几次改进，向全国赠阅的范围已比起初扩大了许多。虽然季刊的质量已得一些好评，但是寄出了季刊多年，往往如石沉大海，偶然得到反馈或回音，也不到 1%。

有人认为稿多，源源不断，而建议把季刊改为双月刊或月刊。我以为季刊适合于学校的印刷厂,要放寒暑假,不适于办双月刊和月刊。还有刊期短了,发行的劳动倍增,所以不行。稿子多了,只有增加每期的篇幅,从 40~50 页,增加到现今的 100 页。

《航空史研究》虽然已先后得到陕西省内部统一刊号和陕西省内部报刊准印证,邮局并不承认它是"印刷品",如寄出一本 37 期,需邮费 1.80 元。邮费差不多要赶上印刷费了。1992 年 7 月、8 月间,经黄尧民同志的多方努力,又有航空航天部的帮助,得到了国内统一刊号,经俞公沼同志的努力联系又得到了国际标准刊号,所以 38 期季刊已被承认为印刷品,邮寄一本只要邮费 2 角。

1993 年的季刊要公开发行,每期定价 2.50 元,每年 4 期价 10 元。如有特刊,则免费赠阅。可惜《航空史研究》的知名度太小了,人们都不知道有这么一个季刊,甚至在校内知道的人也很少。登广告又登不起,登一次广告,广告费就是我们全年经费的三分之一。现在只能依靠某些报纸和刊物,能登出一条出版消息了。

1993 年 2 月

——《航空史研究》1994(43)

航空史研究会的成立

10年前，1982年7月，我先后给中国航空学会、中国科学技术史学会和中国科学技术协会去信，说明我想要组织一个中国航空史学会，不久先后得到他们的回信，内容口径一致，都说想组织的学会是二级学会。最近全国科协通知，全国学会组织一律暂停发展，当时我对于学会还要分什么等级并不了解，既然组织学会的想法不被支持，也就算了。

在这以前，大约在20世纪70年代，听说中国航空学会在莫干山开大会，有重视航空史、要收集航空史料的决议。但是后来，没听见在这方面有何进展。

在这以后，航空工业部也重视了航空史，编印了《航空工业史料》20多辑和《航空工业史料（近代史专辑）》若干辑。空军也编了《中国空军史料》若干辑。

这时候听说，北京有些人在酝酿一个研究航空史的学会。这些人都是航空工业部、空军、民航和航空学会的上层人物，这些人都是有名望、有地位的老航空，要组织一个学会，未必有什么困难，可是传闻了好几次，这个学会始终没能组织起来。

1988年5月，西工大发出一份红头文件，组成了航空史研究室，组织了兼职的研究室成员八九人。次年，所编的《航空史研究》季刊已有六七年历史，研究室的同人建议组织一个全国性的民间组织——航空史研究会。我因为季刊已在按期出版，对此事并不太积极，筹备这个成立大会最积极的有黄尧民和鲁克成等同志。到12月中旬，大会开成了，来参加大会的有学院教授和外地来宾共几十人，为大会出力最多的有刘保卫、张永安等同志，大会收到的各方面贺电和商定的研究会章程及大会的盛况等，详见1990年5月的《航空史研究》（特刊）。这是国内成立的第一个航空史研究会。

  1992年，广东关中人同志建议并积极筹备在恩平召开一次冯如研讨会暨航空史研究会第二次学术讨论会。8月中旬开会，到会的有来自中国内地（大陆）、港台和海外的共100多人。我没有去参加，只在大会上辞去了研究会理事长的职务。西安去参加大会的有黄尧民、鲁克成、郑泽尧等同志。《航空史研究》为记录此次大会，出版了1993年1月的特刊。

1993年2月

——《航空史研究》1994（43）

中国航空史研究的春天

我在1988年写过一篇航空杂谈《中国的历史应由中国人先写》,刊登在《航空史研究》(23)上。文章说,有很多中国的历史本应该由中国人自己写的,但是没写,反倒让外国人先写了,中国人只是把人家写的现成的拿来学习,这是很不应该的。文章在结尾处说,近几年形势已有转变,中国的很多部门都开始重视历史,各自编写了自己的历史。

中国航空史的研究和编写,就是这样的。

在20世纪80年代初,我曾写信给国内的几家大图书馆,问有哪些中国航空史的书。回答说:只有一本1965年出版的小册子《古代飞行的故事》。这事已在《航空史研究》(25)的《一本小书的故事》中报告过了。可见中国航空史是没有人研究的冷门,航空史的图书当然是绝无仅有的。

到80年代初情况有了变化。航空工业部那时有很多位副部长,听说多到十二三位,后来领导经过改组,只剩下少数几位副部长,大多数都退休、离休了。这些老革命、老干部,干了几十年航空,让中国的航空工业从无到有,干出了一定规模和成绩,可以说是劳苦功高,功成身退。这些老领导习惯于忙碌,习惯于航空建设,一旦退下来,也是闲不住的,无不想发挥余热多作贡献,写点回忆录,总结一些辉煌成绩和经验教训,用来教育后人。这才抓起了航空史的收集、研究、组织、编写等工作,一向沉寂的航空史研究,这才有人重视,有人抓了。

也是从80年代起,我国出版界先后提出要编《中国大百科全书》,其中有航空、航天一卷,还要编《当代中国丛书》,其中有些是有关航空的。为了这些书的编写,发动了很多人,每部书中总有一部分是讲历史的,所以一向受冷落的航空史研究,已渐渐变热了。

(一)现在知道的定期或不定期的航空史刊物有:

1. 《编务通讯》，1983 或 1984 年出第 1 期，1988 年出到第 12 期。

2. 《中国民航史料通讯》，1983 年出第 1 期，1989 年出到第 114 期。

3. 《航空工业史料》，1983 年出第 1 辑，1988 年出到第 22 辑。

4. 《航空工业史料》（近代史专辑），1984 年出第 1 辑，1989 年出到第 9 辑。

5. 《中国空军史料》，1985 年出第 1 辑，1988 年出到第 8 辑。

6. 《航空史研究》（季刊），1983 年出第 1 期，1989 年出到第 26 期。

（二）偶然也登些航空史文章的航空刊物有：

1. 《航空知识》；

2. 《航空档案》；

3. 《航空杂志》；

4. 《航空时报》，后改为《中国航空航天报》。

非航空的杂志，而是文史性质的期刊有：

1. 文史出版社的《纵横》上常有航空史的文章；

2. 北京和各省市的文史馆或政协机关所出不定期的文史专辑，也常有航空史方面的文章。

（三）由出版社出版的有关航空史的书有：

1. 《中国大百科全书·航空 航天》，1985 年底出版。

2. 《当代中国丛书·当代中国的航天事业》，1986 年出版。

3. 《当代中国丛书·当代中国的航空工业》，1989 年出版。

4. 《中国民航丛书·当代中国的民航事业》，1987 年出版，此外还有多种。

5. 《苏联航空科技发展史》，1987 年出版。

6. 《中国航空史》，1987 年出版。

7. 《飞机史话》，1985 年出版。

8. 《世界航空史话》上、下册，1985—1986 年出版。

（四）各地各单位出的航空史图书有：

1. 《航空一杰——中国第一个女特技飞行员张瑞芬》，1987 年出版。

2.《中国妇女航空钩沉》，1988 年出版。

3.《香山航空人物录》是《中山文史》第 16 辑，1989 年出版。

4.《恩平文史》是地方史刊物，也常有航空史的文章。

5. 广东航空联谊会曾编印好几种航空史的书，如《广东空军抗日空战史料专辑》，1987 年出版。

6.《新中国航空工业史稿》，1982 年出版。

7.《苏联航空工业大事记》，1985 年出版，还有《日本航空工业大事记》，1984 年出版。

8.《陈纳德和援华航空队轶事》，1987 年出版。

（五）各航空工厂、研究所和航空院校奉命编印自己的历史也很多，多数都是内部的、保密的，外人不容易见到。

上面列出的航空史书刊当然还很不完全，可是已有几十种了。这些都是在 20 世纪 80 年代初以后才像雨后春笋般冒出来的，这和 80 年代以前万马齐喑的情况，大不相同了。所以说，我国航空史研究的春天已经来了。有这种大气候的条件，我国的航空史研究是前途无量的。

——《航空史研究》1991 年特刊

《冯如研究》序

冯如是我国航空界研究飞机，从事设计、制造和飞行的第一人，关于他的文献资料是很多的。

有关冯如事迹的记载，最早出现在《广东劝业报》第75期（1909年7月）。我开始重视冯如的事迹，是20世纪30年代，那时正在杭州工作，所以留下1934年11月23日的《东南日报》一纸剪报，但我还不知道三十年后会搞起航空史来。到60年代开始写《中国近代航空史稿》时，才努力搜集了一些资料。收获虽然不少，但多数资料经过辗转抄引，而导致重复或讹误，也有不详和空白的部分，甚至还有不实或矛盾的。对于这些资料，我只是采用其比较合理的部分，而没有在甄别研究上多下功夫。1983年，《航空工业史料》第二、三辑先后发表了黄汉纲的《中国第一个飞行家冯如历史文献正误》和陈应明的《冯如飞机的考证及其他》，才知道这两篇并不是人云亦云，而是做了真正的深入研究的。

广州博物馆的黄汉纲利用其有利的工作环境，多年不懈地收集国内外的有关资料，又亲赴冯如的家乡广东恩平作了广泛深入的调查研究，最后写成一部空前、全面的专著《冯如研究》。这是航空史学界的一桩大事。冯如诞生至今已105年，为航空事业牺牲已76年，此书正可以纪念航空前辈的功绩。

1988年11月25日写于西安

——《航空史研究》1992（37）

冯如研讨会暨全国航空史研究会第二次学术年会开幕词

航空史研究会和广东恩平政协联合召开的冯如研讨会暨航空史研究会第二次学术年会及航空史研究会扩大理事会在今天隆重开幕了。我们这次大会得到恩平县和恩平政协领导的大力支持和热情照顾，又有中国内地（大陆）、香港、台湾，以及美国和加拿大等国内外的航空史研究者、爱好者参加，使这个会成为一个空前规模的盛会。我深信这一次大会一定能得到各专家的热烈探讨。预祝大会顺利圆满成功。

这次大会，我是理应前来参加的，但是我没能来。第一，因为我年纪太大了。第二，我的身体健康这两三年来明显下降。挺直的腰身变成了弯腰驼背，步履蹒跚了。第三，老妻患不治之症，已有多年。所以，理应参加的会也不能参加，请同志们、先生们多多原谅。

冯如是我国第一个飞机设计家、制造家，又兼飞行家，可惜他死得太早了，可是他的精神、他的功绩是不可低估的。他在航空史上是一个非常重要的人物。黄汉纲的《冯如研究》是一本空前的专著。但还不能说问题的各个方面都已说完说尽，当然还有不少可以继续探讨的。正如关中人文中所说，冯如这样一位重要航空人物，他的名字都不见于1979年的《辞海》，就是学航空的人也有很多不知道冯如的。（虽然1989年的《中国近现代人名大辞典》已有冯如的名字。）

航空史研究会成立了已近三年，至今还没有找到能够挂靠的全国一级学术团体。我们的会务也开展得还不够，填表参加航空史研究会的也不过百人，今后当加倍努力。我这个理事长年事太高，在这次理事会扩大会议上，请大家考虑，让我退下来。

《航空史研究》（季刊）已出版了9年多，出了37期季刊和4期特刊。

9年来有不少进步,从起初的油印40页,到现在的胶印100页,内容比以前增加了四五倍。这全是海内外航空史研究者的无私贡献。经费由开始的每年一二千元,到现在的近一万元,这全由学校科研部支持。最近先后请到航空工业部副部长何文治和西工大副校长担任季刊的名誉主编,这将使季刊的经费更有保证了。但是我们的季刊虽已有了陕西省内部批准证和刊号,但申请全国统一刊号和国际刊号,还没有结果。(编者按:两个刊号后来获批准,研究会挂靠全国一级学术团体问题也已解决。)

上面我谈了冯如研究的重要、航空史研究会和《航空史研究》季刊的一些情况,希望到会的航空史研究会的顾问、理事、会员和海内外的航空史专家们各抒己见,作热烈发言和探讨,使我们的会开成一个圆满成功的大会。

1992年7月27日于西安

——《航空史研究》1992年特刊

《中国妇女航空钩沉》序

中国是一个有10亿人口的大国。在10亿人中，研究历史的人和研究航空的人，一定都不会少。但是，研究历史的顾不到"航空"，而研究航空的又顾不到"史"。所以在我国，航空史研究实在是个冷门。在关心航空史的人中，关心妇女航空的人更是少而又少了。

我自己虽然编了五年《航空史研究》季刊，还写了一本《中国航空史》，但对于航空史中的妇女活动并没有多少研究，只是提起朱慕飞、黄桂燕、杨瑾珣等人的名字而已。

《航空史研究》从第16期起连续登载了恩平政协关中人同志的文章，还有多篇等待刊登。他对我国早期女飞行员的事迹有广泛深入的研究，从国内和国外丰富的资料中，发掘、整理出许多鲜为人知的航空妇女事迹。关中人可算是这方面仅有的专家了。

最近，他把这方面的几十篇文章收集成为一本空前的妇女航空专著《中国妇女航空钩沉》，这是一件航空史界的大好事，新书的出版的确值得祝贺。

中国妇女是勤劳勇敢的，是富于"航空细胞"的。这在《中国妇女航空钩沉》中已有充分的表现。中华人民共和国成立后，政府重视了"半边天"的作用，人民解放军已培养出几百名女飞行员（参看《航空史研究》第16期），可见这都是有历史根源的。

1987年11月24日写于西安

——《航空史研究》1989（23）

刘仙洲收集资料

清华大学已故教授刘仙洲（1894—1975），是我国著名的机械工程专家，在中国机械发明史的研究和史料收集方面，有卓越的成就。

在抗日战争期间，我为了要收集中国航空史料，慕刘仙洲教授之名，曾通信联系，向他请教。他曾寄赠给我他的著作，使我获益不少。

1960年春，刘仙洲教授来西北工业大学访问，才和我第一次会面。就在这次见面时，他代表中国科学院自然科学史研究室（后来改名为科学技术史研究所）交给我一个编写中国航空史的任务。我们的第一次会面，也是最后一次会面。以后，我们只是通过信而没有机会再次见面。

1960年9月，刘教授寄赠给我已填写好的有关航空的史料卡片五张，用以指导并鼓励我的工作。卡片是21厘米×13.5厘米的白道林纸，在一面印了表格。表格中印有类别、书名、著作人、著作年代、版本、卷数、页数、搜集人、年月日等项。五张卡片的填写日期是从1955年到1960年。有一张未填搜集人，其余四张填了三个不同名字，这三人是刘剑青、赵灌民、耿捷忱。这五张卡片都是书写整齐、一丝不苟的。现在用一张为代表，以证明其严肃、认真的情况（图一张，见下图）。

从五张卡片看，协助刘仙洲搜集资料的最少有三个人，时间前后最少有六年，可见政府或领导对机械史资料的收集工作是大力支持的。但不知一共收集到多少张卡片，一共查阅过多少书。中国的书实在太多了，不知有哪些书曾查阅过。

听说刘仙洲去世之后，所有资料都保存在清华大学图书馆。他的工作，不知有没有人继续做下去。1975年，已过去15年了，还没有听到中国机械史继续发展的消息。

已经酝酿多时的中国机械史学会就要于1990年2月在北京成立了。有了这个组织，刘仙洲未竟的工作，可以说有了有力的接班人。清华大学图书馆可以公开刘仙洲的资料和卡片，供有志于机械史研究者借鉴、继承和发展。

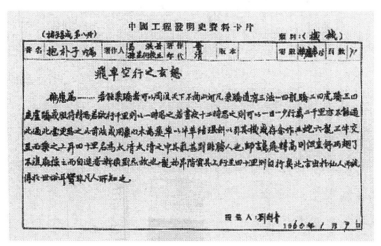

谈到这里就要联系到航空史料。航空机械是一般机械的一个分支。中国古代航空史料中还有不少空白点，或者有些问题搞不清楚。有了刘仙洲开辟道路，有了中国机械史学会的继续和发展，中国古代航空史中的空白或问题，就有得到解决的希望了。

1990年2月6日

——《航空史研究》1990（29）

成绩空前　奖励有功

1964年10月16日，我国研制的原子弹首次试验成功，这是立志"两弹"上天后，从无到有的极大胜利。中共中央、国务院为了庆祝胜利，致电嘉奖、鼓励有功人员。电文是："……中国工人、工程技术人员、科学工作者和从事国防建设的一切人员，以及全国各地区各相关部门，在党的领导下，发扬自力更生、奋发图强的精神，辛勤劳动、大力协同，使这次试验获得了成功。"

1984年10月16日，在北京举行了原子弹首次试验成功二十周年纪念的庆功大会。在这二十年里，我国的原子弹、氢弹、人造卫星等等，一个个上了天，取得了空前的成就。这都是我国千百万人忘我劳动，千百个厂、所密切配合，创造出来的成果。嘉奖有功人员，那当然是必要的。

1988年9月7日，在太原卫星发射中心，用长征四号运载火箭发射风云一号气象卫星上天成功。这又是一次空前的胜利。国务院、中央军委向参与试验的全体人员致电祝贺嘉奖。电文："……向全体从事研制、试验的科学工作者、工程技术人员、工人、干部、解放军指战员表示热烈的祝贺和亲切的慰问。"

从1964年到1988年，已有24年。在这期间，我们航天工业部的发射试验已有几十次成功。每次成功，也必得到中央通电嘉奖。注意一下这些电文的变化，也是很有意思的。1964年电文表彰的有工人、工程技术人员、科学工作者和其他有关人员。1988年电文嘉奖的有科学工作者、工程技术人员、工人、干部、解放军指战人员。两者有些不同，前者简单，后者详细、全面。前后列出的次序也不相同。

这种差异在1980年已经开始了。在那年某次祝贺胜利的电文中，有科学工作者、工程技术人员、工人、解放军指战员和一切有关人员，和1988

年的相近。

二十年来,我们不仅是在航天技术上有了很大进步,在对知识的认识上也已改正了"左"的错误。

——《航空史研究》1997（58）

航空书刊的贬值

凌福根、吴国庭等编的《航天飞机》是由国防工业出版社出版的。1979 年 8 月印刷了 15 500 本。这本书是 32 开本，220 页，内容分十章，图文并茂，印刷和装帧都不错，定价每本 0.93 元。

1980 年 7 月，我从西安新华书店买到一本《航天飞机》，用了 0.93 元。这是百分之百地照定价出售的。

大约过了一年，我又买到一本《航天飞机》，用了 0.47 元。这是按照定价五折算的。据新华书店的店员说，新书过了一年就要减价出售。

1985 年 8 月，我第三次买了一本《航天飞机》。这是一本全新的处理书，我只用了 0.08 元。这个价钱只有原价的 8.6%。这有点像中华人民共和国成立前上海"一折八扣"的廉价书。

航空书刊似乎应该是热门的畅销货，为什么《航天飞机》会如此地贬值呢？

1987 年 10 月

——《航空史研究》1989（26）

买书、藏书、丢书、赠书

我喜欢买书，数学游戏的书、围棋谱、象棋谱，我都喜欢买，但买得最多的是有关航空的书。从20世纪30年代起，我就爱逛书店、逛地摊，30年代中期以后，就逛上海的河南路、福州路，后来出差到一个地方，一定要去逛书店。

我也常看报上、杂志上的图书广告。有时候看了而没去买，过后觉得后悔。有时候就花大钱去买了。我买的最贵的一本书是刘佐成的《中国航空沿革纪略》，1932年买到，到今天已整整60年了，这本薄薄的一本定价6元，可算是够贵的了。这是刘佐成私人在南京出版的，他除了把书送人之外，因为太贵大概也卖不掉几本，所以这本书全国可能没剩下几本，也许成为稀有的文物了。

在20世纪70或80年代，我的这本《中国航空沿革纪略》被傅前哨同志借去翻印，不知他翻印了多少，过了半年多才还给我。1989年底这本书又被马毓福同志借去翻印，到今天两年半都过了，尚未归还。他说用完了想归还，怕邮递有失，托一位亲戚（或朋友）带给我。不料这位受人之托的人，把书带到四川家里，又出国留学去了。谁知道我这本宝贵的文物将来的命运如何。

我还喜欢买有关航空的小人书或连环图画。从1949年到20世纪60年代中期，我买过航空小人书约有100多本。这些书被我放在一个书架（当中是有玻璃门的书橱，两旁是敞开的书架）里。有一段时间，我的住房被压缩到原来的几分之一，一些家具出卖或出借了。大书架没处放，只可放在走廊里。虽然是玻璃门对着墙壁，旁边书架里的书还可以伸手进去拿出来。那时候，一家宿舍常有几家挤进来。人家的小孩子，对门、楼上、楼下的小孩子，就把我的书架当成公开图书馆。我的小人书就遭了殃，不是弄烂了书皮，就是整本书回不来了。在那种气氛下，是无法阻止的。到底损失了多少，实在无法查对。有一套四本的上海《大公报》出的《中国的世界第一》，后来只剩下两本，也就是损失了一半。

我买书，肯花6块钱买一本薄薄的书，好像满不在乎，但是有时也很小气。如抗战时期，上海四马路上小书店里各都摆着一折八扣的书一大堆。我看到有一本小册子，好像说俄国航空界三姐妹的故事，很多店家都有。我没买，以为太容易买到了，下回来再买吧。谁知道，下一回我想买时，所有店家都没有这本书了。还有一次我游拉菲德路（不知现在叫什么）一家不小的旧书店，有一本成都空军机械学校的旧讲义，我一问价，说要两块钱，太贵了，生意没做成。现在想起来，可以买的不买，错过机会，太可惜了。

"文革"开始时，我觉得家里存着那么多杂书，不如卖掉。于是借来一辆架子车，装有新的还是五六块钱一本的新书，都按每斤八分钱的旧书价卖掉了。这时候，在废品收购站里看见有一本蓝绸包皮装的很厚的航空名词词典。我知道像这样的词典有两种，一本是《英汉航空用语字典》，林菊生、胡伯琴等四人编的，1940年出版，还有一本是《英汉对照航空名词》，徐舜寿编，1944年出版。这两种，我都没有。这必是用八分钱一斤的价钱刚收进来的。我如愿意花几角钱，一定可以买到。可是，在当时，我也想不到要买这本书。

近些年，采用通信函售的方法，买过一些我想要的书。还有同志们赠送给我的书，这是少数。另外有用《航空史研究》季刊交换来的报刊，为数不少。

书多了，怎么妥善收藏是个问题。几十本书需要一个书架，几百本上千本书，就需要几个书架。书架多了，房间里也放不下，家里也没有空余房间。私人藏书，最怕是搬家。1936年，我家从杭州搬到上海，我把家具箱笼等全托一位同事设法搬运。结果是都运到了，只缺一件柳条箱，没有运到。箱里是书，我记得是航空署的《航空杂志》和《航空情报》，还有笕桥航校的《空军》周刊，还有什么，已记不清了。

书刊的尺寸最普通的是32开本和16开本，但也有小于64开本的和大于8开的装订本，大大小小，极难保管。还有期刊，有月刊、季刊、周刊。我常把几本合订在一处，如一年12本的合订为两本，一年4本的合订为一本，都是我自己努力完成的。

我自知个人藏书之困难，早从1948年起，就陆续把当时藏书700多本赠送给上海交通大学图书馆。我向当时的交大教务长提出赠书的条件。条件是：所赠的书不要分散，不要和大书库的书混在一起。教务长答应了我的要求。交大图书馆把我的700多本书编了号还写了卡片，可以供读者在馆内借阅。

1952年秋全国院系调整，我从交大航空系调到南京新组成的华东航空学院。几个月后，我赠交大的书也随我调到南京。1956年夏，华东航空学院由南京支援大西北，迁到西安，改名西安航空学院，一年后，西北工学院和西安航空学院合并成立西北工业大学。我所赠送的那些书也跟着我由南京转到西安。在南京、在西安，我把手中所存航空书刊继续地赠送给图书馆，使我赠送的这批书从700多本增长到3 000多本。每赠送一次，我都抄有书名清单，现将多年以来的具体数字抄录如下：

1948.10.27—1950.12.21 共赠 705 本

1954.7.12—1955.6.29 共赠 340 本

1958.3.1— 共赠 140 本

1986.10.25—1988.5.26 共赠 1 153 本

1989.11.2—1990.6.18 共赠 572 本

1991.5.6—1991.7.15 共赠 200 本

1992.4.4—1992.11.2 共赠 232 本

总计：3 342 本

在这里插上几段我在20世纪70年代把几件航空文物赠送给北京图书馆的事。

1915到1918年，我在保定上高等小学的时候，我父亲（创建了马医学堂，后改名兽医学校，后来当了陆军部军医司司长）出差去过一次日本，参加一个学术会议，回国时带来一套三张相连的彩色明信画片。送给我玩赏后，我一直保存了几十年。起初我并不了解画片的内容，到二十世纪五六十年代，我发现画片的右上角画着一个氢气球，有线连到地面，原来是一个系留式气球，而画片则是表示清末安徽太湖秋操的。这画片是一件极有价值的航空文物。

1932年，我在北京（那时叫北平）结婚。我妻龚德培是龚齐荫之女，因长房龚齐坊无嗣而过继给长房。龚齐坊幼时曾是贵胄学堂的学员，参加过太湖秋操，留有一本《太湖观操记》日记手稿，其中记了秋操中放气球的事，所以这本日记手稿也是有价值的航空文物。龚家祖籍仁和，是龚定庵之后。1934年，我在杭州航空署当署员时，还曾携龚德培去访问龚氏祖坟，但见一个石碑坊，几处坟茔，满目荒草而已。我还记得，那次回杭州，是从北高峰北麓一直爬上高峰，然后回到旗下的。

在1962年5月号的上海《科学画报》上，我发表了我的《几件气球史料》，公开了画片和日记这两件航空文物。

大概是在20世纪70年代，我认为这两件航空文物在我手里很难传之永久，就送给了北京图书馆，希望能得到妥善保存，永为世人参考。此后，我在1982年发表中国航空史之三《中国近代航空史稿》时，在第7页和第8页的图片、日记和画片的说明里，都记着一句"现存北京图书馆"。

我总以为由图书馆保管我的图书比较安全，其实也会有损失。如在20世纪60年代初期，我的书在图书馆二楼一间大阅览室里，分放两个大书架，开架供观众取阅。有一次，我看见有一本杂志，是空军机械学校在南昌时出的，被什么人丢在一楼的某处。我拿来交给了馆长，他接到书时态度是漫不经心的，丝毫未表示歉意。但是事后我也没去检查这本杂志是否放回到二楼的书架上。还有，我发现有不少书的封面脱落或破烂，馆员们没人管，我只得拿回家修补好了再送回。

图书馆对于我赠送的那些书，有时候像是很重视，但有时候又像不重视。如在50至60年代，曾派一位馆员给那些书写卡片，但后来又把那些书从阅览室书架上取下来散乱堆放在四楼的地板上。直到 80 年代中期以后，才又搬到二楼的一间约 10 平方米的小间的书架上。这个小房间就是航空史资料室。

图书馆里有图书成千上万，要分类，要编号，放在架上要有一定次序，才能在找书时手到拿来，这是图书馆的一种专门学问，我对此道完全是外行。可是我的航空图书已有成百上千本了，所以在 1957 年自己编了一个航空图书分类法，想拿来求教于图书馆专家，但是还没有一位专家肯帮我这个忙。

除了航空图书分类法之外，我还编写过一个中国航空书目。这书目中的书包括我已经有的，还有我没有的。在书目中，要写的项目很多，除了有书名、作者、出版者，还有出版年月、出版次数、装订、版本、页数、售价。版本一项中，我不写 16 开或 32 开的开本，而写出长宽的尺寸。还有把所用铅字大小列为一个项目。我没有列出全书多少字，也没有列出图片多少。我想一本书中图片多少，是很有意义的。

由于航空图书越来越多，而所闻所见的也使我忙不过来，所以编写航空书目的工作也就半途而废了。

今年是 1992 年，今后我手里有了航空的图书，我还要捐赠给航空史资料室。再过五年，那是 1997 年，我希望还能捐书，也希望能看到香港、澳门回归祖国，看到一个更完整的中国版图。再过三年，那是 2000 年，我希望还能捐书，同时要看到在北京召开的第 27 届奥运会①，希望中国健儿能取得更好的成绩。再过四年，那就是 2004 年，也就是我的百岁纪念了。我能活到这一天吗？不过，这没有关系，向航空史资料室捐赠的工作，不是我的私人工作。如果哪天我不在人世了，希望有航空史研究者、爱好者，能继续捐赠图书的工作，使资料室的收藏能增加到 4 000、5 000……同时希望能得到图书馆专家的帮助，使航空图书的分类更加完善，并按此分类写出全部各种卡片，把资料分类、上架。我认为这个航空史资料室在国内是

---

① 北京于 1991 年申请过 2000 年奥运会，但未成功。——编者注

独一无二的，对于航空史研究者是大有帮助的。

1992 年 11 月

——《航空史研究》1993（40）

为直升机正名

【编者按】

20世纪80年代，在中国航空界出现过一场学术大辩论，社会上，常把航空器中的直升机称为"直升飞机"，而且错误地使用了几十年。不仅一般字典词典、书籍报纸、电影电视等都在错误地使用这一名词，就连航空界专业字典、媒体、单位也都在错误地使用或将二者混用。南京航空航天大学的戚成海教授曾经做过一次实地调查，在小学五年级班上，把直升机模型拿在手上询问，全班都称"直升飞机"，对高中二年级46名学生询问，41人称"直升飞机"，在上过航空概论课的164名大学生测试中，也竟然还有6名答错，可见这一错误名词使用的普遍性。

年近80岁的姜长英教授开始大声疾呼纠正这一错误，1982年，首先在《航空知识》第五期上发表《直升机和"直升飞机"》，指出把直升机叫"直升飞机"是错误的。马上引来七八篇反对文章，大多认为：差不多、无所谓或已习惯成自然，不必多此一举去改动。也有知名的科普作家出来说："直升飞机"已经叫惯了，纠正起来，谈何容易！也有航天专家出来反对，认为旋翼也是翼的一种，直升飞机已经完全具备飞机的充分条件，何必不允许叫"直升飞机"呢？一场大辩论来临，姜长英奋力写作，先后在各种刊物发表7篇辩论文章，并在他创办的《航空史研究》季刊和中国航空史研究会发动全国航空界专家学者参加讨论，有力地配合了纠正错误名词的辩论。为了让全社会都来纠正错误，姜长英想要在全国报纸上刊登《为直升机正名》的学术广告，可惜除了个别单位，绝大多数没有响应。姜长英还多次向国家领导人上书请求关注纠正工作，他分别给国家新闻出版署、航空工业总公司、航空学会等领导写信求助，并得到有关单位的支持。经过十年奋斗后，终于取得初步胜利，他在1991年11月17日写了《为直升机正名的初步胜利》一文，其中提到，当时，航空专业词典、期刊、大百科全书已经完全纠正，有两家民办直升飞机公司已经改名为直升机公司，这说明"直升机"一词已经逐步为社会所承认。但是要在全国电视、新闻、广播等全部纠正这个错误，还要付出更大的努力。现又经过了三十多年，我们可以告慰姜老，目前电视、新闻中听到的，都已经应用直升机的正确名词，应该说，现在已经取得很大的胜利和成功了！

直升机和"直升飞机"

直升机和"直升飞机"有区别吗？有。什么区别？一个是"机"，一个是"飞机"，多了一个"飞"字意思就是不同的。

平常我们说喷气机、战斗机、教练机或敌机、我机的"机"，是"飞机"的简略。要加上"飞"字也可以，意义不变。但是，拖拉机、打字机、电视机的"机"，并非"飞机"的省略，如硬加上"飞"字，那就是不通或可笑的了。

直升机和战斗机、教练机一样，都会飞，为什么不能叫"直升飞机"呢？这就要知道什么是飞机。

作为飞机的条件很多，这里只说飞机不同于直升机的地方。飞机在飞行时，必须依靠固定于机身上的机翼在前进时所产生的升力，所以飞机必须是有固定机翼的。直升机有旋翼而没有固定机翼，因此不是飞机，如叫"直升飞机"，那是错误的。

有一种飞机名叫"垂直起落飞机"，这个名字有些啰嗦，如改名为直升飞机，那就是再合适也没有了。

字典、词典里的直升机既然把直升机叫成"直升飞机"是错误的，那么，这个不正确的名字是从哪里来的呢？

我调查了六十多种一般的和各专业的字典、辞典、词汇，包括英、日、德、法、俄文的，论年代，从二十世纪一二十年代到七八十年代。下面就是"直升机"这个词出现在各书里的统计：

1. 没有这个词或条目，12%；
2. 直升机，17%；
3. 直升（飞）机，6%；
4. 直升飞机，45%；

5. 用较多字来说明，如"具有螺旋推进机之飞机"，20%。

上面的 1 类可以不论。2 类是正确的，可惜只占 17%。3 类是中间派，态度不鲜明。5 类还是把直升机作为一种飞机，所以和 4 类是相同的。4 类和 5 类共占了几乎 2/3。但是学术问题不讲究"少数服从多数"，4 类、5 类虽然占了多数，但把不是飞机的东西称为"××飞机"，终究是错误的。

名词的来源

厉汝燕是我国最早的飞行家之一，在民国元年（1912 年）已从英国学成回国。他在 1925 年出版了一本《航空学大意》。书中把 helicopter 译为"直上飞机"。这是最早的译名，也是"直升飞机"的前身。1926—1929 年的几本英汉字典里也有 helicopter，但都是译为"××飞机"，承认它是一种飞机。

中国工程学会在 1929 年出了《英汉对照航空名词草案》，其中第一次出现了"直升机"。同时，这个名词草案还在南京的《航空杂志》和广州的《航空月刊》上转载，虽然转载，但未必依从。如 1931 年二卷六期《航空杂志》有一条"航空琐闻"在标题中有"直升飞机"，在文中有"直上飞机"，其实说的则是"旋翼机"。这可能是第一次出现的"直升飞机"。

1948 年 6 月 29 日《北平日报》第一版上有一条小新闻，标题是《订购直升机，宋子文何为》。文中第一句是"宋子文倾向美订购直升飞机若干架"，这说明直升机和"直升飞机"是被看作不分彼此的。

中华人民共和国成立后的情况

"直升飞机"这个词，虽然早在中华人民共和国成立前就已出现在辞典、字典里，也出现在报纸杂志里，但是到中华人民共和国成立后才真正多了起来，流行起来了。坚持用正确名词的还是有的，如 1965 年出版的《英汉航空工程辞典》和 1977 年出版的《英汉空军辞典》等，可惜这样的实在不多，用"直升飞机"的占极大多数。因此，这个不正确的名词在图书、杂志里泛滥起来。由于新闻是统一发布的，"直升飞机"已充满了报纸。新版《辞海》里写的是"直升机习称'直升飞机'"，不明说哪个对，而只把不正确的说成是习惯。

字典、辞典等工具书是指导人们学习的重要参考。辞书的编者应重视这个问题，要研究在这个名词里有没有"飞"字，究竟有什么区别。认识清楚了，改正是不难的，只要少写一个字就行了。特别要请科技和航空专业的辞书编者注意这件"小事"。

（原载于《航空知识》1982年第五期，又曾转载于《航空史研究》(2)。）

飞机和"直升飞机"

去年，我写过一篇《直升机和"直升飞机"》(《航空知识》1982年第五期)，谈了直升机和"直升飞机"这两个航空名词的历史和发展，还说明这两个词并不相等，前者是正确的，而后者是错误的。现在这篇《飞机和"直升飞机"》可以说是前一篇的姐妹篇或续篇。

"直升飞机"统治了全国

"直升机"一词的英文是helicopter，但是从英汉词典里查找这个词时，几乎毫无例外地得到的汉语名词是"直升飞机"，在解放初期的词典里，还能见到"直升（飞）机"这样的译名，现在都已统一为"直升飞机"了。不但英汉词典如此，在德汉、法汉、俄汉等词典里，也都如此。如从汉语查英文的《汉英词典》里就只有"直升飞机"而没有"直升机"这一条。如说普通的字典、词典是一般性的，很多科技词典，甚至航空专业词典，也都用了"直升飞机"。在全国的报章、杂志里，在经常传播的广播、电视里，"直升飞机"已成为常见名词，而大家也就常听常见、习以为常了。

"直升飞机"这个错误的名词，竟然压倒了正确的名词"直升机"，从而统治了全中国，其中的道理是值得深思的。坚持使用正确名词的可能只有《航空知识》和《航空与航天》等，在全国只占极少数。

什么是"直升飞机"？

虽然在很多字典、词典里都有"直升飞机"，但明确解释这个名词的实不多见，所见唯一解释什么是"直升飞机"的，可能只有《现代汉语词典》

了。现在把其中"直升飞机"和有关的另外两个词条的解释都抄在下面，以便研究。

"直升飞机"：能直升直落的飞机，螺旋桨装在机身的上部，作水平方向的旋转。能停留在空中，不需要很大的机场就可以升降。

"飞机"：飞行的工具，由机翼、机身、发动机等构成……

"滑翔机"：没有动力装置，构造简单而轻便的飞行器……

把滑翔机说成是一种飞行器，而不说是一种飞机，这一点很正确。在这本词典中，"飞行"是一个条目，但未设"飞行器"这个条目。

"飞机"的释文当然不算完备，但主要说它是一种飞行的工具，而没说是一种飞行器。

"直升飞机"的释文承认它是一种飞机，这是错误的。错误的根源在于，把飞机和飞行器的概念混同起来了，如果不说它是能直升直落的飞机，而改为能直升直落的飞行器，那就比较通了。不过这样一来"直升飞机"中的"飞"就不能存在，而非改为"直升机"不可。

"直升飞机"名词的纠正

"直升飞机"的名词既然是错误的，那就应该纠正。不过这是一个全国性的错误。它影响到全国的报纸、广播、电视和书刊，也影响到无数编辑者、写作者和读者、听者群众。由于它是三十年的错误，大家必已习惯成自然，因而积重难返，必然还有的，认为自己有权威，有自由，因而宁错不改。所以要纠正这一错误，还是不简单的。

去年的那篇《直升机和"直升飞机"》并未产生多大影响，只是震动了极少数读者，他们还是很不服气的。现在的这篇《飞机和"直升飞机"》想来也未必能创造什么奇迹。我另外还写了一篇《直升机和"直升飞机"的问题》，想把问题说得全面一些，想把它登在大报上，以求扩大影响。也许编者们认为名词问题是一个小问题，不值得占用大报的篇幅，因此这第三篇文章没有机会和大家见面。可见要凭个人之力来纠正一个全国性的错误，是很不容易的。纠正航空名词上的错误，是每个航空界人士的责任。如大家认真地动起来，问题是不难解决的。

《中国大百科全书·航空 航天》现正积极编写中，希望撰稿的专家们能把直升机和"直升飞机"的问题阐述清楚，讲清飞机和飞行器的概念，使全国读者有所信从。"知难行易"的学说在这里是适用的，只要明白了"直升飞机"这名词是错误的，要纠正是轻而易举的，省去一个"飞"字就行了。

（原载于《江苏航空》1983年第3期，又曾转载于《航空史研究》(4)。）

为直升机正名

我国的航空名词基本上是从英文翻译过来的。飞机和直升机的英文原名之间本来毫无联系，而我们却把不是飞机的直升机也叫作"××飞机"，这就不仅是错误的，而且是可笑的了。

飞机和直升机的共同点是比同体积的空气重，都会飞，它们都是飞行器（航空器）中重飞行器的成员。飞行器是个大家族，几十年来的发展使它们越来越兴旺。从家谱上看，飞机和直升机的关系很近，是兄弟辈，都是利用空气动力来飞行的。但是，它们在许多方面又有很大的差别。

首先，在构造和外形上，飞机依靠由发动机带动在垂直平面中旋转的螺旋桨所产生的拉力或推力，或者由喷气式发动机往后喷气时产生的推力前进。飞机前进时，固定在机身上的机翼产生升力，升力足够大，超过了飞机的重量，飞机就能飞离地面并在空中飞行。直升机不是这样，它没有产生拉力或推力的螺旋桨，也没有机翼，它只有被发动机带动在水平面内旋转的升力螺旋桨。升力螺旋桨转动时产生升力，就能使直升机上升并维持在空中。

由于必须在飞机前进时机翼上才会产生升力，所以飞机要飞行就必须前进。直升机不同，它的升力全靠升力螺旋桨，所以不前进也能飞离地面。飞机的操纵全靠驾驶员用脚控制方向舵，用手控制水平安定面和副翼。直升机的操纵完全不一样，驾驶员只要控制升力螺旋桨转轴的倾斜角度，就能控制直升机飞行。

飞机和直升机的飞行性能也有很大差别。飞机飞行时，平飞速度不得小于一个最小的速度（每小时几十千米到二三百千米），达不到这个速度就起不来。降落时，飞机在着陆后还要冲出老远一段距离才能停住，因此，飞机的起飞和着陆都需要很长而平坦的跑道，需要有机场。直升机可以直升直落,前进速度可以是零,所以直升机不需要跑道和机场,只需要一个比较开阔的平地就行了。

由此可见,飞机和直升机确有很大差别,它们不是同一种东西,把直升机叫作"直升飞机"是不对的。

但是可惜,现在把直升机叫作"直升飞机"的不仅大有人在,而且几乎泛滥于一切报纸、杂志、电影、广播、电视上。以《辞海》为例,虽然它对飞行器的分类是对的,对"直升机"词条的解释也正确,可是在末尾还是加了一句"'直升机'习称'直升飞机'",这就等于是承认了错误的叫法,而不说明谁是谁非。

人们听惯了、看惯了"直升飞机",久而久之,习以为常,就以为这个名词是正确的、当然的。有人说,习惯叫法不是正规的科学语言,不必那么认真,比如我们习惯上说铅笔,但谁都知道铅笔里的"铅"不是金属铅而是石墨,我们习惯上说铁道,但谁都知道铁道的"铁"不是普通的铁而是钢,这没有什么害处。但是,直升机的情况不同,把直升机错误地说成是"直升飞机",确实使人误以为直升机就是飞机的一种。这就不是什么无害的习惯了——它模糊了人们的航空基本概念,也妨碍公众接受正确的航空科普知识。因此,"直升飞机"这个错误的名词是应该纠正的。幸好纠正这个错误并不难,只要去掉一个"飞"字就行了。

当然,"直升飞机"这个词也不是完全没有用。有一种叫作"垂直起落飞机"的飞行器,既能直起直落,又有飞机的特点和性能,把它改名为直升飞机那倒是非常合适的。

(原载于1984年6月29日《光明日报》的《科学与技术》专栏,又稍经压缩后转载于《新华文摘》1984年第8期。)

飞机·直升机·直升飞机

自从世界上第一架有动力的飞机问世以来已经历90多年，但是直到现在我国还有很多报刊、广播、电影、电视、字典、辞书上，仍然分不清什么是飞机，什么不是飞机，常把飞机、直升机和直升飞机三个航空名词随意混乱使用，使得这三个航空名词的概念混乱不清，这种情况自20世纪30年代起，已有60多年了。

在1982年5月号《航空知识》上，我的《飞机和"直升飞机"》一文首先提出了为直升机正名的问题，后来又提出为直升飞机正名。只可惜，个人的努力只在航空界有些效果，而在广大的社会上并无多少影响。80年代末，南航一位教师曾做过一个调查，拿直升机的模型或蓝图给小学生、中学生及南航的大学生看，叫他们说出图片上的名字。其结果，100%的小学生说是直升飞机，90%的中学生说是直升飞机。南航的大学生虽然在航空概论课上学过，不该把直升机叫直升飞机，但是仍有3.6%的大学生继续称直升飞机。

要问报刊的编辑、记者，广播的编者、广播员，电影、电视的编者，翻译人员等，为什么要把直升机说成飞机或直升飞机呢？这有两个原因：第一，很多人都错误地认为，除了飞鸟和昆虫，除了气球和飞艇，凡是能飞的都统称为飞机。第二，在翻译外国的电影、电视和报刊的文章时，翻译人员查该英文字helicopter的意思时，字典、辞书上都说是直升飞机或直升（飞）机。

所以要纠正这个全国性的名词错误，应当从字典、辞书入手。可是字典、辞书的编者、作者等，不大重视如《航空知识》《光明日报》等报刊上的文章，甚至到了90年代，有的字典、辞书还是靠查抄旧书来编辑新书。

我写此文的目的，就是要把飞机、直升机和直升飞机三个航空名词的概念讲得更清楚一点。

飞机（aeroplane 或 airplane）

飞机的名字，在辛亥革命（1911年）之前还不固定，有人叫飞行机、飞艇或飞车。辛亥革命之后，飞机的名字才固定下来。

现在世界上的飞机已有几十万架，它们的形式、构造、大小和用途虽然各不相同，但都各由6个部分组成：（1）机翼；（2）机身；（3）动力装置；（4）操纵系统；（5）起落装置；（6）有效载重。

在这些组成飞机的部件中，最重要的是机翼，它在空气中急速前进时，可以产生支持全机重量的升力（见图1）。只有当升力大

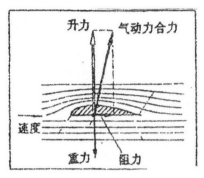

图1　机翼翼剖面上的空气动力

于整个飞机重量时，飞机才能离开地面，升入空中。按飞机的定义，机翼必须是固定在机身上的。如机翼不是固定的，则不称其为飞机。所以说固定翼是飞机必要的，因为既称飞机，机翼当然是固定的（见图2）。

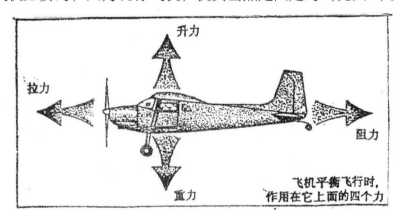

图2　飞机飞行原理图（升力由固定的机翼产生）

有一种变后掠翼飞机，其机翼可以从小后掠角变到大后掠角。它的机翼不是固定的，为什么可以叫飞机呢？它在正常飞行时，机翼一定要固定在小后掠角位置上或是固定在大后掠角位置上。机翼还是固定的，叫它飞机并不违反飞机的定义。

直升机

1929年1月出版的《英汉对照航空工程名词草案》，是中国工程学会制定的。那时候实用的直升机还没有研制成功，但是已经有了正确的译名。20世纪30年代才有了成功的直升机，到了40年代才有真正实用的直升机。

遗憾的是，20世纪30年代出现了不正确的译名。从这以后，正确的译名很少见，常见于字典、辞书的则是不正确的直升飞机或直升（飞）机，甚至90年代新出版的字典、辞书也多沿用了错误的叫法，使得外语电视的翻译也都跟着走，使全社会将飞机、直升机的概念都混在一起。

直升机和飞机相比，在外形上有很大不同，飞行性能也大不一样。直升机外形特点是有在水平面旋转的旋翼，或称升力螺旋桨。其桨叶常有两叶、三叶或四叶，也有五叶、六叶的。旋翼由发动机带动旋转，旋翼转动产生向上的升力。升力如大于全机的重量，直升机就可飞离地面，升到空中。直升机在地上能垂直起落，不像飞机起落时要在地面滑跑很长距离。旋翼的旋转平面平常是水平的，但可以由驾驶员控制使旋转平面向前、向后或向左右歪斜。旋翼所产生的向上的升力，随之也向前、向后或向左右歪斜了。这样就使直升机在空中前进、后退或向左右飞行。

直升机除了有旋翼，也要有动力装置、操纵系统、起落设备和连接其它部位及装载人员、设备、仪表等的机身部件。

直升飞机（heliplane）

我在这里要提到一个新词，就是"直升飞机"。直升飞机这个名字简单明了，既会直升直落，又是飞机，所以叫直升飞机。它当然是飞机的一种，但名字经过了几十年曲折坎坷的经历。

直升飞机的名字在20世纪30年代就出现了，不过它的含义和概念被扭曲了，用来代替根本不是飞机的直升机，而且泛滥于全国几十年。到了80年代，我才写文章说明用直升飞机来代替直升机是错误的，同时我也说

"直升飞机"这个词可以代替垂直起落飞机。

在1990年我为直升飞机创造了一个英文名字 heliplane。直升飞机可以分为很多种类，它们之间差别很大，有的只是在研究中尚未成功，有的则已经成功。直升飞机现在有五种，将来还可能有更多的种类。

（1）全机转向式直升飞机：整个飞机头朝上、尾朝下，直立在地上，用发动机的拉力向上起飞，然后在空中转向90度，向前平飞。

（2）机翼（带发动机）转向式直升飞机：飞机停在地面时，机翼带着发动机转向90度，前缘向上。飞机升到空中后，机翼再转回来，使飞机向前飞行。

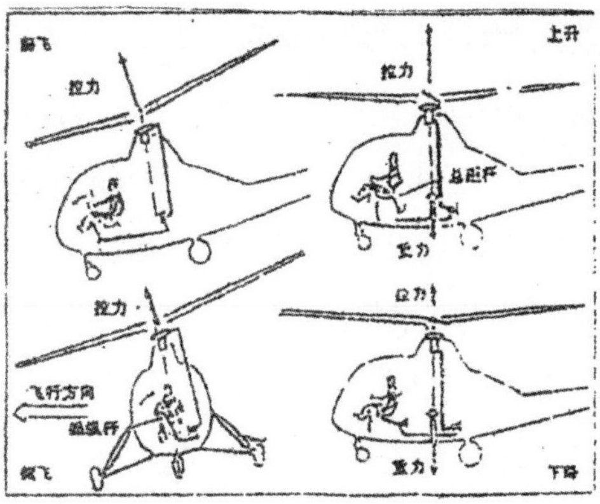

（3）发动机转向式直升飞机：机身机翼像普通飞机一样，只是发动机可以转向90度（见图3）。

（4）喷气转向式直升飞机：飞机的喷气发动机平时向后喷气，但在起飞和降落时，则能转向90度向下喷气。如英国的"鹞"式飞机就是一种很成功的喷气转向式飞机。

图3 直升飞机飞行原理图
（升力由旋转的旋翼产生）

（5）固定旋翼式直升飞机：形状像普通的直升机一样，但飞到空中时，旋翼可固定住成为固定翼，同时发动机产生向前的推力，使飞机向前平飞。如美国研制的一种四叶旋翼直升机，又名为X翼飞机，其实就是一种固定旋翼式直升飞机。

平常所说的垂直起落飞机，名字稍嫌啰嗦，我想把它们称为"直升飞机"较好。

至于垂直/短距起落飞机，因它在起飞和降落时，还要在地面平滑跑一段不长的距离，恐怕不能作为定义严格的直升飞机。

（原载于1994年第7期《航空知识》，又转载于1994年12月《航空史研究》。）

"直升飞机"和直升飞机

这个题目有点奇怪,有必要作些解释。

直升飞机,这是四个字的航空名词,它代表一种航空器或飞行器。这四个字可分为前、后两部分。后两字"飞机"是名词的基本部分。飞机是重航空器的一种。它的飞行,一靠发动机的动力来抵抗前进中的空气阻力,二靠固定于机身上的机翼在前进时产生的升力,才能在空中不掉下来。有人把能飞的机器都说成飞机,那是错误的。能飞的机器有很多种,总名航空器,飞机只是其中的一种。

四个字名词的前两字是"直升",意思是有直升、直降或垂直起落的性能。前后连起来的四字名词直升飞机就是能直起直落的一种飞机。

世界上真有直升飞机吗?有,还有不少式样呢!这问题等以后再谈,先说加了引号的名词"直升飞机"。

"直升飞机"这个词常见于字典、词典上,常见于报纸、书刊上,也常出现在广播、电影、电视中。它是用来代替一个航空名词"直升机"的。直升机和飞机一样,也属于重航空器之一种。它能直起直落,但不像飞机那样有固定的机翼,所以不是一种飞机,如叫"直升飞机"那是完全错误的。因此,1986年8月7日《人民日报》有一篇指正错误的《"直升飞机"叫法不科学》的文章。

从前,航空知识不普及,不少人认为凡是会飞的机器就是飞机,把直升机叫"直升飞机"不认为错,所以这个错误非常流行,甚至航空界自己也常把直升机叫成"直升飞机",而不自觉其错误。近几年来,航空知识已渐普及,使用"直升机"一词的多了,使用"直升飞机"的少了。但还有少数人相信一种错误的逻辑,认为直升机 = "直升飞机" = 飞机呢!

"直升飞机"一词被很多人滥用、错用了几十年,在懂航空的人看来,这个词已经"臭"了,"黑"了,以至于应该使用"直升飞机"一词的地方也不敢用了。比如把本应叫"直升飞机"的一种飞机,叫成"垂直起落飞机"或"垂直/短距起落飞机",使其变成了很啰唆的名词。

下面谈谈直升飞机有多少种式样。

(一)机翼转向式直升飞机

这种飞机的发动机、螺旋桨装在机翼的前缘,平飞时,螺旋桨的拉力是向前的。整个机翼可以转向,能转到前缘向上,螺旋桨的拉力就向上了。如拉力足够大,就能使地上的飞机垂直起飞,等上升到一定高度,再使机翼转向,使拉力向前,变为平飞。

(二)喷气转向式直升飞机

这种飞机的机翼和普通飞机的一样,不会转向,但所装喷气发动机的喷口会转向。在正常飞行时,喷气向后,产生向前的推力。在起飞或降落时,喷口转向,使喷气向下,产生升力。起飞后,转变喷气方向,就可转入平飞。如英国的"鹞"式飞机,就是一种成功的喷气转向式直升飞机。

(三)环形机翼式直升飞机

这种飞机的机翼弯成一个环,就像一个圆筒。螺旋桨在圆筒里工作,效果特别好。机翼的前缘向前时,飞机可以前进。把圆筒立起来,翼的前缘向上,螺旋桨的拉力向上,飞机就能垂直起飞。飞起来后,再转变方向,改为平飞。

(四)固定旋翼式直升飞机

这种直升飞机没有一般飞机的固定机翼,它的外形和一般的直升机相同,有升力螺旋桨或旋翼,但另有向前推进的螺旋桨或向后喷气的发动机。它用旋翼像一般直升机那样上升到空中后,把旋翼固定,同时向前的发动机、螺旋桨发挥作用,已固定的旋翼产生所需升力,以维持平飞。

这种直升飞机就是1986年12月12日《参考消息》和其它几种报刊都介绍过的,可惜它们都没有用固定旋翼式直升飞机这个正确的名字。

(五)直立式直升飞机

普通飞机停在地面时,机头是向前的,直立式直升飞机外形和普通飞机相同，但在起飞前是头朝上、尾在下地停在地面。发动机的拉力或推力使飞机上升，然后转向成为向前的平飞。苏联百科全书《航空与航天》（解放军空军学院，1984年）485页就有这种飞机的照片。

《航空与航天》454页有"拉（推）力换向式飞机"条，解释为"兼有直升机和飞机性能的飞行器"。可见"直升飞机"这个非常合适、极为科学的名词是很多人不愿使用或不敢用的。这就是因为几十年来"直升飞机"破坏了直升飞机的"名誉"。所以我认为应该为直升飞机正名，给直升飞机恢复名誉。

科学进步，日新月异，航空发展，层出不穷，说不定还会有更多式样的直升飞机呢！

（原载于《航空知识》1994年第7期，又转载于《航空史研究》1994年（46）。)

给新闻出版署负责同志的两封信

新闻出版署署长于友先同志：

图书司司长杨牧之同志：

首长同志们，你们好！

我是西北工业大学教授，今年92岁，虽已退休多年，但仍在关心着创办并主编了十年之久的《航空史研究》季刊和倡议了十多年的为直升机正名的事业。去年，我已把季刊的工作让给了年轻的接班人。为纠正全国字典、辞书对直升机的错误认识，应该继续努力。

Helicopter这一英文名词，在1929年已有正确的译名——直升机，至20世纪30年代出现了错误的译名。不幸得很，国内多数字典、辞书都采用了错误的直升飞机和直升（飞）机。如1979年的《汉英词典》上，只有"直升飞机"词条而没有直升机。

20世纪80年代，我首先提出了这个问题，写了几篇文章。

《直升机和"直升飞机"》，见《航空知识》1982年第5期；

《飞机和"直升飞机"》，见《江苏航空》1983年第3期；

《为直升机正名》，见1984年6月29日《光明日报》；

《直升机辩》，见《辞书研究》1986年第1期；

《为直升机和直升飞机正名》，见《老人天地》1989年第1期。

在20世纪80年代中期，我给胡耀邦同志去过信。这信发生了作用，使当时在编撰的《中国大百科全书·航空 航天》中没有用错误的名字代替正确的直升机［详见《航空史研究》（43）1994年第1期28页］。1983年时，广东深圳有一个中国海洋直升飞机专业公司，在1991年8月8日的上海《文汇报》上登出一则更名启事，把名字里的直升飞机改为直升机。这也说明给胡耀邦同志的信起了作用，使航空界都知道直升机才是正确的名词。

但是我国的新闻界、广播电影电视界和字典、辞书界仍然将直升机、直升飞机、飞机这三个名词随意混乱使用，使这三个名词的概念混乱不清，而造成混乱的根源当是字典、辞书。

我国自有航空以来已 80 多年，到今年连什么是飞机、什么不是飞机都闹不清，这岂不令外人耻笑中国人之无知？

Greenwich 是一个英国地名，几十年都被译为格林威治。在不久以前，不知受何处大权威的干预，改译为格林尼治，全国新闻界、字典辞书界已很快响应，1989 年新《辞海》已经照改了。

首长同志们，Helicopter 和 Greenwich 两词的误译，前者的恶劣影响比后者大得多。后者已有大权威大力干预，得到纠正，前者的误译是否当由新闻出版署出面干预？或由更高层用某种形式来干预？请首长们研究解决。

随信附上三种有关资料：《老人天地》上的学术广告一纸（1989）、《航空史研究》（特刊）一本（1987）、《航空史研究》（43）一本（1994）。

以上三种资料，提供给首长同志们参考研究，以便研究出用何种干预方法可使我国字典辞书的编者、作者能认识到用直升飞机或直升（飞）机代替直升机的严重错误和后果，然后改正。

首长同志们，以上谈的太啰唆太长了，很为抱歉。但这确是有关国家荣誉的文化问题，所以请新闻出版署想办法，研究解决。有了结果，请赐我一个回信。

此致

敬礼

西安市西北工业大学北村 3-1-3

姜长英

1994 年 4 月 22 日

新闻出版署署长于友先同志：

图书司司长杨牧之同志：

首长同志们，你们好！

在 4 月 22 日，我曾寄上一信，并附寄上三份资料，想必早已收到。我为了给直升机正名，请你们发挥首长的权威，设法解决字典、辞书的失误。

解决的办法是，最好能像"格林威治"改为"格林尼治"，可惜还不知用什么权威、什么办法，所以没法学习。其次的办法是召集有关人员来京开会，宣讲名词错误的严重后果，使听者弄清概念，认识错误，回去改正。此法需要经费多少万元，效果也未必好，省钱省事之法是以新闻出版署的名义印发小册子几千份，分发给有关机关和个人。我个人以在野之身，虽然也能印发小册子，但远远不如你们之有权威了。

小册子的内容可以包括：

1. 新闻出版署给有关机关和个人的信；
2. 中国航空学会理事长的证明信；
3. 我给新闻出版署的信和其它文章。

我最近写过一篇《飞机、直升机、直升飞机》，投给《航空知识》，还不知何时刊出。

印出了几千本小册子，可以分发到下面的机关和个人：

1. 全国出版字典、辞书的出版社总编辑，字典、辞书的责任编辑、主编、编者；
2. 全国新闻报纸的总编辑、编辑、记者。

——《航空史研究》1994（45）

中国航空工业总公司
关于同意出版"直升机和'直升飞机'的问题"增刊的批复

《航空史研究》编辑部：

你编辑部报来的关于出版"直升机和'直升飞机'的问题"增刊的报告，已收悉。

经研究决定：为纠正公众对直升机错称"直升飞机"，有必要通过新闻媒介作进一步的宣传，就此问题再次提醒人们注意改正错误，使错误的叫法不再流传，同意你编辑部出版一期增刊。

请你们持此件到陕西省新闻出版局办理有关手续。

中国航空工业总公司新闻办公室
一九九四年十一月二十八日

——《航空史研究》1995（47）

为直升机正名的初步胜利

正确的名词"直升机",1929年就有了,把"直升机"错误地叫成"直升飞机"是1931年才开始的。但是错误的名词代替了正确的名词,流行于全国,并且流行了几十年。到1982年,我才在《航空知识》上第一次写文章,说"直升飞机"这个航空名词是错误的,想要纠正这一社会上流行多年,在很多人口头和笔下也已成为习惯的错误。这以后,为这个问题出过《航空史研究》的三次"特刊",还在某杂志上登出了"为直升机正名"和"为直升飞机正名"的学术广告(有很多大报不肯登这种广告)。

我的意见虽然得到不少人的同意和帮助,但也有些人坚持错误,予以反对。可见社会上的习惯势力是很顽固的。

1989年,南航的戚成海同志为直升机问题做过一次社会调查。他调查了南京的某小学、中学、大学学生对这一问题的认识和发生错误的根源,调查结果是:42名小学五年级学生,把直升机叫直升飞机的有100%;46名高中二年级学生,有同样错误的占90%;164名大学生,在学航空概论课时已学到正确名词,但仍有3.6%把直升机叫成直升飞机。问小学生从哪里学到错误的名词,回答是从电影、电视,看书和听大人说的,由此可见电影、电视和书刊的宣传作用和习惯势力了。

把直升机叫成直升飞机是错误的,错误的根源在于把飞机、直升机和航空器的概念搞混了。如在词典和字典上,把直升机写成直升飞机或直升(飞)机,把航空器或飞行器的第一解释理解为飞机,这些都可成为错误名词的根据。

在1982年,我调查过几十种字典、词典,它们在直升机这个名词上不犯错误的还不到20%。这几年来,新出的字典、词典不少,这种错误已略有减少,这也许就是为直升机正名工作的成绩。

广东深圳有一个"中国海洋直升飞机专业公司",它成立于1983年,是专为海洋石油勘探开发服务的,我曾去信问过,知它是属于经委而不属于空军和民航系统。1983年3月的《航空制造工程》月刊的封面上登出过这个公司的广告。1990年2月1日,它给各股东上了一个报告,请求改名字,把直升飞机中的"飞"字去掉,大概是已被批准了。

1991年8月8日上海《文汇报》登出一个《中国海洋直升飞机专业公司上海公司更名启事》。其内容是:经上级主管单位及工商部门批准,把公司名称直升飞机中的"飞"字去掉。

以上两条消息前后相差一年半,其中一定有些复杂情况,但无论如何,它说明了"直升机"是正确的名词的说法,已逐渐被社会所承认。这是为直升机正名的一个胜利。但是要纠正全国字典、词典、电影、电视、新闻、广播等的这个错误,还要付出更大的努力吧。

所以说为直升机正名的胜利,只能说是初步的。离最后的胜利、彻底的胜利,还有不短的距离。请看下列事实:

昨天,有人借给我看了中国航空学会在1984年6月为纪念中国航空学会成立十周年出版的《二〇〇〇年的中国航空》一书。这本书的323页有《二〇〇〇年的中国直升机》一文,全文共8页,说了"国外直升机发展的动态""我国直升机发展的状况"和我国前途的"初步设想",全文都说的是直升机,但是在"综合报告目录"里却有"16. 二〇〇〇年的中国直升飞机——323"。

1991年春,电视里播出了纪念我国航空工业四十周年的电视纪录片,其中就有首长口中说了"直升飞机"。

1991年11月8日《新民晚报》第1版"新华社今晨供本报专电"中,就有"以色列出动3架直升飞机"。同一份报的第4版《公安战线》《海上偷渡梦》中,又有"一架直升飞机出现在渔船上空"。

错误名词的习惯势力,还是不可忽视的。

1991年11月17日
——《航空史研究》1992(37)

纠正错误名词是个长期任务

直升机是一种航空器。飞机是另外一种航空器。把不是飞机的直升机叫作"直升飞机"当然是错误的。

我国新出的字典很多，可惜除了《辞海》外，几乎都是只承认错误的"直升飞机"，而不承认正确的直升机。全国的报纸、广播、电视、电影等，则都认为"直升飞机"＝直升机＝飞机，三个名词可以随意替换使用。由于文化出版的发展和广播、电视的宣传，使得不正确的名词"直升飞机"在全国泛滥。

人们受到长期的宣传，认为"直升飞机"一词当然是正确的。听到了宣传正确的航空科普知识，说直升机不是飞机，不应该叫"直升飞机"，就会有人起来反对，拒不接受正确的科普知识。这就是错误的名词"直升飞机"泛滥的危害。

使错误名词泛滥，造成危害，原因有三种：第一是全国的航空界，包括航空工业部门、空军、民航、航空学会和航空学术界，他们在三十多年来，没有重视航空科普知识的宣传，使群众知道一些航空器、直升机和飞机等名词的概念。见到、听到不正确的航空名词，也不批评、不纠正，漠不关心，听之任之。第二是字典、词典等工具书的作者、编者没有认真弄清航空器、直升机、飞机等航空名词的概念，采用了错误的"直升飞机"，而摒弃了直升机。《辞海》虽然有较清楚的认识，可惜说直升机俗称"直升飞机"，又说飞机以外的重航空器都可以叫作飞机。这就给错误的名词开了绿灯，而不告诉读者什么是错误的。第三是文化出版、新闻广播、电视电影等宣传工具，三十年来都在用"直升飞机"＝直升机＝飞机的认识来向群众宣传，而不知用了这个连等式就把许多航空基本概念都搞乱了。

在以上的三种原因中，第一种是主要的，由于有了第一种，这才产生第二、第三种原因。全国的广大群众则是这三种原因的受害者。他们相信"直升飞机"这个词是毫无问题的，认为"直升飞机"、直升机和飞机没有区别，根本没有航空器的概念。

锦州有个超轻型直升机公司，南京有个中国航空学会直升机专业委员会，上海有个民航直升机公司，三个都是以直升机为名的，但是到了报纸上，都变成"直升飞机"，由正确的变成了错误的。《光明日报》的科技编辑把我的《直升机和"直升飞机"的问题》一文压缩为《为直升机正名》，刊登在1984年6月29日的报上，后经八月号《新华文摘》转载。可见我的论点是有人支持的。可是，以后的《光明日报》仍旧采用"直升飞机" ＝ 直升机 ＝ 飞机的公式。这些都说明社会上的积习十分顽强，往往是不问是非，坚持不改。

有人说"直升飞机"这个词，经过长期使用，已被广大群众所接受，成为亿万人的常用词。谁要想纠正它，像胳膊扭不过大腿，不如算了吧，不要白费力气了。

随地吐痰是我国亿万人的陋习，已有几千年的历史。要纠正此陋习，当然很不容易。由于随地吐痰不卫生，有危害，所以不怕费力气，非要纠正不可。把直升机说成"直升飞机"也是一种陋习，说惯了就信以为真，听不进正确的科普知识，其危害是有事实为证的。如果信了、用了"直升飞机"，就会弄不清什么是飞机。我国兴办航空事业已七十多年，如果连什么是飞机还弄不清楚，岂不让人耻笑吗？

把直升机叫"直升飞机"的陋习，已有近四十年的历史，要纠正它，只要省掉一个"飞"字就行了，比纠正有千年历史的随地吐痰省力得多。但是，习惯势力十分顽强，不可忽视。纠正陋习，不能用行政命令的办法，只能用正确的科普宣传来说服教育，所以纠正错误名词是个长期任务。

纠正错误的"直升飞机"，要正确宣传航空科普知识，宣传《辞海》上的航空器分类表，宣传什么是飞机，宣传"直升飞机"为什么是错误的。宣传航空知识是航空界每个人的责任。航空界几十年来，没有重视宣传航空知识，才造成错误名词的流传，所以纠正错误名词，是其无可推卸的责任。宣传的对象，首先是航空界自己，其次是字典、词典的作者、编者。

我国的航空界有些人并不重视航空名词的严肃性，在说直升机时，往往随口说成"直升飞机"。有不少航空书刊，也常出现"直升飞机"，或者把直升机归入飞机一类。《航空知识》是一种很有影响的航空科普刊物，多年来随意以"直升飞机"代替直升机，直到1980年以后才改正过来。虽然编辑部中还有人不以为然，但杂志里已见不到"直升飞机"了。1985年第1期发表了我国航空界1984年十大新闻，其中一条就是直升机，后来，中国航空学会有一文提到这十大新闻，把原来的直升机改成了"直升飞机"。哈尔滨某厂制造了直升机，自称为"直9飞机"，认为它是一种"飞机"。广东深圳有一个国营机构名为"中国海洋直升飞机专业公司"，把错误的名词作为正式名称。这些都说明我国航空界对名词的不重视。

把直升机叫成"直升飞机"或飞机，当然是错的，所以要为直升机正名。"直升飞机"这个四个字的名词，应该代表既有直升直降的性能，又有飞机特点的航空器，但是人们不敢用"直升飞机"这个词，反而创造了什么垂直和短距起落飞机、混合型飞机等名词，所以我们也应该为直升飞机正名。因此，航空科普宣传工作的任务更重了。

从以上看来，用正确的航空科普知识宣传，首先要做航空界的工作，这个任务也是很艰巨的。但是只要分清是非，见了错误批评纠正，大家都在摆事实、讲道理的学风下，航空界的思想是可以统一起来的。

在向航空界作宣传的同时，也要向字典、词典的作者、编者宣传。先宣传《辞海》中有关航空的几条释文，基本是正确的，只是在末尾有些"画蛇添足"，给陋习开了绿灯，如果去掉，就完美了。其它字典、词典和《辞海》相比，大相矛盾，都不承认"直升机"这个正确名词。只要作者、编者都实事求是地弄清楚《辞海》上的航空器分类表，困难就解决了。

——《航空史研究》1995（47）

科学知识类

【编者按】

　　八十余年中，姜长英撰写了一批科学问答、科学普及、科学探索等方面的文字资料和短杂文。从上海图书馆挖掘出来的材料，说明他青年时期在底特律大学求学的1928年，就在《环球中国学生会周刊》上发表了第一篇文章《国外大学调查录——美国地脱劳爱（底特律）大学》。遗憾的是至今我们仅在上海图书馆查到目录而未找到原文，后又在底特律图书馆查找，也未查到原文。回国后在20世纪20年代末30年代初，他又在诸多刊物上发表过文章，涉猎范围宽广，下至植物花草、蚊虫孑孓，上至寰宇星球，思通百年，目接八荒。他的发问，言简意赅，科学中肯；他的探索，科学求其有出处、有方法、有结果，事件究其虚实，人物究其真伪；他的各类短文，意寓于文，趣意兼容；他的学术辩论，不唯上，不信讹，采撷有据，坚守科学理念。

　　20世纪30年代以后，姜长英虽然已把主要精力集中于航空史研究，但出于对科学知识的热爱，他始终未放弃对科学的探索和研究。1951年他把早期写的有关文字汇集成一本名为《科学消遣》的书，由中国科学仪器公司出版。改革开放后1997年，他又将内容彻底修改、增删后由西北工业大学出版社出版了《科学思维锻炼与消遣》一书，希望广大读者、青少年能热爱科学，从科学游戏中得到启发，以期有益于提高科学思维，为建设四个现代化的社会主义伟大目标作出贡献。

　　他探索的问题中以数学问题、数学游戏居多。如"一分为三连乘得积"，这是属于数论的问题。我请教过高校的数学老师，搞数学的人都知道数论是数学皇冠上的一颗明珠，数论是研究数的性质的学科，如哥德巴赫猜想、素数分布、除数问题、整数分拆都是数论中的传统命题。而姜长英则是自己命题：一分为三连乘得积，就是把一个正数分成三个正数，再把这三个数连乘起来得积。他通过大量的试算，归纳出了通用综合表达式，试图寻找出它们的规律性关系。虽然没有得到一个完整的结果,但是他还是有自己的认知,这便是他在一首四言小诗中的几句:一分为三,连乘得积,偶尔相等,更多相异。相互连续,亦难亦易……他还有一篇《魔孔》的文章,也是数论范畴的问题,同前面的问题有异曲同工之处。问题的提出有启发性,研究方法有技巧之美。目前数论在计算机计算模型、硬件体系结构和软件设计与实现、代数编码、计算机通信安全和密码学等方面都有广泛的应用。至于华容道、九连环等游戏,则是数学与中华文化相结合的产物。它们受到国内外益智爱好者的广泛欢迎。这也说明姜长英数学功底的扎实及兴趣探索之深广。

20世纪80年代后,他又进一步探索,如数学游戏华容道的研究,他还写出了《华容道的历史》《华容道的分类》等文章,聚集了一批各地的爱好者,提出要成立研究会,姜长英因为感到精力不够而作罢。又如九连环的游戏也引起不少人的兴趣。一个美国人和美籍华人夫妇曾专程到西安造访,要求姜长英帮助他们在美国推广九连环等智力游戏。

现代哲学家罗素曾说过:高尚的生活是受爱鼓励并由知识导引的生活。并以此规劝人们去寻求一种智慧的人生。明末才子袁宏道曾说:世人所难得者唯趣。姜长英一生志趣多面,而且在科学、知识的导引下坚定笃行地生活,他拥有智慧的人生。

这也是他希望留给后人、青少年的人生导引。

水星的研究

太阳系八大行星之中，除地球以外研究火星最为热闹。什么火星上的运河工程如何伟大，火星上的人类如何聪明，他们的器官又如何特别……研究火星真像火一般狂热，而对于距太阳最近的水星的研究却像水一样的冰冷。水星的内容，世人知道的还很少。最近法国 Lucien Rudaux 著有关于水星之文一篇，因特译出，以介绍于国人。

当天文学家研究太阳系中的各行星时，第一感觉有兴趣的就是各行星与我们的世界——地球的异同，第二就是行星上生物存在的研究。

在八大行星中，以水星离太阳最近。我们对它的知识掌握得也最少。这是因为它的位置与速度等关系，我们很难观察它。

水星离太阳平均有 36 000 000 英里（1 英里 = 1.609 344 千米）。它的轨道较别的星为小。设若这轨道是圆的，我们观察它就很容易。但是不巧，它的轨道在我们看来，是一个极扁的椭圆。而且水星也有和月亮相似的"朔""望""上弦"等现象，有时现全面，有时现半面，有时几乎隐而不现了。这就是观察水星困难之一点。当水星离地球较近时，它只显露小半面，观察者只能窥其一斑。等它露出大半面时，它正在太阳的那面，离地球又太远了，这又是一层困难。

水星要是走近了太阳（以观察者为主观），因有太阳强光，炫人眼目，是看不见水星的，要看须等它稍离太阳远一些。如不用望远镜看它，每天也不过能看见两次：一次在西方，日落的前一会儿；一次在东方，日升的前一会儿。再者水星绕太阳一周只需 88 日，它的速度很快，所以它能被观察的时间是极有限的。

地球之上，阴晴无定，当日升日落时，近地平处又常有雾气，于是水星之光常被地球上的云雾所隔绝，而观察水星的机会就更少了。

研究水星既有种种困难，所以我们对它的认知到现在还不完全。就说它的大小行动，在各天文专著中，叙述起来还有大相径庭的地方呢。

水星的直径有3 000英里。它的体积只等于地球体积的1/20。在19世纪末，各天文学家都以为水星和地球自转的速度相同（24小时一周）。后来意大利天文学家Schiaparelli（以下简称夏氏）经八九年的研究（1881至1889）宣称水星的自转要比地球慢得多，它自转一周和它绕太阳的公转一样，也需88日。这样一来水星向太阳的一面是永远向太阳的。天文学家费力地观察，也只是观察到它向阳的那一面，至于那反面的情状只能全凭想象了。

夏氏的发现，不知为何未为世所公认。有些天文学家竟还死认为水星是自转很快的。直到现在，这问题尚无定论。这也许是不容易作准确观察的结果。

因为水星被观察到的机会很少，研究它，就非要很长的时间不可。如一种现象，定期地被发现于多次的观察，这现象才可认为正确。再者，这长时间多次的观察，也能分出它的特性与变态。所以，在短时间中，观察的结果是不十分可靠的。法国一位学者自1893至1927年曾做过些观察水星的工作，得到了下面比较可靠的结论。

夏氏的发现，虽有人反对，但我发现夏氏实在是对的。水星是有一面向太阳。我们也只能观察它这被照亮的一面而研究其内容。夏氏又说，水星面上有暗影，可以表示星面的形式。这暗影，也随星的地位而常改变，但是很难看出的。星面带黄色，有些地方稍白而亮，有些地方稍暗而成灰色。这暗影是不时改变的，有时很显明，有时不清楚或竟至看不见。这也许因为星面有蒸气或尘雾将暗影遮住了。

那幅水星的图是根据夏氏的观察画的，可以代表那一面的略形。如拿它和地球的图一比，就看出很明显的不同来了。

假如有一个人，在极远处观察地球，因反光的关系，海洋就比大陆或大岛看着较暗。如果水星和地球相似——明者为陆，暗者为水，水星上的水一定很少。在地球上水面占全面积的3/4，而在水星上水面还没有陆地的多呢。虽然这样说，但水星上的暗处不见得一定是水。因为水星离太阳既近，温度一定很高，大部分的水蒸发在空中，成为云雾，所以星面上同沙漠差不多，就是有水，也是极少的。

将这些观察综合起来，可以说水星不像地球，而极像月球。月球上因有大片土质或石质的不同，人眼看来，就分明暗。水星上的暗影，也许是这道理。再者水星也有"晦""望"的现象，它的一面，也永远向太阳，这又是水星和月球相似的几点。

凡星体，向太阳的一面是明的，其反面是暗的。这一明一暗的中间，必有个线般的界线。如星体是圆而光的，这界线一定是一条很光滑（Smooth）的弧。如星体上有山陵起伏，这界线一定是一条不规则的曲线了。水星和月球一样，也有光滑曲影线。这表示水星面上也是高低不平的。据观测，最高与最低处，相差有 9 840 至 13 120 英尺（1 英尺 = 0.304 8 米）。水星距日最近，其一面，又永被日光直射，所以温度极高。依其估料，较地球热 7~10 倍。美国天文学家 Pettit 与 Nicholson 二人计算，水星的一面有 400 摄氏度的高温度，但是背太阳的一面永久是奇冷的。

据上述种种来看，你一定相信水星上只有广大的沙漠。一面极热，一面又极冷，因此常发生极大的暴风。总而言之，水星与地球完全不同，生物在水星上是绝对不能存在的。

用望远镜看水星，跟用肉眼看月球相似，只觉得小而模糊不清。观察的方法或器具再有改进时，对水星才能再有较深的研究。

飞 机

【按】《飞机》一书由吕谌著,民国十九年(1930年)9月商务印书馆出版,本文是姜长英写的书评。

《飞机》这本书是今年九月商务印书馆出版的,著作者是曾游学英伦的吕谌先生。全书共分17章,计有正本294页,206图,另有序2页,中英名词对照表共5页,定价大洋2元。

此书的前四章讲飞机的历史、类别和浅近的原理,第五章至第十章讲各主要部分的构造,十一章讲飞行与稳定,十二至十四章讲航空发动机,十二章末尾的七页讲的是螺旋桨,十五章讲重量与阻力,十六章叙说飞机之应用和各国航空状况,末一章用表格列出各国出名的飞机和发动机。

书中用的白话文,文笔简洁流利,有时还带些滑稽,如:

第100页——有人一定要问说:"那末,飞机在空中飞行时,客人的排泄物坠落下来岂不怕中在地面上的人头上么?

第269页——至就我国而论,科学工程样样落人之后,则这种最巧妙的飞机之制造,当然是数说不上,不过政府诸公也要博提倡航空之虚名——本来醉翁之意不在酒。

像这样有滑稽意味的笔调,很可以增加读者的兴趣。书中不曾用什么数学公式,但各种道理,全能浅出,说得很简明,所以凡有中学程度的人,都能看得懂。所用的译名都恰当,材料还算丰富,前后排列的次序也很得法。在航空书籍缺乏的中国,我以为这本书可算是空前的通俗著作了。

这一本《飞机》也许有许多不妥和可讨论的地方,现在我摘其大要,各举明显的例子,写在下面,还请著者和读者来讨论。

1. 单位——在科学书中,所用的单位,是极为要紧的,最要解释得明白,本书的"寸""里",不曾说明是哪一国的标准(也有几处是用"呎"的),虽然著者所用参考书名上,能看出来是英寸(或吋)、英里(或哩),但总不如标明的好。

2. 原理——介绍一种科学,文字的清晰,固然是要紧,尤其重要的,就是原理的正确。中国一般的读者鉴别能力很低,著述者偶一不小心,一定有许多人入了歧途,幸而这样的错误并不多。

第173页——四叶的(螺旋桨)则比较两叶的所得的效率大,而且飞行时如果其间有一叶折断了也不至于如两叶的折断了一叶之危险。此句的前半,是与原理相反的(参看 Watts—Design of Screw Propellers—1920. 第262页)。至于后半句,我以为两者的危险是相等的,全是致航空员于死命,但是并没有比较的必要。

3. 前后相符——书中又有几处是前后不相符的,如下面所举的例,第4页上每马力重三三的蒸汽机,一定是错了。

第4页——所用蒸汽机为360马力,重1 200磅。

第139页——普通蒸汽机每马力10磅之重,就是说,一架能产生一马力的机器,它的重量有10磅……

4. 俗语——中国俗语之中,有些是词意相反的,书里用了,意思便不真确。

第222页——同时驾驶员在座舱内将电门关闭,也应一声"看得"(contact),俗语中"开电门"和"关电门"的意思和字面的解释是相反的,文中的"将电门关闭"很容易被认为是"不使电流通过",所以最好能避免"开""关"而用"断""连"等字样代替,就可以免除很厉害的误会。

5. 事实——下面的几个例子是离事实很远的。

第26页——因为单叶飞机机翼的长度,少有能超过36呎的。

第59页——称为布朗单叶飞机,这乃是一种很有意味的构造,完全不用支柱或支线,只能将机翼单独支于机身两旁(想必是悬臂单翼机,cantilever monoplane),不过这是太冒险了,所以以后也没有人应用过这种形式。

第171页——螺旋桨的速率不宜超过每分钟1 200转……

6. 材料——本书的材料虽不算少，但除了第 261 页曾提 1925 年、1926 年以外，很少有 1930 年以后的材料，著者所用的四本英文参考书，也大半是 1919—1920 年出版的，所用的插图和说明，总不外几种爱弗罗、汉德利佩奇和大维梅等旧式飞机。

以上所叙述六项中的前五项，还可说是无关大体的小疵或小有不妥，只有材料陈旧，我以为是这本 1930 年出版的书的大缺点。不过论它的文字内容仍不愧为关于航空的空前的著作，如果它是在 1921 或 1922 年出版的，它的价值，不知又要增高多少倍了。

最后我对于著作的年份有点怀疑，著者自己在"序言"中，未注明年月，节中第 26 页曾提及 1926 年，第 255 页上有"我国飞机，则以红黄蓝白黑五色圆形为标记"，可见此书是 1927 年（民国十六年）前后完成的。如果我猜得对，承印的书局就应该担负一部分材料陈旧的责任，原著作者的责任，也可减轻了。

2019 年 12 月 11 日

《科学思维锻炼与消遣》

自 序

在"八小时以外"我有很多种爱好,其中就有数学游戏。20 世纪 40 年代末,我整理编写了 30 年代以来的消遣和研究成果,写成一本《科学消遣》。这个书稿被交通大学的薛鸿达讲师一眼看中,不等我修改誊清,就拿到他所熟识的出版社出版了,这已是 40 多年前的事了。

到 80 年代末,我又拿出《科学消遣》,加以彻底改写、增删。在原来的 28 个专题中,删去了 8 个,又扩大、增添了 8 个。其中有 30% 是原来的,30% 是经过修改补充的,40% 是大加改动或是全新的。各节的内容有深有浅,有难有易,无论是小学、中学、大学程度的读者,都能找到各自爱好的题目。

全书改写完后,书名改为《科学思维锻炼与消遣》。希望广大读者和青少年能从中得到锻炼,以期有利于建设四个现代化这个社会主义的伟大目标。也希望离退休的老年同志,能从中找到乐趣。

编撰本书参阅了有关书籍、资料,有的同志还提供了自己研习的成果,对本书的出版给予了支持和帮助。在此,谨表谢忱。

1996 年 1 月

目 录

1. 消遣和锻炼
2. 三数游戏

3. 九数游戏

4. 完成等式

5. 圆周率

6. 最大乘积

7. 洗衣问题

8. 华容道

9. 华容道的历史

10. 华容道的分类

11. 一笔画星

12. 最短距离（一）

13. 最短距离（二）

14. 方箱容球（一）

15. 方箱容球（二）

16. 等和异积

17. 等和连积

18. 等和等积

19. 移棋换位（一）

20. 移棋换位（二）

21. 移棋换位（三）

22. 移棋相间（一）

23. 移棋相间（二）

24. 九连环

25. 投影画

26. 插切法

27. 魔孔

28. 方纸包东西

【编后语】

从姜长英的短杂文中，我们可以看到他的"骨气""锐气"。

先说他的"骨气"。在《学矿的改行学航空》一文中可以看到早期在留美半工半读时，他从学矿改学航空，学成后就毅然回国，为发展祖国航空事业服务。从一篇短文《中国的历史应由中国人先写》中可见他的学术观点。他认为中国的历史由外国人来写，如英国剑桥大学教授李约瑟写中国科技史，虽是好事，但也使中国人太难堪了。中国航空史，学历史的不写，搞航空的不写，那就由我来写吧！他的另一篇短文《崇洋迷外的根源》也反映了他的"骨气"。他留过洋，但他最痛恨崇洋媚外。在《史话》序言、自评中他说："他们以为中国事事不如洋人，连中国的月亮也不如外国的圆。""他们缺乏历史知识，不知道中国古人在科学方面的贡献，什么东西的发明中国比外国早了几百年，什么事物的发明中国比外国早了一千几百年。"他在《崇洋迷外的根源》一文中分析崇洋媚外的"恶习"来源于1840年鸦片战争之后帝国主义列强的侵略。他再三撰文强调要改去这个"恶习"，要让每个华夏儿女都知道我们祖先的伟大成就，并引以为荣，感到自豪。他认为，为了振兴中华，建设四个现代化的新中国，必须树立起全国人民的自尊心和自信心，也就是说中国人要有"骨气"。

他深知写史的艰难，但他自觉地担当起这个责任。改革开放时，他已是70多岁的老人，但他焕发出革命的青春，他的锐气是越老越足。过去他白天教书，不担任任何职务，他认为自己在众人前不善辞令，因此哪怕一个教研室主任也不做。他1936年起就在交大航空门任教，两个老师就挑起三、四年级全部专业课，航空专业的课他门门会上。分工时他都让年轻教师先挑课，最后没人上的都由他来上。他平时上课很忙，业余时间、寒暑假搞航空史研究。到老年他创办《航空史研究》季刊，当了主编，后成立航空史研究室，他出任主任，创办航空史研究会，他出任理事长。他战胜自我，为了航空史研究的需要，大胆出来任职。任职期间，他还组织了一场关于直升机的辩论，把反对他观点的文章全部刊登出来，辩论中他亲自撰文摆事实讲道理，运用舆论工具，采用种种办法，经过十年努力终于取得纠正错误使用"直升飞机"这个名词的初步胜利，见《为直升机正名的初步胜利》。他的锐气还表现在好提意见。叶永烈写过一篇文章《多谢！爱管闲事的教授》（见评价篇），对于错误的东西，姜长英都要写信去给人提意见，哪怕是国家领导。短杂文中我们收集了多篇给领导机关、领导人的信。其实他并不认为管的是"闲事"，凡是对国家、对社会、对人民不利的事，他都会毫无顾虑地去管，去提意见和建议。

记得那年我不到 10 岁，他刚从抗日根据地回上海，待业在家，有闲工夫给我讲根据地的抗日故事，他对我说：人一生做事要流芳百世，决不遗臭万年。这是他的价值观，他的"骨气""锐气"皆源于此。

（姜保年）

评价篇

【编者按】

改革开放后，1982年，西北工业大学印制了78岁姜长英教授积50年心血写就的《中国航空史》三本教材——《中国古代航空史话》《中国航空史料》和《中国近代航空史稿》，在全国史学界引起了轰动，被视为航空史研究者珍藏之宝，其内容被许多专家学者引用。学校决定开设中国航空史选修课，由姜长英讲课，后由梁三星老师接任上课。中国航空史选修课受到广大学生的欢迎，每次报名听课的多达二三百人，大家认为这门课"十分必要，继续下去！"

1987年，西北工业大学出版社正式出版了姜长英的《中国航空史》，由国防部长张爱萍题写书名。1993年，台湾中国之翼出版社出版了姜长英《中国航空史》（近代史部分）。1996年航空工业出版社出版了历经30年、多次出版不成的《中国古代航空史话》单行本。陆永正评论：姜长英《中国航空史》是指南，是钥匙，是资料库，具有"百科全书"的特色，姜长英不愧为中国航空史的奠基人。张耀称：《中国航空史》是中国一本经典性的航空史著作，其中的爱国主义和科学史观非常突出，不仅史料翔实，考证周详，而且还有科学分析和精辟论断。鲁克成说：这是我国第一部航空史著作，史论结合，观点明确，爱憎分明，史料丰富珍贵，内容翔实，行文通俗流畅，可读性较强。

1993年10月，西工大为姜长英教授举办了盛况空前的从教从研60周年和90岁寿辰庆典，同时也是中国航空史研究会第三次代表大会暨姜长英学术思想研讨会。钱学森同志发来贺信，"我以一后辈，在此恭祝您健康长寿！并对您一生为我国航空事业所作的重大贡献表示崇高的敬意！"

在学术思想研讨会上，与会同志对姜老的敬业、执着、严谨治学、求实精神、爱国思想、朴素作风、奉献精神等进行了广泛的论述，认为他的学术思想是航空史研究的重要财富和宝贵经验，应当认真研究和总结。会后这个研讨还在继续。

次年，鲁克成就撰写了《论姜长英学术思想——兼论航空史学的核心价值观》。从姜长英的学术研究分析、学术原则和宗旨、学术品格、学术方法、航空史学的核心价值等方面做了系统的阐述。鲁克成与姜长英共事十年，对此文又酝酿多时，因而是一篇精彩、很有分量的力作，这篇学术论文值得我们仔细学习研究。鲁克成说到姜长英的品格，一是矢志不渝、百折不回，二是诚恳谦逊、提携后学，三是耿直无畏、仗义执言，四是淡泊名利、造福人民。我有时会感到，姜长英的学术品格更加高于他的学术成就。当然这两者是相辅相成的。

关于淡泊名利、造福人民，我这里想多说几句。姜长英对名利确是一无所求。中华人民共和国成立前夕，他这个穷教授每月领到工资后就要背着一麻袋金圆券找"黄牛"去兑换银元，那时的生活非常困难。中华人民共和国成立后，子女学费由国家负担，学校发的工资能养家糊口了，他再也不用去操心了。每月领来工资看也不看，就把工资袋交给夫人龚德培。一开始给他定了三级教授，以后就没动过，每次加工资他从不关心。子女感到他的学生的级别、工资都比他高了，为他不平，但他从来不计较、不过问。他平时个人生活俭朴，为公家办事非常节省，办《航空史研究》季刊一年只要1 000、1 500元经费，前5年编辑部只有他一个专职工作人员，约稿、审稿、编辑、排版、发行都由他一人负责。对撰稿人不发稿费，寄稿来的信封，他都拆开翻过来使用。他几十年来买的3 000多本航空史书籍，都是他省吃俭用购买的，后来赠送给了学校。他从来只有自己贴钱办公家的事，而没有占公家便宜的。改革开放后可以搞民办了，办航空史研究会都是自筹资金。《空军报》《中国空军》杂志记者白凤昆和谭大跃写过一篇文章，题目是《非凡的事业非凡的人》，非常好地概括了姜长英的事业和品质。

1995年10月，91岁的姜长英已辞去《航空史研究》主编和航空史研究会理事长的职务。他最后的心愿就是要出版一本新版的《中国航空史》。考虑到国家经费有困难，在家属支持下，他用45 000元自费出版了新版《中国航空史》。他请朋友赵中帮助写了自己没有写成的第七章"革命根据地的航空"，孟鹊鸣帮助联系出版单位，落实书的编辑、排版、插图、照片的安排，儿子姜椿年对全书数百条引文重新进行了核对，并整理了全书所用插图和照片。2000年10月，新版《中国航空史》由清华大学出版社出版。这本书的硬壳封面印着漂亮飞机照片，由西工大原校长，第三、第四届中国航空学会理事长季文美写序言。全部用铜版纸印就，内容包括姜长英的《史料》《史话》《史稿》全部古代、近代史研究成果，有30多张插图、130多张照片，而且印刷精致美观。书交到96岁姜老手上，他翻阅着，爱不释手，这是他一生的心血啊！这是要留给后人的啊！

老一辈知识分子身上有着中华民族的传统美德。姜长英是老一辈知识分子的代表，他是较幸运的一个。特别是他赶上改革开放的好时代，他一生的理想终于实现了。在学校关怀、子女照顾下，他幸福地活到102岁！

姜长英教授和《中国航空史》

方先茂

姜长英教授，1904年出生，1926年毕业于南开大学矿科。同年去美国改学航空。回国后，当了半年时间的"待业青年"，辗转就业于张学良的东北空军、杭州航空署、筧桥航空学校等。1936年到交通大学执教于航空门。1942年，潜赴苏北新四军办的江淮大学。百日之后，该大学停办，他返回上海，在一些私人机构工作。1945年后，重庆交大分校回上海，他又到交大任教。中华人民共和国成立后，院校调整，姜老转入南京华东航空学院，并随校迁至西安。1957年起在西北工业大学任教至今。他还兼任《航空知识》编委，以第一作者身份编写的《中国近代航空史》，两万余字，收入1985年出版的《中国大百科全书·航空 航天》，该书送联合国陈列。

笔者案上放着一本16开本的《中国航空史》，是三个分册合订成的，装订得严严实实。这是国内唯一的一部较完整的航空史。它的诞生经历了一段艰难曲折的过程和半个世纪的岁月。

姜先生从美国回来后，就致力于中国航空史的研究。20世纪30年代初，他节衣缩食，四处搜集求购有关的图书资料，到1949年时已有几百种。姜先生将这批来之不易的材料捐赠给交通大学，后转至西北工业大学，现存有资料一千多本。之后，姜先生又陆续送了几批资料给西北工业大学图书馆。

姜先生的愿望是修一部《中国航空史》。他深知这是一桩有意义但甚为艰辛的工作，单凭个人之力，非有精卫填海的精神是不能完成的。

几经踌躇之后，姜先生决定向着这个目标前进。1949年7月，他动手了。忙了近两个月，总算勉强完成《中国航空史料》（从上古到辛亥革命）的编写工作。从20世纪30年代开始搜集资料，到终于写成书稿，前后用了近二十年的时间。

书稿完成后，已是乾坤气清，大地回春，中华人民共和国成立了。经过姜老的老同事谭炳勋和化学家刘承霖的介绍，书稿交给了商务印书馆总负责同志，商务印务馆答应出版。不久，上海遭"二六"轰炸，出版之事告辍。1952年，姜长英到了院系调整后的华东航空学院。三年后，学院办学报，姜老整理旧稿，《中国航空史料》得以在学报上陆续发表，一直登到1958年（尚未登完）。

后来，"教育革命运动"开始，《中国航空史料》遭到批评，不能再继续刊登。又过了几年，值得一提的是，清华大学刘仙洲先生来西安访问，请姜老编写《中国交通工具技术史》航空部分。姜老1961年动笔，至1965年写出《中国近代航空史稿》。

姜老修航空史，对材料考核甚精，尤其是近代航空史料，许多来自他亲身经历，非亲身经历也要得到可靠证明。例如1932年上海"一·二八"事变，十九路军英勇抗击日寇，威震中外。菲律宾华侨捐赠三十架飞机给十九路军。姜老曾写信询问军长蔡廷锴，求证此事，并收到蔡廷锴亲笔复信。又如，1923年6月，飞行家杨仙逸制成全尼式陆上双翼教练机。孙中山偕夫人宋庆龄参加试飞典礼，并将其命名为"乐士文1号"，为此姜老专门写信请教宋庆龄副主席询问"乐士文"之意。1965年3月5日，"宋办"在回信中解释："乐士文"是宋庆龄副主席在外国留学时学名"Rosamonde"的译音。

"文革"开始后，姜老这位"教育革命运动"中的"白旗"靠边站了，但姜老超然处之，继续做学问，积累资料。他蛰伏在书山中，他的书桌就是那群山中的一处幽谷。他仍念念不忘自己的《中国航空史》。十年弹指，沧桑巨变。空谷幽兰，香远益清。1982年西北工业大学将中国航空史定为一门选修课，这在中国还是第一次。姜老再次整理手头的旧稿，补充了近二十年来新得的材料，印出一份教材。它包括《中国航空史料》《中国近代航空史稿》《中国古代航空史话》三个部分。现在西北工业大出版社已经定以《中国航空史》为书名正式出版。

修航空史的事到此应该结束,但当我访问姜老时有了另外一个发现。原来在姜老那里,修航空史是一个无尽的工作。这项工作虽已耗费了他半个多世纪的岁月,但他还在关心航空史方面的资料。他手头已有剪报六大本,手抄笔记本二十三本,还有其它大量的载有航空史料的刊物。他正在筹办一个刊物,定名为《航空史研究》,宗旨是交流研究成果和经验,积累有关航空史的资料,宣传航空知识。奇的是姜老是此刊物唯一的工作人员。领经费(西工大每年给他拨款 1 000 元至 1 500 元)、看稿、定稿、编辑、付印、分封、邮寄、约稿、与作者通信等等,统统由这位年逾八旬的老人独自承担。其中只有三个环节是有别人介入的:一是定稿后教研室主任审稿,二是校对时请人帮助,三是四百五十份刊物印出后,姜老搬不动,请人帮忙运到家里。但这个刊物的撰稿者却遍布全国。他们只写稿而不拿稿费,刊物也是赠阅而不出售。四百五十份,除留下十份外,其余都要一份份寄出去。这些都由这位老人在家里独自默默地做着。

我看着这一摞已出版的刊物,望着眼前这位老人瘦削的面庞,心里升起一股敬意。

1986 年 11 月 12 日

(注:方先茂,西北工业大学附属中学高级教师。)

坚持对学生进行爱国主义教育

梁三星

自 1983 年以来，我为西北工业大学本科生开设了中国航空史课，这是学校较早开出的选修课之一。七年来，我先后开了 13 个大班课，为全校 30 多个专业的 1 900 多名学生授了课，对学生的培养起了积极的作用。

回顾七年来的教学实践，我最感欣慰的是，我在中国航空史教学中始终坚持了对学生进行爱国主义教育这个主题。

这几年，我比较自觉地处理好了下面三个问题：一是注意讲出"中国航空史"的史课特点，紧紧抓住启迪学生的爱国主义思想这一主题不放，使他们通过具体的航空史实、航空发明、航空人物的学习，知道我们的祖国是一个伟大的国家，中华民族是一个有悠久文化，有众多伟大发明（包括航空方面的多种伟大发明），为人类的进步作出过重要贡献的伟大民族，从而更加热爱祖国。也知道近代中国航空的落后状况和根本原因以及新中国航空（包括航天）事业的飞跃进步和人民空军的光辉业绩，从而增强攀登世界航空科技高峰的信心。二是在讲授内容上以讲史为主，全面介绍中国航空的历史，特别是近代航空史，但也介绍必要的航空知识，尤其是与航空史联系密切的部分。三是如何把航空史教学同形势教育有机地结合起来。我认为，学习航空史可以激发学生的爱国主义热情，但只有把这种热情及时地引导到新一代大学生要谱写爱国主义新篇章的轨道上来，才能有时代的特征。我结合航空现状和史实，在第一堂课就理直气壮地给他们讲大道理，介绍中华人民共和国成立三十多年来的伟大成就，特别是党的十一届三中全会以来取得的伟大成就（包括航空航天成就），帮助他们正确理解"没有共产党就没有新中国""只有社会主义才能救中国"的真理。同时，也讲"文革"的教训，并清楚地告诉他们在今天对外开放的形势下，世界上各种非无产阶级思潮对他们的影响。

在古代航空史的讲解中，我不花更多的时间，但是要给同学们留下较为深刻的印象，要引导他们逐步做到珍惜中华民族的伟大发现和发明。我从被称为世界文明基础的中国四大发明之一——火药提出问题，引出我们中华民族先辈在航空上众多发明创造——火箭、气球、降落伞、直升机、罗盘、陀螺等实例，让同学们建立起中国的航空理想起源早、航空实践丰富的轮廓概念，逐步理解研究中国科学技术史取得卓著成就的英国学者李约瑟博士所说的"从公元3世纪到13世纪之间，中国曾保持西方所望尘莫及的科学知识水平，那时中国的发明和发现往往远远超过同时代的欧洲"，我们可以毫不费力地证明这段话的深刻内涵。同学们在为中华民族自豪的同时，能够从历史的角度、从航空事业的起源中得到启发，更加热爱我们的祖国。在课堂上，我要求同学们要"心怀爱国之情，牢树报国之志，苦学建国之才，实践效国之行"，并以此作为对古代航空史学习的归宿，赢得了同学们的肯定和认同。

在近代航空史中，我花较多的时间分两个阶段讲解（这样做可以同中国近代史课取得一定的联系）。在第一阶段，着重介绍林则徐、冯如等著名爱国人物，通过介绍林则徐，让同学们既了解他在虎门销烟中所表现出的爱国主义思想，也了解他在航空科技上亲自组织火箭研制试验，有效抗击英帝国主义侵略者的具体爱国行动。为了使同学们更深刻理解林则徐虎门销烟在中国近代革命史上的重要地位，我还将其同天安门广场上的人民英雄纪念碑联系起来，告诉同学们，人民英雄纪念碑的底座上有十幅大型汉白玉浮雕，其中第一幅就是林则徐虎门销烟的场面。在介绍我国飞行家、飞机设计家、制造家冯如时，着重介绍他努力学习国外先进的航空科学技术，刻苦钻研所取得的成就，和他学成回国，用实际行动报效祖国的爱国主义思想，以及人民在广州黄花岗建造冯如之墓所表达的对这位爱国飞行家的敬仰之情。当然，也让同学们了解清政府政治上的腐败无能和阻碍中国航空事业发展的罪恶。在第二阶段，先让同学们了解旧中国航空飞行训练、航空工业、航空教育等方面的基本情况。在此基础上，较深入了解一些典型的航空史实、航空人物，如红军的第一架飞机，孙中山"航空救国"的题词，中国的第一所航空学校和航空工厂，国民党政府大量购买国外飞机用来反共、反人民的罪行，旧中国航空工程技术人员的悲哀，抗战初期国民党空军大队长高志航为中国航空战史所建立的光荣业绩，刘善本驾机起义投奔延安，东北根据地的人民空军等等，进而加深对中国近代史、中国革命史的理解，更加珍惜革命先辈经过卓绝奋斗为人民所创建的光辉业绩和今天安定团结的和平盛事，更自觉地攀登航空科学的高峰。

在现代史中，我着重介绍人民空军在抗美援朝战争中所表现出来的爱国主义和革命英雄主义，以及在和平时期的国土防卫和抵御自然灾害中的功绩，介绍新中国航空工业的迅速发展及经验教训，新中国的航空教育事业和科学研究，振兴我国航空工业之路的探讨等，在讲解中结合典型的英雄人物、事例进行分析对比。譬如，我在介绍空军战斗英雄时，讲了一个这样的故事。抗美援朝战争中，有一次我们审问一个被俘的美国飞行员。这个俘虏说："你们的飞机实在厉害，一看见我们就头对头地冲过来。我真不明白你们为什么这样勇敢，你们到底是为什么？比方，我们是为了美金。因此，我们非常害怕碰着你们，因为一碰到你们，就很难回去了。难道你们打落我们的飞机，也有很多钱吗？你们每次飞行大概有多少钱啊？"我们回答说："我们有四亿七千五百万，再加上三千万（指中国人民和朝鲜人民）人民会支持我们。全世界爱好和平的人民支持我们！"通过这个真实故事的介绍，使青年学生学习革命前辈心里装着革命和祖国的真挚爱国热情。再如，在航空教育中，先介绍国内主要航空院校的建立和发展，而后介绍它们的良好校风和学风，也结合身边的实际强调西北工业大学多年来所形成的"三实"（即基础扎实、工作踏实、作风朴实）作风，以及通过调研得到的用人单位对新一代航空院校大学生的要求，以使同学们更有针对性地去提高自己的政治素质（包括加强纪律和珍惜粮食）和业务素质。我在介绍航空人物钱学森、吴仲华时，着重讲他们刻苦学习、克服重重阻力和困难回国参加社会主义建设的爱国主义思想和实际行动，使同学们以航空先辈为榜样，时刻牢记20世纪80年代大学生要以振兴中华为己任。又如，在航空工业方面，介绍我国完整的航空工业体系，我国自行设计和制造的一代新型航空产品及航空工业的经验教训，使同学们逐步树立起航空产品质量第一的思想和坚定发展我国自己的航空工业的信心。

在其他教学环节中，我也努力做到突出爱国主义这个主题。在电化教学中，以观看了解我国自己的航空工业、航空产品生产的录像片为主，辅助观看一些诸如飞机为什么会飞等航空科普片。在参观西安航空馆的现场教学中，让同学们有针对性地了解国产航空产品的性能特征以及同国外的差距。

中国航空史是一门新课，没有教学大纲、教学计划可以参考。因此，我在教学中也注意较广泛地收集同学们的反应。同学们对开设本课的必要性的回答是肯定的："十分必要，继续下去！"关于教学效果，经过对近千名同学的书面和口头调查，了解到他们普遍认为："学习中国航空史后，我们了解了中华民族对世界航空事业的巨大贡献，深知中国的航空道路是一条勇敢者拼搏前进的道路，也了解了我国航空事业落后的历史原因。""鉴古可以知今，了解过去可以指导将来，通过学习，我们增强了爱国热情，增长了航空知识，开阔了眼界。老师讲课不但起到了教书的作用，而且也起到了育人的作用，激起了我们为祖国的航空事业奋斗的力量和信心。"

在今后的中国航空史教学中，我将继续坚持对学生进行爱国主义教育，配合学校各部门对学生进行坚持四项基本原则的教育，提高学生的政治思想素质，坚持坚定正确的政治方向，尽一点人民教师的职责。

谨以此文作为我对航空史研究会成立大会和首届学术交流会的祝贺和纪念。

（注：梁三星，西工大管理学院教授，航空史研究室研究员。姜长英在开设中国航空史选修课后，亲自授课，后该课由梁三星接任。）

我看《中国航空史》

孙华荃

《中国航空史》是一本从古代到 1949 年为止的中国航空史专著,也是中华人民共和国成立后第一次出版的全面论述中国航空史实的高等学校教材。作者姜长英教授以翔实严谨的史料,证明了中华民族是有丰富想象力和创造才能的民族。他在 1982 年自序中写道:"它可以使读者了解我们祖先的巨大贡献,增加民族的自豪感,相信自己的聪明才智,能克服崇洋媚外的自卑心理,因而有助于我国的'四化'建设。"这也是作者写作的目的。

《中国航空史》由《中国航空史料》和《中国近代航空史稿》两部分组成。前者记叙了从上古航空、航天的梦想、传说,飞帆、箭羽、舵和相风鸟、走马灯和风车、风扇和竹蜻蜓、降落伞、孔明灯、陀螺和平衡环、风筝、火箭等一系列发明创造,直到近代前期火箭、气球、汽艇、飞机的飞行实践,时间到 1913 年为止。后者则记叙了从 1840 年到 1949 年的中国近代航空史,包括近代前期的飞行实践,1913 年以后的飞行训练和飞机修理、航空工业、民用航空、民间航空活动、航空工程教育和研究等。

姜长英教授是航空界的前辈。他从 20 世纪 30 年代起就研究中国航空史,从大量的古代、现代书籍、报纸杂志中,发掘出丰富的航空史料。作者为了说明我们祖先在航空方面的伟大贡献,引用中外资料 240 多种。书中还选了 90 余幅有关中国航空史的照片,其中包括我国近代航空界著名人物、飞机工厂、自制各种类型飞机的照片,都十分珍贵。有些资料和照片来之不易,是作者几十年收集、整理和积累的。本书内容之丰富、翔实、新颖,远远超过了 1930 年出版的刘佐成的《中国航空沿革纪略》。姜长英用几十年的心血写成的这本书,对于中国航空史研究的后来者,无疑具有重要的参考价值。

作者以饱满的爱国主义热情来叙述中国航空史上的突出成就，说明中国人民的智慧和创造才能，与世界各国相比并不落后。在古代，我国人民就利用空气动力知识发明了风筝、孔明灯、竹蜻蜓等能飞的器械，而这些能飞的器械就是现代飞行器的始祖或雏形。在明朝中叶以前，我国的航空知识在世界各国的确是先进的。在近代，航空理论和技术也有成就，也得到发展，在制造气球、研究飞艇、研究制造飞机和其它飞行器等方面都有建树。如飞机设计、制造家冯如在美国旧金山设厂制造飞机，几经失败，仍顽强苦干，于1909年9月21日飞机试飞成功，飞机性能超过美国同期的飞机。1937年杭州"八一四"空战中使用的"新霍"式歼击机，1938年春武汉空战参战的"忠乙"式歼击机，都是我国第一飞机制造厂仿制苏美同类飞机制造的，它们的性能"还较日本同类飞机优良"。又如，谢缵泰的飞艇设计使英国的飞艇研究家非常佩服。李宝焌的喷气推进理论在20世纪40年代喷气飞机上的实现比外国还早了三十多年，在当时处于世界领先地位。

《中国航空史》以大量丰富、翔实、准确的史料，说明了中国人民的创造才能与智慧，及其对世界文明在航空方面作出的伟大贡献。

我国在包括航空史在内的科学技术史研究方面是很薄弱的，这个历史与科学技术的中间地带几乎被遗忘，而《中国航空史》的出版则弥补了一段缺口。

历史的研究价值在于总结经验教训，以引导现在和未来，姜长英教授在《中国航空史》写作中很注意"史"与"论"的结合，对"史"有自己的"论"。中国古代就会利用气流和空气动力。航空的先期发明很早也很丰富，而这些发明（风筝、竹蜻蜓、孔明灯等）就是现代航空、现代飞行器的始祖和雏形。可是为什么我国的航空事业在中华人民共和国成立前非常落后，要靠外国输入呢？笔者指出，这和当时统治阶级的心理状态，以及是否愿意发展航空事业也有关系。鸦片战争前，统治者自以为是天朝大国，外国都是蛮夷之邦，无知无识而又自高自大。鸦片战争以后，来了一百八十度大转弯，认为一切都是外国的好，连月亮也比中国的圆。他们不知道什么是自力更生，也不相信我们中华民族是有能力的。这种民族自卑感阻碍了航空事业的发展。再者，中国旧文人轻视劳动，轻视实践，使中国众多技术发明缺乏详细准确的记载，更难于上升到科学高度。作者对"航空史"的这些"论"，有力地说明了旧中国不仅在航空方面，而且在其他科技方面落后的原因。

党的十一届三中全会以来，我国逐步摆正了中国与外国的关系，摆正了理论和实践的关系，迎来了一个前所未有的发展科学技术的好时代。但是从认识到见效还有一个漫长的过程，怎样鼓励科学技术发展，调动人民的聪明才智和创造性，怎样才能解决好理论和实践的结合，怎样才能处理好引进学习和独立自主的关系，作者从航空史角度所进行的分析，仍然是有现实意义的。

从《中国航空史》这一大题目看，本书也不可避免地存在缺陷。新中国航空事业有了很大发展，缺少这一部分是很大的遗憾。中国的空军和空战史也是航空史的重要组成部分，也应当包含在这一大题目中。论述部分如"航空工业的历史经验"等章节，论述不够深刻。但搜集上述资料已十分不易，从错综复杂的社会因素中总结历史经验则更为困难，对83岁高龄的作者，已不应该再作更高的要求，所有的缺憾只有留待后人去解决了。

32万字的《中国航空史》已经出版，这是一部富有史料价值的教科书和参考书，对于有志于航空史研究、热爱航空事业的人和一切关心中国科学技术发展的人来说，都可以从本书中学到知识，获得教益。

（注：孙华荃，西北工业大学出版社总编办原主任，副编审。）

中国航空史的"百科全书"

——姜长英《中国航空史》读后感

陆永正

读罢《中国航空史》数遍,思索再三,深感该著作具有中国航空史的"百科全书"的特色,即具有从多方面引导人们深入研究中国航空史的意义和作用,不讳肤浅,也谈谈所得之一二。

它是指南

该书比较全面客观地反映了中国航空发展史的实际,具体来说就是反映了中国航空发展史的各种特点和经验。这些特点和经验,概其要者有四个方面。

一是中国航空知识和技术出现之早、历史之长、内容之多是世界少有的,而且直至明朝中叶以前长期处在世界领先地位。风筝、火箭、孔明灯、竹蜻蜓等现代飞行器的始祖或雏形,无一不是中国发明创造的。

二是中国的航空知识和技术后来反而落后了,没有把几千年的经验总结发展为科学理论,以创造出更有用的飞行器。中国近代航空不是从自己的历史发展起来的,而是从外国输入的,早期的人才、技术装备都靠输入,飞机制造工业落后,以至中国成了"世界飞机展览会"——购进各国的各类飞机。

三是中国近代航空发展的动力来自军用。"航空救国",对内反封建,对外反侵略,都为军用;各军阀发展航空,用于拥兵自重。正因为军用突出,民用航空发展比之尤显慢而差。

四是中国近代航空发展分散而复杂。因与军用相关,各种势力各干各的，分散发展，造成发展历史复杂，人员和飞机来源复杂。直至1936年才基本上"统"起来，"统"了之后，有段时间也主要用于对付红军和镇压地方军阀。这就造成航空力量相互抵消或消磨损耗，发展速度缓慢，也致使航空工业裹足难进。

人们只有掌握了这些特点和经验及其互相联系，从纵的方面了解历史发展的本质，特别是了解中国近代半殖民地半封建社会的社会状况，才能正确指导、深入研究中国航空史。从这个角度看，该书确实无愧是指南。

又是钥匙

为了反映中国航空史的特点和经验，该书在错综复杂、头绪纷繁的航空发展史中梳出条理来，做了比较系统详尽的分门别类的专题介绍。这就形成该书的结构特点："纵横结合，以横为主"。该书分古代、近代两部分，这是纵，而纵又仅仅表现在每个专题之中；专题，这是横，而横内有纵，即每个专题都将其来龙去脉弄清楚。这样的结构决定了该书具有很强的专业性和史料性。

该书对中国航空史的分期做了比较特殊的处理，把中国近代分成前期和后期，后期延伸至1949年，与一般的历史分期不同。这大概是为了将半殖民地半封建的中国的航空状况更充分地反映出来。而在分门别类研究上，在近代部分又把民用航空和民间航空活动特别表示出来，这大概意味着其它几乎都是军用的。这些处理显然恰到好处，都有利于反映不同时代的航空史特点。

这样的分门别类介绍就为中国航空分门史的研究打下了基础，指明了方向，解决了深入研究的具体方法和门路。从这个角度看，该书又是研究航空史的钥匙。

还是资料库

该书资料丰富，真实可靠，特别可贵的是重视史料来源，重视古今器物间的科学原理关系。该书的引述和注释十分广泛而精细。据粗略的统计，该书引用的书刊和采访资料逾千种：在《中国航空史料》部分，引用的古籍和近现代著作近 220 种（本），外国译著近 20 种（本）；在《中国近代航空史稿》部分，列出的注释有 670 多条，其中涉及书、刊、报（包括外国著作）近 720 种（本）次，采（信）访得来的资料近 70 份，而每种书、刊、报又都注明著作、篇目、出处、时间，每份资料都标明提供者。因此，该书的行文几乎句句有出处。而且，对引文中有疑、有错之处能作分析评论，对有争议的能善取其合理部分。此外，该书还引用珍贵图片 90 幅，以佐行文，以茂其著。

该书能用简明的科学原理说明古代航空知识与现代飞行器的关系。如从火药武器"飞火"到近代火箭鼻祖的"流星"和"飞火箭"，就揭示了一个完整过程：从"飞火"到"火枪"，再从"火枪"的主要部分"火箭筒"到"流星"或"起火"和"飞火箭"——真正的火箭；"飞火"是利用火药的爆炸，"火枪"是利用火药的燃烧，"流星"和"飞火箭"则是利用火药燃烧时喷出气体的反力。在这基础上，进而出现"飞空击贼震雷炮"和"神火飞鸦"——飞弹的雏形，进而出现"火龙出水"——原理上已经很明显的是一种二级火箭，还出现了利用"起火"和风筝联合起来的试验——喷气式飞机的雏形。

该书专业性强，资料性强，资料又丰富，注释又精细，还顾及技术的发展脉络，为人们对航空史的深入研究提供了四通八达的线索，必将极其有效地促进深入研究的进程。之前出版的《中国妇女航空钩沉》得益于该书的启迪，就是明显一例。

总体来说，该书能给人指南，给人钥匙，给人研究的资料库，确实具有"百科全书"的特色。因此，该书著作者姜长英教授确实不愧为中国航空史研究的奠基人。

深刻启迪

该书以史料为依据,在完成"一般的航空史"的史的重大任务中,雄辩地说明了中国人民在航空方面的巨大智慧和创造才能。这种智慧和才能,不仅在古代中国显得璀璨无比,而且在处于落后状态的近代中国也通过华蘅芳、谢缵泰、余植卿、冯如、李宝焌、刘佐成、王永泉、秦国镛、厉汝燕、朱卓文、谭根等人的实践事迹显示了光辉。然而,基于政治、经济上封建势力的长期统治和统治阶级的恶劣心理状态,近代中国的科学、航空学说和技术终于从停滞走到落后。这是该书给我们的史的深刻启迪。

该书的作者,为一本较完整的中国航空史的诞生而奋斗了半个多世纪,经历了艰难曲折的路途:20 世纪 30 年代,为搜索求购图书资料而节衣缩食;40 年代末 50 年代初,苦受《中国航空史料》出版突然被"退稿"的困扰;50 年代末,该《史料》在某"学报"刊登未完又成了要拔掉的"白旗";60 年代中后期,《中国近代航空史稿》刚写完并油印出来就受批评;直至 1982 年,《史料》和《史稿》才作为西北工业大学选修课教材而以《中国航空史》名称分册铅印。漫漫"修远"路途,作者心心念念的只是"可以使读者了解我们祖国的巨大贡献,增强民族的自豪感,相信自己的聪明才智,能克服崇洋媚外的自卑心理,因而有助于我国的四个现代化建设",这是作者的思想和行动给我们的深刻启迪。

该书成书过程工作量大,涉及面之广是看卷即睹的,而作者对大量史料又总是认真对比审查,谨慎采用,不苟注释,每遇古僻难懂引文还作通俗的叙述。据了解,该书在 1987 年由西北工业大学出版社出版时,还用新资料印证或补充原有资料之不足,加进许多注释,修正不少提法。特别值得指出的是,作者还不避年八旬之难而于 1983 年独立创办《航空史研究》刊物,用以交流研究成果,累积航空资料,培养人才,扩大研究队伍。这是作者严谨治学的态度、用心良苦为人的精神给我们的深刻启迪。

缺点无损光辉

如同所有巨著一样，该书也不可避免有其不足之处。

基于种种条件限制，尽管作者认真严谨，发现问题即行改正，一些史料仍有待进一步考订和研究。

基于结构上的"纵横结合，以横为主"，虽能古代、近代、现代分清楚，专题系统详尽，但整个中国航空史发展纵的脉络却不够清晰。

作为较完整的航空史，而军用航空又如此突出，分门别类还缺少战史专题。

如作者在后记中所说的那样，还未写出专章"中国航空史的新生"——共产党、红军在航空方面的活动，留下近代航空史的一点空白。

这些不足对于这部空前的"百科全书"式的《中国航空史》来说，是微不足道的，因而一点也无损巨著的光辉。

（注：陆永正，广东开平人，广东长沙师范学校教师，航空史界公认的资深评论员。曾著有《航史问津点滴》等专著。）

我国第一部航空史著作——《中国航空史》

鲁克成

五年前（1982年9月），由姜长英教授撰著的中国航空史教材，分别以《中国古代航空史话》（《中国航空史》之一）、《中国航空史料》（《中国航空史》之二）和《中国近代航空史稿》（《中国航空史》之三）为书名，分三册印行，主要提供校内学生选修课使用，航空界及航空史工作者也都以能得到一本为快，早已赠、购一空，现在再要想得到，连姜老本人也无能为力。现在，姜老对1982年的第一稿做了修改和补充，加了十几幅图片，写成新稿，以《中国航空史》为书名，收入《史料》和《史稿》两编，由西北工业大学出版社出版发行了。这是航空界的一桩喜事，其影响不仅超出了航空界，甚至超出了中国，国内已有人撰文嘉许，中国航空前辈朱家仁之子、美籍学者朱永德先生已将这部著作介绍到国外。

姜老年过八旬，研究中国航空史已历半个世纪，是知名的航空专家。这部凝聚着姜老大半生心血的著作有以下几点颇具特色，并反映出姜长英教授的治学精神。

第一，史论结合，观点明确，爱憎分明，对读者来说能得到比史实本身更多的东西。书中对我国有民族气节的爱国飞行家、飞机研制者都加以充分的肯定，对封建官吏和国民党政府的腐败无能、在航空领域中的种种卖国表现，又揭露得淋漓尽致，而帝国主义列强借发展航空欺侮中国人民的罪行，在书中也一一揭露。可以这样说，《中国航空史》不仅是航空史著作，还是一部很好的爱国主义教材和体现社会主义优越性的教材。如书中第15页至159页用大量史实揭露国民党政府假借发展航空搜刮老百姓钱财的罪行，愤慨之情溢于言表。

第二，史料丰富、珍贵，内容翔实，不仅显示了姜老坚实的研究功力，也是其严谨治学精神的证明。该书史料之多、之广、之细，使人赞叹不已，而且一一标明出处，绝无半点含糊之处。我在这几年协助姜老编辑的过程中，多次看到他为了查证一条资料，为了核实一则史实，为了校清一个人物的事迹，发信征询，自己跑去查资料，甚至去外单位查找。而他八十多岁的人了，双眼白内障常使他看不清迎面走来的熟人，腿脚又不十分灵便，腰疼时时折磨老先生，且他在长期工作中并无助手。

第三，行文通俗、流畅，可读性较强。该书虽然引文和史料均古僻深奥，连一些字体也很少使用了，但全书并不难读。可取之处是作者常在引用一段史料之后，用一段通俗的口语式叙述来过渡，这种疏密相间、张弛有序的写史之法，也是应值得称赞的。

如果要说对这部国内外仅有的中国航空史著作提几点希望的话，首先，正如姜老在"后记"中所说，中华人民共和国成立前中国共产党领导下的航空业绩未能写进，不能不算一憾，也是中国航空史中不应缺少的。有哪些有志之士补上这一章呢？我们年年期待着。其次，中华人民共和国成立后的航空史也应该成书，目前尚未见到公开发行的新中国航空史，如能补充上新中国的航空业绩这一内容，以姜老这部著作为上篇，新中国航空史为下篇，一部更全面的中国航空史著作的学术地位和影响会更加重要和巨大。

第四，该书的装帧、印刷质量似应提高一步，特别是改进图片，减少错字。

再说句题外的话，笔者至此建议，如能有航空部、空军、民航等单位联合起来，组成"新中国航空史"编撰协作组，在1990年前完成该书，我想是可能的。

（注：鲁克成，西北工业大学航空史研究室研究员，曾任《航空史研究》副主编，首届中国航空史研究会秘书长。曾著有《论姜长英学术思想——兼论航空史学的核心价值》等多篇重要论著。）

中国之翼出版的《中国航空史》序

文良彦

当我第一次见到《中国航空史》的时候,心里十分激动,因为这是一本由国人自己撰写的论著。其实国内外有不少有关中国航空历史的著作,官方及半官方的出版物则鲜有提到民间活动的,而外国的记载又嫌隔靴之痒,不够深入。

我国近代史不容易弄清楚,中国的航空历史更难弄明白。曾有前辈航空史学者感叹地说:"研究中国航空史何止千难万难!"我国近代历史背景,不仅有军阀割据时代的航空发展关系错综复杂,更有西方列强将各式各样的航空器通过不同的渠道送进来,造成诸多航空武力分据,也就成为后代学者研究认识的困扰。

有些年轻同事埋怨早年的飞机叫"达机""霍机""诺机",令后辈不知所以,岂不知即使有经验的人看到官方记载有"汉考不勒斯"飞机或是国外资料谓"Raob Katzensteil",亦会瞠目不知所云,所以西洋或东洋研究中国航空史的作者就不可能一窥真貌了。

即使是中国人自己也有难了解全貌的时候,所谓"单翼达机""AW-16"等等都是让人迷惑的神秘故事,又何况有关航空人物、飞行事迹的研究就更不容易寻到真迹,因此这本书中对两广航空的记述就稍嫌简略,这大概只能靠读者由其他资料加以印证补充。

然而,这毕竟是一本难得的中国航空史研究,也是国人要了解我国航空先圣先贤的一本重要参考书。

1993 年 12 月 3 日于台北

(注:文良彦,1938 年生于湖北溪口,眼科医师,教授,业余研究中国航空史,是台湾航空史研究会发起人之一,撰写了一些中国航空史的资料文稿。)

很珍贵的一本中国古代航空专著

——评姜长英《中国古代航空史话》

陆永正

早在1989年8月，本人曾对西北工业大学出版社1987年6月出版的姜长英编著的《中国航空史》发表过一些浅评（见《航空史研究》），其中包括对该书有关中国古代航空内容的简析。现在，再读由航空工业出版社1996年4月出版的姜长英编著的《中国古代航空史话》（以下简称《史话》），因著者的用心良苦和努力重写，结构和内容都调整一新，深感它是很珍贵的一本中国古代航空专著。

之所以很珍贵，首先是著者心怀明志和殚精竭虑而成书，其重写成书的目的，就是力求"适合工人、技术人员、大中学生和一切关心祖国航空事业伟大贡献的读者，提高民族自尊心和自信心，弘扬爱国主义精神"（见《史话》"内容提要"），还特别强调"为了振兴中华，建设国家，增强全国人民的自尊心和自信心是非常必要的"（见《史话》"自序"）。为此，著者不顾年迈和多病之躯而用尽心血，在自1959年至1982年完成一稿至四稿的基础上，进行重写而成五稿，又经历了多少曲折才印成今书《史话》。《史话》的出版本身，就是胜利，就是大好事，历史也一定能够证明著者的心血决不会白流。

之所以很珍贵，最突出之处在于《史话》是独步一时的"一本至今为止最全面、最系统、最详细，也最科学阐述中国古代航空的专著"（关中人语）。既说是"最"，当然是相比较而言，这里要"比"两点。一是比《史话》前的第四稿，因著者是根据前述的明确目标进行重写的，从而使五稿更显完美，在大纲结构上做了较大调整，并归纳安排了用小目标示的内容。在内容上，既重视去繁存要，又适当增添；在叙析事物上，除了概要叙述古代航空的理想、神话、传说和向鸟类学习的史实外，十分突出于风帆、风车、风扇等的空气动力利用，孔明灯等轻航空器和火箭发展的各阶段，而又总是从航空科学的高度去介绍其简要结构，分析其运作原理和阐明各器物与现代飞行器件原理的相互关系，其中还对某些历史内容做出必要而适当的分析批判，这就完全能够使读者深刻了解中国古代航空的伟大贡献。二是与中华书局1965年出版的中国历史小丛书之一——张鸿著的《古代飞行的故事》相比，它实是一本普及读物，着重简要介绍了飞行神话和传说、奇肱飞车、墨子制成会飞的木鸟、王莽时飞人、张衡制成能飞的木雕、火药箭及第一个企图乘火箭飞行的人、飞弹、气球及竹蜻蜓，这使人们读了可以概括地了解"我国劳动人民对人类的飞行事业作出过杰出的贡献"，《古代飞行的故事》较之《史话》就显得没那么全面、系统、详细和专业。这样一比，我们就可以看到，《史话》不但分量比《古代飞行的故事》重，而且质量也比较高，诚为当今研究中国古代航空史的权威之作。

之所以很珍贵，也意味着要为中国古代航空研究的书籍太稀少而呐喊和呼唤。这呐喊和呼唤，看看姜长英教授给关中人信中的一段话就能知其所以："中国有五千年的文明史，像中国古代航空史这样的书，中国有两本。一是中华书局的《古代飞行的故事》，1965年印了1万多册，1981年又印了1万多册；二就是我的这本《史话》了，印了2 500册。这种书虽然稀少，但也不被重视。《航空史研究》的投稿者，确实很多，但研究古代航空的人全中国不知道还有几个。"这些话，希望真能振聋发聩！

以上三点，"之所以很珍贵"，就在于《史话》可以启人、智人、奋人。

论姜长英学术思想

——兼论航空史的核心价值

鲁克成

姜长英，这位被航空史学界誉为"非凡的事业非凡的人"的著名学者，与世纪同行，即将迎来他的九一华诞，姜长英航空史学研究的成就、影响和地位，已为海内外人士所公认。然而，遗憾的是，与姜长英航空史学术思想的研究相比，太不相称，更不能说深入了。因为我认为，姜长英就是一部中国有骨气的知识分子的奋斗史诗；姜长英具有精神和学术的崇高价值，是珍贵的精神财富；姜长英是史学工作者乃至所有有志于研究工作的人的楷模。研究航空史不能不研究姜长英，研究姜长英又离不开航空史，就像研究《史记》需研究司马迁。本人在1982年至1992年的十年中，作为姜老的学生和助手，参与了《航空史研究》的创办和编辑、航空史研究会的发起和日常工作，有与姜老艰辛备尝、同甘共苦的体验，更主要的是得先生教益如山高水长，永生难忘。先生几年前就有将他90岁退下来的一部分工作交给我的意思，也为此做了一些过渡性准备。我本当不辜负先生的厚望，再为航空史研究尽绵薄之力，然而1992年底因工作调动，离开了西安，虽仍担任学会副理事长和刊物副主编之职，但无法经常出入于"北村"（姜老之宅）聆听先生的教诲了，更辜负了先生的工作之托，谙知先生的不快心情，常感愧疚。我在一年前就酝酿着本文了，欲以此弥补我的歉意，并起抛砖引玉的作用。

我认为，姜长英史学学术思想应该是一个大概念，从广义上讲，包括学术研究分期、学术观点、学术原则（宗旨）、学术品格、学术方法、学术成就和学术评价等诸多方面。本文既为抛砖引玉，想就这些问题逐一有所论及，以期引起讨论，再就其中某一方面深入研究，浅陋及不当之处请姜老和各位指正。

一、学术研究分期

姜长英航空史研究总体上可分为三期：

第一期：20世纪30年代至1949年《中国航空史料》编撰完成。从写于1949年10月1日的《1949年自序》一文（见《中国航空史》西北工业大学出版社1987年第1版第1页）可以看出，姜长英注意到航空史编写信息最早是在1929年初，到1930年至1933年有一些信息引起他的进一步注意，并"自不量力，想写一本航空史"的动机产生大致也是这个时期。因为我们为他筹办60周年活动时，曾与先生讨论过他何时开始研究航空史，他认为1993年作为60年时限是对的。那么，这十五六年间，姜长英主要是完成了研究行为的注意—兴趣—动机—信念—行动的心理过程，主要从事史料的搜集、整理和基于史料的研究工作，并以《史料》的编撰完成作为学术标志，宣告了姜长英航空史研究的基础已经构建成功。《史料》是我国第一部系统、全面的以航空器件为主要内容的航空史著作，虽因解放初期的特殊情况（"二六"轰炸）未能出版，但于其后的1955年至1957年，由华东航空学院学报发表和作为科学讨论会论文发表。第一期可称为"奠定期"。

第二期：1949年至1982年。姜长英完成了《中国古代航空史话》和《中国近代航空史稿》，在国内一些刊物上发表。这一阶段长达30多年。这一时期最重要的著作是《中国近代航空史稿》。这部著作是接受刘仙洲教授之委托于1960年着手准备，自1961年秋开始编写的，断断续续到1965年春才写完并油印，还计划写第七章（内容是红军航空活动），因故未能完成。至此，姜长英以他的航空史三著作确立了中国首屈一指的航空史专家地位，学术研究也更趋成熟。史料更为丰富，并通过发表著作和学术活动，姜长英的知名度也在提高，这为以后创办刊物和研究室、研究会创造了条件。第二期为"发展期"。

第三期：1982年至1994年。这12年是姜长英航空史研究成果最显著、事业最恢宏的时期，主要有以下几个方面：①著作出版。1982年9月，《史话》《史料》《史稿》三著作首次分为册铅印出版。1987年6月以《中国航空史》为书名，包括《史料》《史稿》的航空史专著，由西北工业大学出版社出版，产生了广泛的影响，海内外航空界人士都以珍藏一册为快。美国空军代表团访华时慕名求购。台湾中国之翼出版社决定将《史话》纳入，出版精装版向世界发行。②刊物的创办发行。1983年由姜长英创办并任主编的世界上唯一一份航空史研究刊物《航空史研究》（季刊）出版发行，他在历时十年的时间内，在编辑部其他同志的帮助下，担负了主要编辑工作，按期出版，共发行40期，特刊5期，选刊2期，"精选本"已由台湾出版。③以姜长英为主任的航空史研究室成立。这是中国高等院校中唯一的一个航空史研究机构，其成员亦是刊物和研究会的主要工作人员，而且他们全部是兼职义务性工作，成为少见的有实效的研究团体。④中国航空史研究会的创立和领导工作。1989年12月，以姜长英为理事长的航空史研究会成立。至今，它拥有包括中国内地（大陆）和香港、澳门、台湾地区，以及美国、加拿大等国在内的会员230名，已开过两次学术年会和一次专题研讨会，工作很扎实、有效。⑤广泛的海内外的学术交流、人士访问活动。由于姜长英的学术声望高，他通过书信、来访、联谊、交流等活动，团结了海内外航空界人士，增进了友谊和学术交流。第三期可称为"硕果期"。

现在，姜老虽因年事已高，逐渐退出了具体领导和编辑工作，仍笔耕不辍，常有新作见诸刊物。我期望姜老以其丰厚的学术底蕴和高瞻远瞩的学术眼光，为中国航空史研究方向的明确、疑难问题的攻关、学术研究的深入，发挥其"一代宗师"的指导作用。

二、学术原则和宗旨

姜长英航空史学术研究遵循和体现的原则和宗旨为：感人至深的爱国主义精神和民族自尊心，实事求是的严谨态度，追求真理、献身事业的敬业精神，平等讨论、自由探索的民主作风。这些原则和宗旨不仅姜长英自己身体力行，恪守不移，还带动同仁来办刊、办会、书写、著文以及待人接物，成就了以他为旗帜和核心的中国航空史研究群体，感召和影响了一大批不逐名利、不计得失的研究者，在航空史这一"冷门"研究领域奋力跋涉前行。

感人至深的爱国主义精神和民族自尊心，表现在姜长英长达近一个世纪的生活经历之中。从他抛弃美国的优越职业和优厚待遇，回国投身航空事业，从他摆脱日寇统治的东北逃回关内为国家效力，从他不愿在汪伪统治下教书、投奔解放区任教于新四军江淮大学，从他自愿舍弃上海而支援大西北，扎根西北已 40 年，无不证明了姜长英以祖国利益为重的崇高精神。姜长英的著作和文稿之中，处处闪现着爱国与自尊的光辉。发表于《航空史研究》第 43 期的《姜长英给江泽民主席的信》就又是一例。为此，在该刊副主编刘保卫来信征询我的意见时，我为这封信的发表写了该期 4 页上那段"编者按"。细细捧读姜长英的文字，谁都会为他那拳拳爱国之心、殷殷报国之情所感动。他最反对崇洋媚外，妄自菲薄，对此，可用深恶痛绝来描写。而他对祖国前进的每一步、取得的每一成就无不欢欣鼓舞，对中华民族古老文化中的珍贵遗产又以一种如数家珍般的心情赞不绝口。人们都知道他是航空史专家，但少人知道他还是一位颇有造诣的中国古代益智文化专家，他对"华容道"等有很深的研究，与《我们爱科学》主编，也就是航空史研究者余俊雄一起为青少年搞过智力开发。

实事求是的严谨治学态度是姜老恪守的又一学术原则和宗旨。由于航空史研究具有探索性、创造性、历史性等特征，因此，必须从航空史实的客观实际出发，去研究航空史这一客观事物运动发展的规律。不从客观事物的实际情况出发，不大量地、详细地分析客观事物的实际情况材料，就不能引出正确反映历史规律的结论。主观臆造，必然碰壁，只有实事求是，才能保证史学研究获得丰硕成果。姜长英一生求实，治学严谨，为一个名称、一条史实，他可以多年追索，多方查询。记得为查与热气球有关的莘七娘的资料，他甚至查询到某剧团的剧目。姜长英严于考证、善于考据，从不人云亦云，一条史实即使找到了确切的报刊出处，也从不轻易引来就用，而是与相近相似的资料仔细对照，反复推敲，直到弄个水落石出才罢休。他深恶那种东抄西摘拼凑文稿的不实劣技，在姜长英一生所撰文稿中也从无此类内容。如果说，姜长英文著中的观点、见识、结论、论点等，有可存争议或商榷之处,但从未有人对他的研究成果有不实的指责。我们应该以姜长英为学术和人品榜样,大力提倡求实严谨作风。在最近几期刊物中,看到了几篇文章,就此问题发表了严肃的、有责任心的观点。我在论述姜长英求实精神时,对这些观点深以为然,在这一点上,让我们齐努力,学习姜长英追求真理、献身事业的精神。(当然,也欢迎和允许被批评者答辩,以求得事实的明晰。)姜长英挚爱他的航空史研究事业,在长达60年的岁月里,不论处于何种情况,他从未放弃过研究,松懈过努力,包括那些黑暗的年代,包括他的事业一时不为人理解和少有人支持的孤军奋斗岁月,包括他自己在年事已高和视力衰退的困难之中,以及老妻病瘫卧床不起之时,每天读写以及为出刊奔忙,他全身心的投入令人感动。由于西工大从事航空史研究的除了他之外,其他人全部是用业余时间从事这一工作,每人除力所能及地完成本职任务外,很难有更多的时间了。姜老不顾年老体弱,担起了刊物的大部分工作。我当时担负为刊物改审稿件的任务,姜老将稿件选好编写成一册或两册,看不清的字他划出来,交给我。有时正赶上出差,我就带上在旅途中和宾馆中改审,然后与姜老交换修改意见后基本定稿,几十期就这么弄出来了。因此,对姜老的敬业精神的亲身体验就很深很细。

姜长英不仅是海内外公认的航空史权威,又是德高望重的高龄资深的学者,但他从不凌驾于他人之上以权威自居,从不以教训人的口气与人交谈,而是本着平等讨论、自由探索的原则和充分的民主作风对待航空史研究。例如关于"直升机"不应称为"直升飞机"的问题,虽然姜长英力主应称为"直升机",但他在编刊时把不同意他的观点的文章也悉数编入发表,以期民主、自由、平等地讨论学术问题。又如抗战时期国民党空军的称谓问题,原稿中有时称"国民党空军"或"蒋介石空军"。我在改稿时建议一律改为"中国空军",应与红军时代和解放战争时期与人民为敌的国民党空军有区别,姜老不仅采纳了意见而且自谦地认为自己原来考虑不周。大概正是因为姜老的宽容和大度以及自由探索的态度,他在办刊的选稿方面也比较宽松,某些稿子也曾引起一些人的不快,好在大家对姜长英很尊重,并不过分责难,而姜老对此也处之泰然,并不责怪,也不辩解,依然认真办刊,倒是我们从此多留一分心。

三、学术品格

一个学者的学术品格虽表现于学术研究活动,而植根却是在人格上,是学者职业伦理和社会道德见诸研究行为的品行和格调体现。姜长英的学术品格堪称德高品优,正如杨雄在《法言》中所说的,"师者,人之模范也",姜长英就是这样的人师。

姜长英学术品格之一是矢志不移、百折不回。他对航空史研究事业的执着追求和克服重重艰难而不知回头的事迹是人所共知、有口皆碑的。我与姜老的相识很有些戏剧性,但也是他品格的佐证。大约是1981年秋,我的一篇介绍风筝的文章在陕西电台播出,姜老听到了但未听清作者,连电台也未弄清。他就给陕西电台发出第一封信查询作者,未见回信。又给中央台发出第二封信,又未见回信。第三封信请单位盖上公章用挂号再给陕西电台寄去,才接到回信,得知作者近在咫尺,这才托人打听到了我,开始了我们达十年的研究合作。说句实话,就凭姜老的这一番苦心,我也会尊先生为终生的师长,为他的事业助一臂之力的,这大概就是人格的力量吧。

姜长英学术品格之二是诚恳谦逊、提携后学。就诚恳而言,姜老待研究同仁以诚,敬业以诚,连打字员也为他的诚恳所感动。打字员是以页数计算收入的,而姜老所送之稿为通篇文字,且稿纸各异,字迹潦草难辨,起初打字员都不愿打,但在先生诚恳人格的感动下,也都能按时完成任务。他们说:老先生的精神叫人太受感动,咱轮着打也得完成任务。姜老对凡是有志于航空史研究的晚辈都是有求必应,有信必回,有问必答,尽心提携。很多中青年航空史研究者就是在先生的这种影响下投身研究的,使航空史研究这一冷门不冷,研究者越来越多。

姜长英学术品格之三是耿直无畏、仗义执言。为了国家利益和航空事业,姜长英敢于仗义执言,直抒己见,也不怕冒犯什么人,他给国家领导人写过信或寄过刊物,有时虽无回音也照寄无误,几近耿介,不合流俗,一片赤心昭然可见。

姜长英学术品格之四是淡泊名利、造福人民。名者，誉也，主要是精神方面的声望；利者，益也，主要是物质方面的好处。名利，无非是金钱、荣誉、地位等等，而姜长英具有"轻荣重义、薄利厚德"的高尚品格，他一生藏书3 000余册，均献给了国家。他多次力辞中国航空史研究会理事长、《航空史研究》主编、航空史研究室主任三职，固然理由是年事已高，然而人们看到的是先生功成身退，淡泊名利，一心为人民、为国家造福的高尚品格。

人格的力量是无穷的，为什么多年来协助姜长英致力于航空史研究的西工大航空史研究室的成员们分文不取却团结在他身边，把中国的航空史研究办成今天这等气候和规模？为什么那么多航空史研究者多年来没有一分稿酬却源源奉稿不辍？为什么有那么多收入可谓菲薄的有识之士节衣缩食赠款办刊？读者是会给出正确回答的。

四、学术方法

史学研究的一般方法有分析与综合、演绎与归纳、抽象与具体、历史方法与逻辑方法等，传统方法有考据、训诂、校勘等。由于科学研究的不断复杂化和分化，以及整体化趋势的加强，一些历史研究课题需要其他学科共同参与协同完成，航空史就是历史学与航空科学结合的产物。姜长英说："多年以来，中国航空史的编写工作一直没有人做，学航空的没有做，学历史的没有做，因而这是第一次尝试。"（见《中国航空史》，西工大出版社1987年版第61页）近年，在世界新技术革命的影响下，社会科学、人文科学、自然科学和技术科学之间互相渗透的研究方法也被运用到历史研究中，姜长英航空史研究方法都遵循和体现了这些方法和原则。具体讲，有以下几个方面。

一是历史事实认识法。历史事实是历史认识论的重要范畴之一，就航空史而言，包括一般意义的航空历史事实、史料中的航空历史事实和科学的航空历史事实三层含义。一般意义的航空历史事实指历史事件，当某一历史事件进入人的认识领域时，对人来说便成为历史事实。但这一历史事实只是不成熟的、粗糙的资料，有待于史学研究者对其进行抽象概括。姜长英将他所经、所见、所闻的历史事实写出来，并加以抽象概括。这样的文章主要是以"航空杂谈"形式大量发表的，是一件很有意义的工作，因为这样一来，就有可能将第一层含义的一般意义的历史事实上升为第二层含义的史料中的历史事实，后者是指经过史料学的研究、搜集、整理并保存在史料中的历史事实。不过，这些历史事实仅仅是保存在史料中客观的真实的过程和事件的信息，有待于史学研究者经过全面的科学研究，赋予其科学的概念和含义。第三层含义科学的历史事实是航空历史进程中真实事件的科学观念，是历史科学和人类历史发展到一定阶段，史学研究者通过研究历史认识问题，对史料经科学的分析后得出的，把一般意义的历史事实变为科学的历史事实，在航空史研究中具有重要意义。它是历史研究的基础，姜长英就是沿着这条历史研究之路，用历史事实认识法对航空史进行了大量的科学研究，他的航空史巨著就是历史思维的产物。姜长英的这一研究方法给航空史研究者以深刻的启示，航空史研究应既不满足于一般意义的历史事实的简单直观表述，也不应是史料中历史事实的罗列堆砌，它强调史学理论，并通过历史思维产生被概念化的事实，显示出科学的历史事实的系统化和概念化特征。

二是多科学纵横交叉研究法。我们谈姜长英的航空史著作，无不为他博览群书、笔意纵横所倾倒，如把他放到文风和研究风格层面来论述，可谓一种旁征博引的方法，这对航空史研究来说已属难能可贵了。但把姜长英视为航空史研究的一代宗师来研究的话，这显然是不够的。姜长英有大学工科（矿科）毕业的基础，赴美工作和留学中首先掌握了机械制造工艺技能，是一个会读书又会干活的人才，后又毕业于航空系，再入飞机公司参与了三种飞机的研制，成为我国早期飞机设计师。回国后，在开始航空史研究之时，又经历了国内一些航空部门的实际工作和上海交大航空门副教授的教学生涯。这一切都为姜长英奠定了丰厚的理论与实践基础，足以使他凭借这些理论知识和经验在航空史研究领域自由驰骋。姜长英还具有深厚的人文学科基础和社会科学知识，在古诗文、文物学、历史学等方面都有较深造诣,这就使他有能力综合自然科学、技术科学、社会科学、人文科学当代四大科学领域,以多学科纵横交叉研究的方法,在航空史研究领域独树一帜。这里的"纵横"除了指研究方法的状态外,亦指研究的两大层面,纵指上下五千年的整个历史时代,横指多学科的交叉综合,有志于航空史研究的人当学姜长英的研究方法。

三是航空史史料学研究方法。史料学是研究史料的搜集、保存、鉴定、整理和利用的学科,其主要任务是在广泛搜集史料的基础上校勘、考订和编纂史料,在浩如烟海的史料中发现有价值的、能反映历史事实本质的史料,同时通过科学考证,将正确的记载和错误的记载相区别。姜长英一生致力于航空史料的搜集、研究,在航空史料的研究和创立上卓有建树。全国唯一一个航空史藏书室藏有3 000多册原属姜老个人所有,现已献给国家的珍贵藏书、资料,其中有一些资料很可能是国内外罕见的珍本。台湾刘文孝先生来访时看到了一些在台湾找不到的资料,羡叹不已,兴奋异常。姜老的手抄史料洋洋几十大册,更为珍贵,我希望姜老在脱开了具体的繁忙事务之后,能抽出时间在史料的整理方面再加指点,为航空史料学的发展成熟再扶一程。

姜长英的学术观点、学术成就和学术评价,我在上面都有一些涉及,限于篇幅和我目前研究的深度,就不单列述及了。如果一定要论述的话,我将以下篇的形式待思考再成熟一点后另文专述。

五、航空史学的核心价值

最近,读了徐兆仁《智慧的折光——论史学的核心价值》一文(《光明日报》1994年7月11日第三版,下称"徐文"),受到颇多启发。拜读之后,我想到了航空史学的核心价值这一重要的课题。不研究价值,特别是核心价值,或对其研究不够,航空史学就难以充满内在价值,难以发出能量,施展威力,就会落入可有可无、任人摆布的境地。

徐文认为,历史是由实例教授的哲学,史学的核心价值在于它是由经验累积而成的智慧。航空史学以它特有的研究领域,尽可能真实地保留、积累、总结和反映人类在航空领域的智慧,而航空与人类的发展进步息息相关，很难想象现代社会能离开航空（包括航天），航空史也就是从这一点上将历史智慧转化为思想的利刃和行动的指南，为现代航空事业助力的。例如关于通用航空中外历史和现状及发展策略的研究，就会从这一具体航空领域发挥航空史研究的价值。我同样赞同徐文的另一观点：史学家不为时代所重视，绝不是时代将他们视为弃儿，而是史学家自身没能走出低谷，没能以历史的智慧之光照亮时代车轮经过的道路。航空史研究者应该是发展航空事业的智囊式人才，而智囊是会受到欢迎的。

多谢！爱管闲事的教授

叶永烈

最近，我收到西北工业大学姜长英教授的来信，他说："在7月25日《新民晚报》第5版上，有你的一篇《北国生红豆》。此文很有意思，但是其中有一句'乘坐直升飞机'，我有点意见。我认为，直升飞机当是直升机，请看1984年6月29日《光明日报》第3版上我的一篇《为直升机正名》。"

算起来，在短短的半年多时间里，我已经第三次收到这位教授的来信了。第一次来信是在今年2月初，那是因为1月11日我在《光明日报》上发表《风筝的故乡》一文，谈及"风筝起源于木鸢"，我所依据的是新版《辞海》"风筝"条目。姜教授是航空史专家，他认为木鸢和风筝是两回事。《辞海》上关于"风筝"的条目不妥，他寄赠我一些航空史资料。对于航空史，我是外行，无法在《辞海》与姜教授之间做出裁决。因此，当我把《风筝的故乡》一文收入《哲学王国漫步》一书的时候，仍用原文，但在文末加一注解，说明姜教授对此持不同见解。

我复信姜教授时，正巧看到南京一家报纸登载关于航空工程专家朱家仁的介绍文章，顺便剪下送他。

不料，他收到这份剪报，立即给南京的报纸去信，向作者询问资料出处。原来，朱家仁虽然年过八十且在台湾工作，但是过去曾与姜长英共事。姜教授根据自己对朱家仁的了解，特地写了《朱家仁》《我和朱家仁、刘树真》两文，订正了南京作者的一些失误。两文发表在《航空史研究》上，姜教授寄赠我。

这一回，他对我"乘坐直升飞机"一句提出意见。他认为，许多报刊称"直升机"为"直升飞机"是错误的，因为"飞机必须是有固定机翼的，直升机有旋翼而没有固定机翼，因此不是飞机"。他查阅了六十多种字典、辞典包括英、日、俄、法、德文的，从20世纪初一直查到80年代，查清了"直升机"最初叫什么，"直升飞机"一词在什么时候叫开来的。

姜长英教授在给我的信中说："我爱管闲事，还勤于写信。看见书报刊物上有些不合己意见的地方，就爱提些意见。"他的话不假，短短几个月，他就给我写过三次信，寄了好几回资料。今年7月，我在四川，听那里一位编辑也说及姜教授，为了订正一篇关于老航空专家的报告文学，姜教授写了好几次信，还请清华老校友发信调查他的史实。另外，为了"风筝"条目，他也曾多次给《辞海》编辑部去信，陈述自己的观点，了解《辞海》所据原始文献。我想，如果把各编辑部、各作者收到的姜教授的信都集中起来，那一定是相当可观的。我深为他一丝不苟的治学态度和热心助人的精神所感动。

他是严师，也是诤友。

（注：叶永烈为作家，教授。）

姜长英：非凡的事业非凡的人

白凤昆　谭大跃

在古都西安，一位88岁的老教授把50多年的心血都洒在了祖国航空史的研究上。他编著的《中国古代航空史话》《中国航空史料》和《中国近代航空史稿》，内容丰富，资料翔实可靠，为许多专家、学者和科普工作者所引用。1982年11月，著名科学家钱学森给他写信道："您多年来研究我国航空航天历史，很有成绩，发表论文多篇，今又把积稿印成专著三册一套，实可敬佩！现在您又将主持西北工大中国航空史一课的讲授，我希望您能将讲义整理成《中国航空航天史》，出版流传，以教育后代。"

这位老学者还以第一作者身份编写了《中国近代航空史》长达2万余字的词条，被收入《中国大百科全书·航空 航天》卷，此书送给联合国陈列。1987年6月，由这位学者编著的《中国航空史》，由当时任中央军委副秘书长、国防部长的张爱萍将军题写书名，正式出版发行。他就是著名的航空史学专家、西北工业大学教授姜长英同志。

我们第一次见到这位中国航空界老前辈，是在他家的书房里，姜老刚刚接待完3位向他请教航空史的年轻人。本刊记者白凤昆是《空军报》科普专栏作者。早几年《中国航空史话》曾在该报连载之后，由蓝天出版社以《梦飞天》书名出版。白凤昆在编辑过程中曾得到姜长英教授的教诲而感到非常荣幸。姜老当即在一本他主编的刊物《航空史研究》上签名相赠。

《航空史研究》是国内唯一的一本以交流航空史研究成果，积累航空史资料，宣传航空知识为宗旨的刊物。作为主编的姜长英教授也是这个刊物的唯一工作人员（编辑部其他人员都是兼职），从领经费、报账、收稿、看稿、编稿、付印、分发、邮寄，到约稿、通联，统统由这位年近九旬的老人一个人承担。其中只有3个环节是有别人介入的：一是编稿后，教研室主任审稿；二是校对时请人帮助；三是刊物印出后，别人帮忙运到家里。令人钦佩的是，这个刊物的撰稿者遍布全国，他们都热情写稿而不拿稿费。刊物也是赠阅而不是出售，几百份刊物都是由这位老人独自默默地卷起包好，写上地址，亲自到邮局寄发。

在西工大的图书馆，我们见到了专门为姜长英教授和他主持的航空史研究开设的藏书间，里面收藏了姜老捐赠的3 000多册有关航空航天史的书籍、刊物、资料。这是姜老花半个多世纪的心血，四处搜寻、购买的。显而易见，这里凝聚着他毕生的期望。

我们第二次到姜老家中拜访他时，正值第34期《航空史研究》刚从印刷厂搬到姜老的书房兼客室里。接过他赠送的这本杂志，一股清新的油墨香味迎面扑来，看看这洋洋5万余字的蝇头铅字的刊物，再看看写字台上摆放的一摞摞待审的稿件和一堆堆来自五湖四海的信件，我们崇敬不已。姜老年事已高，近视镜后面的双眼很早就患有白内障，看稿、写字，眯起的眼睛几乎贴到纸上，可他对每一篇来稿都认真审阅。对采用的每一篇稿件，从行文遣词，到标点符号，都反复推敲；对改动较大的稿件，他都亲自抄写，一笔一划，一字一句，清清楚楚。如果不是亲眼所见，真是令人难以置信。

看着姜长英教授消瘦的面庞，我们心中不由得升起一股敬意，衷心祝愿这位知识渊博、德高望重的老教授健康长寿！

（注：白凤昆，1946年生，《空军报》主编，蓝天出版社编辑部主任，中国航空博物馆航空史研究员，著有天字系列丛书。

谭大跃，原是广州军区空军政治部宣传处干事，与白凤昆合作采访报道姜长英教授，转业后在《深圳特区报》工作。）

我的恩师姜长英

白凤昆

收到黄尧民老师寄来的"通知",获悉西北工业大学为姜长英教授九十寿辰举行隆重的庆祝大会,非常高兴,十分激动。由于我工作繁忙,军务在身,未能前往西安为姜长英教授祝寿。10月1日这天,在繁花似锦的天安门广场,面对高高飘扬的五星红旗,我在心海深处,遥祝恩师姜长英福如东海、寿比南山!

姜长英教授作为我的恩师,是当之无愧的。他对我的指导和帮助,使我永志不忘。这些年来,在我出的书、写的文章中,多次表达了我的感激之情。

1990年1月,蓝天出版社出版了我编著的《梦飞天》(中国航空史话)一书。在这本书的后记中,我写道:"早在我为《空军报》编写《中国航空史话》的连载文稿时,就得益于我国的航空界的老前辈、西北工业大学姜长英教授的三本蓝皮的航空史著作……在姜长英教授面前,我只是一个小学生。毫无疑问,在当代中国,研究中国航空史的权威人士,第一名就是姜长英教授……"

蓝天出版社赠给我《梦飞天》的样书后,我第一个寄赠姜长英教授,很快就收到了他的亲笔回信,他在信中给予我热情鼓励。我把姜老的这封信珍藏起来,永作纪念。

1991年10—11月份,我作为《空军报》记者、《中国空军》杂志记者,专程赴西安,会同通讯员谭大跃同志采访了姜长英教授,写了一篇题为《姜长英:非凡的事业非凡的人》的文章,刊登在1992年第1期《中国空军》杂志上,这篇文章承蒙关中人先生推荐,《航空史研究》第41期已经转载。

1992年9月，蓝天出版社出版了我编著的《天魂之歌》（修订本）一书，该书收录了我写的《天魂，在这里永存——中国航空博物馆解说词》。该文引用了姜长英教授的话，对建成中国航空博物馆的历史意义给予了高度评价。

我获悉《航空史研究》公开发行后，特别兴奋，当即写了一篇报道，刊登在1993年第4期《中国空军》杂志上。文中写道："该刊是在著名航空史学专家、西北工业大学教授姜长英同志于1983年5月创办的民间刊物上起步的。10年来，主编姜长英同志培养、团结了一大批作者，使刊物越办越好，内容日益丰富翔实。"

除了写文章外，我还利用在军内外参加各种活动的时机，广泛宣传姜长英同志的高尚品德、高贵品质、苦干精神和极其严谨的学风。他，就是我们心中的一面鲜红的旗帜！

1993年11月寄自北京

庆名著新版，为尊师祝寿
——在庆祝姜长英教授九十七大寿会上的发言

傅正阳

姜老，给您拜寿啦！今天我们西北工业大学航空史研究室全体同志们来给您开庆寿会啦！还有一层特别高兴的喜事，就是您辛苦研究航空史67年，您的这部享誉国内外的名著《中国航空史》，现在终于以这样"三册一套"的全新版本放在大家面前了，这是您老辛苦一辈子的夙愿，也是广大航空工作者、航空史爱好者的企盼。

且不细说姜老收集资料写成中国航空史之一《史料》、之二《史稿》、之三《史话》三册一套的《中国航空史》有多少磨难、千辛万苦，单看最近这几十年要出版这部专著有多么艰难。1982年西北工业大学以讲义形式出版了这三本分册。著名科学家钱学森同志看到了这套书，亲笔给姜老写信说："您多年来研究我国航空航天历史，很有成绩，发表论文多篇，今又把积稿印成专著三册一套，实可敬佩！现在您又将主持西北工大中国航空史一课的讲授，我希望您能将讲义整理成《中国航空航天史》，出版流传，以教育后代。"

1987年西工大出版社出版了姜老增订过的请国防部长张爱萍题写书名的《中国航空史》，可惜其中没有收进《史话》部分。1992年台湾的中国之翼出版社出版了一部姜老的《中国航空史》国际中文版，也没有把《史话》部分收进去。1996年航空工业出版社把姜老写的《中国古代航空史话》单独出版，引起了航空界的轰动，那时关中人同志评论说："所以很珍贵、最突出之处，在于《史话》是独树一帜的一本至今为止最全面、最系统、最详细，也是最科学地阐述中国古代航空的专著……《史话》可以启人、智人、奋人。"于是大家又盼望着出版一部"三册一套"的姜老的《中国航空史》新版本。现在我们大家终于在新世纪之初看到了这部姜老的《中国航空史》新版本，"三册一套"集几种版本优点于一身。这不就是一套"至今为止最全面、最系统、最详细，也是最科学地阐述"中国古代、近代和现代的航空史专著嘛！不就是一部可以"启人、智人、奋人"的专著，一件可以特别庆祝的大事情嘛！

今天我校党委书记，正、副校长以及十系正、副主任及总支书记等领导同志和负责同志也来了，姜老一家人也从北京、上海、杨凌等地来团圆了，航空史研究室的全体同志也都来了，让我们共同敬祝愿祖国的航空、航天、教育事业繁荣昌盛！

敬祝姜长英老教授福如东海，寿比南山！

航空史研究室
2000 年 11 月 11 日

（注：傅正阳，西北工业大学社科系教授，航空史研究室研究员。）

志存高远　惠及后人

徐　澄

指南针、造纸术、活字印刷和火药，每个人都知道是中国的"四大发明"，但若要说风筝、火箭、孔明灯和竹蜻蜓，是中国人的又一"四大发明"恐怕是鲜为人知的。中国是火箭的故乡，利用反力推进原理制造和使用火箭，是我国对世界科技进步的一大特殊贡献。但遗憾的是，迄今在火箭发明的年代上还是众说纷纭，不同报纸杂志的说法相差竟有几百年！风筝起源于我国，是现代飞行器的雏形。而现在人们连最早的风筝是"纸鸢"还是"木鸢"都未搞清楚。

有谁能相信，中国这个泱泱大国，从事航空史研究的人却寥若晨星。有一种误解认为，研究中国航空史算不上高深的学问，没有什么发展前途，因此一些学者不屑一顾。但在中国西部古都，一位80岁的老教授却把50多年的心血都泼洒在祖国航空史的研究上。他编著的《中国古代航空史话》《中国航空史料》和《中国近代航空史稿》，资料翔实，内容丰富，为许多专家学者所引用。1982年11月，著名科学家钱学森写信给他称："您多年来研究我国航空航天历史，很有成绩，发表论文多篇，今又把积稿印成专著三册一套，实可敬佩！现在您又将主持西北工大中国航空史一课的讲授，我希望您能将讲义整理成《中国航空航天史》，出版流传，以教育后代。"姜长英还以第一作者身份编成了《中国近代航空史》长达2万余字的词条，被收入《中国大百科全书·航空 航天》卷，此书送交联合国陈列。

1987年6月，这位老学者编著的《中国航空史》，由国防部长张爱萍题写书名，正式出版发行。他，就是中国航空史专家、西北工业大学教授姜长英。

不坠青云之志

姜长英教授，1904年生，是中国航空界的老前辈，他1926年留学美国，是福特汽车公司的工读学生。1927年，美国和西方国家的报上经常宣传他们的飞行家由西向东飞越大西洋的事迹，这引起了姜长英的注意。恰好这时公司转产停工，姜长英插班进了底特律大学，航空工程像一块磁铁紧紧吸引住了一颗年轻的好奇心，从此，他与航空结下不解之缘。几十年来，姜长英从事航空工程教育，可谓"桃李满天下"。

1936年，姜长英在交大任副教授，执教于航空门，结合自己的工作，他开始收集航空资料。但是在那兵荒马乱、民不聊生的年代，想写一本航空史难乎其难。1949年，姜长英写成《中国航空史料》初稿，商务印书馆同意出版。不久，上海遭遇"二六"轰炸，电厂受损严重，出书计划落空。20世纪50年代，姜长英已是南京华东航空学院教授，学报把他的旧稿分期连载，尔后又把古代部分作为第一次科学讨论会的论文。

怎样使中国航空史研究的影响更大，发挥它在社会主义经济建设中的作用，是姜长英一直考虑的问题。从20世纪40年代起，为了便于更多的人借阅、学习，西工大图书馆专门开辟了一个房间，陆续陈列了姜长英捐赠的3 000余本图书和期刊，作为航空史藏书室。在今天看来，这种无私的捐赠更是难能可贵的。1982年，姜老想串联有关学者成立中国航空史学会，未能如愿。1983年5月，经过筹备，他办了《航空史研究》（季刊），内容包括"航史论谈""个人回忆""航空事件""航空人物""飞机介绍""航空资料""书刊评介""问题讨论""航空杂谈""消息和资料"等，十分丰富。刊物的诞生，为航空史爱好者提供了一块难得的研究讨论园地。开始办刊物没经费，幸好得到了他所在教研室的支持（后来得到科研处的支持）。

开始，稿件很少，他一封封写信给"老关系"约稿。共同的事业追求和志趣把一个个航空史研究者聚集在这里，雪球越滚越大，发展到现在有

140余名相对稳定的撰稿人。经费短缺，姜老没给他们发过一分钱"辛苦费"，这些人好像也特别"傻"，高质量的稿件一篇篇寄来，却从未有人提起稿酬之类的事。在全国航空史爱好者的支持下，这份刊物现在已有6岁多了，在全国产生了一定的影响。

姜老1989年已是85岁高龄，身体衰弱，视力衰退，近视眼镜片后面的双眼很早就患有白内障，每次看稿、写字，眯起的眼睛几乎触到了纸上，但每期5万字左右的篇幅，所有稿件他都细细选择、审阅，行文遣字也要与合作者反复推敲。如抗战时期，当国共合作时，把空军称"我空军"不合适，"国民党空军"也似觉不妥，经与协助办刊的鲁克成同志商议良久，最后改为"中国空军"。为了使宝贵的史料公布于众、流传久远，姜老除花费大量精力编审稿件外，自己还动手写稿，或回忆往事，或有感而发，如《回忆上海交大航空门》《回忆我在沈阳》等文章，都极有史料价值。

几年来，姜老在《航空史研究》上发表文章40余篇，每期初刊，他都自己寄、自己送。从邓小平、李先念、聂荣臻、张爱萍、秦基伟、王方毅、钱学森、林宗棠等领导同志，到航空史、科技史的一般爱好者，从全国各省图书馆、博物馆，到航空院校、军事机关，从中央和省市的日报、晚报、科技报，到一些城市的航联会，一个都不漏掉。为了节约经费，姜老舍不得买信封，每次邮寄刊物，都是把其他单位不要的旧信封、旧封套拆开来反面用。一期600份，也够难为这位老人的。"一湾死水全无浪，也有春风摆动时"，作为学者，最高兴的莫过于自己的劳动成果为人们所承认。姜老说：尽管困难很大，但《航空史研究》是民间自发搞的，也是中国目前唯一的航空史刊物。截至1989年12月，已经出了26期，以后要不断出下去。

"松脂灯"的启示

姜老新近出版的《中国航空史》共30万字，近百幅珍贵的照片和插图，天文地理，古今中外，旁征博引，有史有据，令人信服。姜老说："航空史的材料收集了很多，用得上的材料不多，用上十分之一就很不错了。"

姜老从20世纪30年代开始收集资料，50多年来，从未间断，光是手抄的资料就有23本。《诗经·大雅·荡》中说："靡不有初，鲜克有终。"没有超人的恒心和毅力，是很难有大成就的。主编全国通用教材《航空概论》的北航史超礼教授曾经说："中国航空史，还是姜老的史料多。"

姜老收集资料尽可能接近历史真实，特别是中国近代航空史料，亲身经历，资料也最原始。1923年6月，飞行家杨仙逸制成金尼式陆上双翼教练机一架，孙中山偕夫人宋庆龄参加了试飞典礼，并且命名为"乐士文1号"。为此，姜老专门写信给宋庆龄，询问"乐士文"之意。1965年3月5日，国家副主席宋庆龄办在回信中解释："乐士文"是宋副主席在外国留学时学名"Rosamonde"的译音。1932年"一·二八"事变时，十九路军在上海抗击日本侵略军，菲律宾华侨捐赠30架飞机给十九路军。姜老专门写信给军长蔡廷锴将军，调查捐机事项，收到蔡廷锴将军的亲笔回信。

收集史料，并非易事。姜老说："收集史料，要多看书，看报，随时留心有无感兴趣的东西。有些线索，还要顺藤摸瓜。这是经验之谈。"有一件事，姜老印象极深。1962年4月8日，《新民晚报》上登有杨荔同志的《松香和松脂灯》一文。文章说，五代时，莘七娘随夫从征入闽，创造了能上天空的松脂灯。这是一个极好的航空史料，如其属实，将填补我国热气球历史的空白。可惜姜老没有及时给作者写信查证。后来又有不少人谈到孔明灯时都要提到莘七娘的松脂灯，可姜老至今还不知这个故事的文献根据。他查过五代史，没有找到莘七娘的踪影，给闽西北几个县文化馆去信讨教，也无结果。一次看到宁波越剧团演出《七娘救夫》的广告，喜出望外，急忙给宁波越剧团修书一封，等了两个月，不见回音。同年7月，《新民晚报》的《今晚电视》栏有《七娘救夫》的故事介绍，看过之后，才知道和松脂灯毫不相干。一刻千金，稍一疏忽，丢失韶光，以后会平添不少麻烦。积史不易，姜老不无遗憾地感叹道。

直升飞机还是直升机?

姜老给他的《航空史研究》定下这样的宗旨:"根据实事求是、百花齐放的精神,交流研究成果和经验,积累有关航空史料,宣传航空知识,特别是航空史知识。"1982年,姜老在《航空知识》上发表了谈"直升机和直升飞机"的文章。他说,飞机和直升机都是飞行器的成员,关系很近,是"兄弟辈",但二者无论在构造和外形上,在驾驶员的操作上,在飞行的性能上,都有很大的差别。但是,现在人们习惯地将直升机叫作"直升飞机",这是不科学的。直升机绝不是飞机的一种,错误的根源是把飞机和飞行器的概念混同起来。为此,姜老考证了直升机和直升飞机的最早出处,查阅了从20世纪初到70年代60多种各种专业的字典、辞典,在上述各种书里,把直升机误为直升飞机的竟有三分之二之多。而且在全国的报纸杂志里,在广播电视里,"直升飞机"已成为常见名词,甚至在有的地方把它作为国营机关的正式名称,如"××××直升飞机专业公司"。姜老认为,对于学术问题,不应该"少数服从多数"。他不断地大声疾呼:"学航空的人特别是搞航空科普的人,都应该积极行动起来努力为直升机正名,以补过去疏忽的过失。"

为了以正视听,姜老不顾年老体衰,在他参加的一次次会议中反复阐明观点,平时不间断地撰写文章,与大家探讨。到1987年止,他办的《航空史研究》出了三期专门探讨"直升机"的特刊,每期特刊出来后,姜老广为寄发。为了使人们都来重视"直升机"问题,姜老还多次与全国性大报联系,想自费在大报上登出一个空前的、学术性的、为直升机正名的广告。

精诚所至,金石为开,尽管有不少人不以为然,但是姜老的努力在社会中还是激起了一定的反响。1984年6月29日,《光明日报》在《科学与技术》栏目里刊登了姜老《为直升机正名》文章,同年8月,《新华文摘》做了转载;1986年元月,全国发行的《辞书研究》又刊登了姜老的《直升机辩》一文。《航空知识》杂志最先接受姜老观点，从1981年起，杂志一律用"直升机"，而不再用"直升飞机"了。中国航空学会和陕西省航空学会专门为姜老的"直升飞机"改"直升机"印发了专函，认为他提出的意见是正确的，并推荐了他的论文。经过不懈努力，为直升飞机正名的学术广告也终于在1989年1期《老人天地》月刊上登出。从这些事例中，我们不仅看到了一个学者实事求是的科学态度，同时也感受到了他那为祖国航空事业尽心竭力的拳拳之心。

作为中国历史一部分的中国航空史，研究它的意义是不言而喻的。现在，姜老年事已高，常有力不从心之感，所喜的是，姜老所在的西北工业大学已经开始重视这项研究工作了。学校1988年5月下发了批准成立航空史研究室的红头文件。同年10月14日，航空史研究室正式成立。至此，航空史的研究才算有一个正式机构，季刊的编辑、出版也有了合法的根据。从1989年下半年起，研究室的同志逐步共同担负起了《航空史研究》编辑工作。

姜老和他的同事们坚信：随着航空史研究的深入开展，这项惠及后人的事业定会兴旺发达，长盛不衰！

关于姜长英传记和他的学术思想

郑泽尧

今年1月9日,河南王德中同志写信给我,同时寄来一份他已发表过的军工人物传记的复印件,让我参考此文写写姜老。他说:"像姜老的经历与成就,加上些时代背景材料,写一篇《姜老与中国航空史研究》,把他的一生特别是推动中国航空史研究事业的贡献写一写,广度深度要大于……一文。"可我本人能耐有限,恐难以胜任,奈何王德中同志信中还说,"此事,您在姜老身边",看来我是无法推托了。于是,我开始收集资料。

春节,我去给姜老拜年,提及此事,并向姜老索取自传。姜老说他没有自传,只写过几篇回忆文章,如《南开八年》等。姜老又说:"已经有好几个人写过我的文章了,不必再写。"姜老的谦虚可敬,但却使我碰了一鼻子灰,只好作罢回来。但心里总觉得有负朋友重托,而且,今年又是姜老九十大寿,又是从事航空研究六十年、从教六十年,这样重大的节日,应该对寿星和航空史专家有一篇系统的介绍和全面的评价。所以王德中同志的想法,也必然代表了全国广大航空史研究者的心愿。我是姜老的学生,又在姜老身边,的确有不可推卸的责任。于是再鼓勇气,再找姜老,声称此举乃众人所托,又是今年庆典所需,终于姜老交给我几本不完整的资料和一部分历史照片,也来不及细看,即匆匆而归。

回来后,一边翻阅资料,一边做笔记,一边打腹稿,心想"广度和深度",就得把姜老的曲折经历写得既完整又详细,还要把姜老的学术思想写得既鲜明又突出。这不仅内容太多,也太难写了。姜老生于1904年,走过了九十年漫长道路。而这九十年,正是我国历史重大变迁的时期,中国从半殖民地半封建社会国家,经过近百年来民族斗争,走向世界强国之林。姜老目睹这一历史演变,自己也多次饱经民族苦难和人世沧桑。他的童年,在军阀混战中漂泊奔波；少年时代，参加过五四运动；青年时期，出国留学，做过工人，设计过飞机，还从美国东海岸驱车 8 000 公里，横跨美洲大陆直达西海岸。回国后，他又饱尝失业的痛苦和天南海北求职的艰辛。他在张学良部队做过事，也在国民政府任过职；他受过日军侵略之害，也尝到国民党军节节败退之苦；他不愿为汪伪教育服务，毅然奔向解放区，看到中国的新希望。他在上海迎接了新中国的诞生，为新中国的教育事业移居南京；他支援内地建设，举家西迁，扎根大西北；他矢志不移，撰写近代史稿；20 世纪 80 年代，气象更新，姜老焕发精神，孜孜不倦，耕耘不辍，巨著出版，史会成立，终于迎来了航空史研究的春天。姜老的经历太丰富了，甚至有些传奇，仅这些足以写一本书，即使写个传略，恐怕也得一万字以上。但是还有更重要的部分，那就是姜老对航空史的研究，他的学术思想，他的治学精神，他的严谨学风，他对航空事业的执着追求，他对航空史料的精心收集，他对史实查证的认真负责，他对名词错误的纠正决心，他对祖国的热爱，他对敌人的憎恨，他对航空人才折损的悲愤，他对崇洋媚外心态的谴斥，他对航空史爱好者的扶持，他对编辑工作的认真，他对经费开支的节省……姜老的精神太感人了，这后一部分，也足以写一部专集，为了"广度和深度"，这两部分应写深写细。

于是我在收集了姜老历史资料之后，又开始收集姜老学术内容。我把已经出刊的 38 期《航空史研究》都搬出来了，一本本翻阅姜老写的文章，差不多每期都有，而且不止一篇，有回忆，有人物，更多是"航空杂谈"，还有"直升机"专题。边阅读边记，仅仅翻了几本，笔记就记下一大堆，内容实在太丰富了。要把 38 本一一看完，一一记录，并一一研究，恐怕一年时间也难以完成，何况我还有教学任务呢！

我以为，对姜老学术思想全面研究，短时期内绝非一人之力所能完成，需要广大航空史研究者共同来挖掘，共同来研究，才能达到真正的广度和深度。因此，我建议：在今年 11 月 11 日庆贺姜老九十大寿的集会上，在纪念姜老从事航空史研究六十周年的时候，召开一次"姜长英学术思想研讨会"，是非常必要和非常及时的。请广大航空研究者积极支持，发表研究成果，在这样广泛研究的基础上，再深入总结和提炼，使姜长英的学术思想，真正成为航空史研究会的宝贵经验和精神财富，并成为推动我国航空史研究的巨大动力。

但是，在姜老的祝寿和纪念大会上或在会前，还是应该首先拿出一篇对姜老历史的全面系统的介绍资料，也许就叫作《姜长英传》吧。应王德中同志之托，靠姜老就近指正之便，我就自不量力，斗胆为之了。正好开学之初没有课，三个班的教学都安排在第十周后，于是抓紧难得的时间，查阅资料，包括从姜老那里拿来的片段回忆资料和徐澄、鲁克成等所写的文章，以及《航空史研究》和《中国航空史》中有关姜老的历史资料，又多次走访姜老，为他拍照，并选择和复印其他照片，终于资料齐备，埋头奋笔了。

适逢早春二月，天气乍暖还寒，气候变幻，不幸染流感，正好闭门不出，趁机耕耘，感冒越重，笔耕越勤，苦干二月，15 000字文稿和20多张照片初稿，终得完成。现已送姜老审阅，虽仍需多次修改，终因笔拙能微，恐有负众望。只希望此文（《姜长英传》）能有助于了解姜老的一生和光辉的成就，以作为对姜老大寿的一份微薄贺礼。但更期望航空史研究诸同仁，拿出更多更好的论文，为姜老的学术思想聚沙成塔，让姜长英学术思想发扬光大。那才是给姜老的最好贺礼，这也是本文的目的。

1993年3月28日

后 记

汇编《姜长英纪念文集》这件事在 2016 年 10 月就定下来了。当时我到西工大参加华航西迁 60 周年纪念活动，并参加了新建图书馆中姜长英航空史料馆的开幕仪式。我向学校党委和校领导汇报了这个设想，得到西工大领导的支持，并说此书可以由西工大出版社出版。

返沪后不久我老伴过世。2017 年我生了两场病，汇编工作耽误了不少时间。2018 年开始，工作顺利，哪知又出了一场车祸，脑震荡，又耽误了许多时间。后来在郑泽尧和我弟弟妹妹大力帮助下，资料汇编总算在 2019 年 1 月完工。

首先，要感谢郑泽尧同志。他是姜长英的学生、同事，在改革开放后始终跟随姜长英搞航空史研究。他在西工大航空史研究室任专职研究员，曾任《航空史研究》期刊主编、中国航空史研究会秘书长。他为《姜长英纪念文集》全书撰写了序言二，提供了在姜长英 90 寿辰时撰写的《姜长英小传》等篇目，并且对全书初稿进行了审查和修改。

要感谢我老朋友的女儿上海图书馆副研究馆员曲蕴同志，在百忙之中帮助我查找了早年姜长英在美国半工半读时和回国不久后，即 20 世纪 20 年代末和 30 年代初向期刊投稿刊登的短杂文，填补了我们对姜长英了解的空缺。原来他在青年时期就如此热爱科学知识，而且他的数学功底这样的好。为此我专门请三妹夫李元瑞（西北农林科技大学教授）做了研究，才知道姜长英当时在研究的是"数论"问题，于是就请李元瑞撰写了短杂文篇中科学知识部分的编者按。

姜椿年是我弟弟，是北京机床研究所正高级工程师，曾和赵中、孟鹊鸣具体负责清华大学出版社出版的姜长英的新版《中国航空史》。他当时负责校对，仅古代航空史部分姜长英引用的古文经典就有一百五六十条。这次由椿年撰写了短杂文航空史部分的编者按。他还撰写了《姜长英和他的〈中国航空史〉》一文。

搞这本《姜长英纪念文集》可说是全家总动员。三妹道年、小妹夫张洪孝仔细审稿，提出修改意见。小妹胜年最功不可没，她和洪孝保存了姜长英大量的资料，没有她寄给我五大纸箱的资料，是不可能汇编这本文集的。胜年身在西工大，方便与学校有关部门的联络，才能使书顺利出版。我在上海这边，先是二女婿曹延在电脑、复印、扫描等机器购置、使用、维修方面给我"保驾护航"，让我能便捷顺利地完成任务。打印姜长英的大量文稿方面，由三位"80后"的青年在业余时间进行，他们是上海理工大学毕业生朱向敏，上海同济大学毕业生朱德翔，上海工程技术大学毕业生马斯聪（顾庆成女儿）。因为文稿都是从旧刊物中找出的，打印比较吃力，他们共打了十几万字。

还要感谢《姜长英纪念文集》中照片的提供者。上海交通大学钱学森图书馆提供了钱学森同志工作照，江东同志提供了他拍摄的一批照片，我选用了十张之多。另外还请我表弟杨孝同在南京帮我翻拍了航空烈士墓的照片。

最后在此也介绍一下我自己，我是姜长英的长女，1935年1月生，1949年3月加入中国共产党，上海工程技术大学离休干部。写《天穹之梦——中国航空史研究奠基人姜长英教授》，看了大量的材料，感到这么多的珍贵资料不汇编起来实在太可惜了，就产生了汇编一本《姜长英纪念文集》的想法。后来根据材料，构思策划了《姜长英纪念文集》的内容结构，选定了各篇的资料，写了姜长英简历、专著、大部分编者按和《风雨同舟六十载——姜长英和龚德培的故事》一文，并诚恳邀请航空史研究室研究员郑泽尧同志一起汇编此书，对全书进行审稿。西工大校史研究中心陆佩华、杨思博、员智凯同志对全书进行了最后的梳理、统编、校对。

我要再次感谢所有为出版《姜长英纪念文集》一书做出过努力的同志，并感谢西工大的领导和同志们对出版此书的大力支持和帮助。

姜保年
2021 年 1 月